先秦の機能語の史的発展

――上古中国語文法化研究序説――

戸内俊介著

研文出版

先秦の機能語の史的発展

―― 上古中国語文法化研究序説 ――

目　次

はじめに ……………………………………………………………………… 3
序章 ………………………………………………………………………… 7
　1．文法化（grammaticalization）とは何か ……………………………… 7
　2．中国語史における文法化研究の現状 ………………………………… 13
　3．本研究の目的と構成 …………………………………………………… 17
　4．本研究で用いるコーパスとその時代区分 …………………………… 18
　5．古文字資料の隷定及び凡例 …………………………………………… 27

第1章　殷代中国語における「于」の文法化プロセス
　　　　　――時間介詞用法を中心に―― ……………………………… 31
　1.1. 時間介詞「于」の未来時指向 ……………………………………… 32
　1.2.「于」の空間表現における文法化 …………………………………… 38
　　1.2.1. 動詞の「于」 ……………………………………………………… 38
　　1.2.2. 着点（goal）マーカーの「于」 ………………………………… 42
　　1.2.3. 地点（locative）マーカーの「于」 …………………………… 43
　　1.2.4. 空間表現における「于」の文法化 …………………………… 45
　1.3.「于」の時間領域への拡張 …………………………………………… 48
　1.4. 小結――「于」の文法化プロセス―― …………………………… 50

第2章　上古中国語の「NP而VP」／「NP₁而NP₂VP」
　　　　構造の表現機能とその成立 ……………………………………… 57
　2.1. 問題の所在 …………………………………………………………… 58
　2.2. コーパス ……………………………………………………………… 63
　2.3. 接続詞「而」の基本的機能 ………………………………………… 64
　2.4.「而」前後項の意味的関係 …………………………………………… 66
　　2.4.1.「NP而VP」構造 ………………………………………………… 66
　　2.4.2.「NP₁而NP₂VP」構造 …………………………………………… 73
　　2.4.3.「NP₁而NP₂VP」構造と主述述語文の比較 …………………… 74
　2.5.「NP而」文の表現機能 ……………………………………………… 76

2.6. 前項 NP/NP₁ の指示特徴（referentiality）と文法機能............77
2.7.「而」の文法化............83
2.8. 小結............84

第3章　上古中国語における非現実モダリティマーカーの「其」の通時的展開............88

3.1. |其 m| の古文字資料中の表記............90
3.1.1. 上古前期............90
3.1.2. 上古中期............93

3.2. 上古中期における非現実モダリティマーカーの |其 m|............96
3.2.1. 問題の所在............96
3.2.2. "realis" と "irrealis"............100
3.2.3. コーパス............103
3.2.4. |其 m| の用いられる各種構文とその意味............105
3.2.5. 小結............128

3.3. 西周時代における非現実モダリティマーカーの |其 m|............129
3.3.1. 問題の所在............129
3.3.2. コーパス............131
3.3.3. |其 m| の用いられる各種構文とその意味............132
3.3.4.「子子孫孫其永寶用」について............144
3.3.5. 小結............149

3.4. 殷代における非現実モダリティマーカーの |其 m|............150
3.4.1. 問題の所在――セロイスの法則をめぐって――............150
3.4.2. |其 m| が主節に現れる場合............156
3.4.3. |其 m| が複文の従属節に現れる場合............168
3.4.4.「V 其 X」について............169
3.4.5. 小結............173

3.5. 上古における |其 m| の通時的展開............174

終　章 ……………………………………………	*188*
参考文献 …………………………………………	*193*
引用版本及び簡称 ………………………………	*213*
あとがき …………………………………………	*217*
索　引 ……………………………………………	*223*

先秦の機能語の史的発展

―上古中国語文法化研究序説―

はじめに

　上古中国語を中国語史の中でどのように位置づけるか。中国語学に従事する者にとって大きな課題の一つである。

　上古中国語は広義には前漢以前の中国語の総称である。中国の言語資料が殷代甲骨文より始まることに鑑みれば、その時間的幅は極めて広い。加えて、資料の性質も多種多様である。『論語』、『春秋左氏伝』、『孟子』、『史記』といった伝世文献はもとより、宋代より長きにわたり人々の耳目を集めていた西周金文、20世紀に研究が大きく進展した甲骨文、近年出土が夥しい戦国文字など、研究材料となり得る文献は多岐に及ぶ。

　上古中国語を中古中国語（後漢～唐末・五代）との違いという点から分析すれば、上中古間で動詞構造の類型が、総合的（synthetic）から分析的（analytic）へ変化しているとする梅廣2003の主張は示唆的である。関連して梅廣2003：35-38は、上古で連動文の2つの動詞は「而」によって並列関係であることが示されていたが、中古では「而」が消失し、語順が固定した主従関係になること、及び動詞の使動用法・意動用法が衰退し、代わりに動補構造や使成構造といった迂言的形式が発達したことなどを指摘する。

　このほか、上古では動詞に非能格動詞と非対格動詞の対立があったと考えられるが（大西2004）[1]、この対立も中古に至る間に消失し、自動詞ないし他動詞に固定化する（宋亜云2014：352-353）。また上古では、名詞と動詞の境目が曖昧で、名詞がしばしばそのまま動詞としても用いられているケースが散見されるが[2]、中古に至る間に、この種の用例は減少する（魏培泉2003：77）。このほか、否定文において目的語代名詞が前置されるという統語的現象[3]も、中古に至るに従ってなくなり、動詞や介詞の後ろに固定化する（魏培泉2003：97-98）。これらの変

化も、梅廣が想定する中国語の通時的変化とは無関係ではあるまい。

　一方で、現在では上古中国語内部における言語的変化や個々の語の発展にも目が向けられつつある。それを可能にしたのが、出土資料の増加とその研究の進展である。従来、上古中国語文法研究と言えば、多くは伝世文献を中心に進められてきた。しかし伝世文献は、成書時期が確定できない、使用されている言語がどの時代のものか確定しがたい、さらには後世に竄入ないし書き換えが行われた可能性を排除できないという欠点があった。それを埋めるのが、出土文献による文法研究である。出土文献という「生」の資料を用いることで、時空間をある程度定めた言語研究が可能となり、言語史の記述にとって利点は少なくない。

　とは言え、出土資料は内容に偏りがあること、或いは用例数が豊富ではないことなどから、全面的な文法研究を展開するには、時に不十分なこともある。従って両者を相互補完的に用いる研究こそが必須であり、そのような研究は今や広く行われている。

　本書は、より一般性の高い中国語文法史記述に向け、こうした上古中国語内部での言語の変化、とりわけ機能語に重点を置き、伝世文献・出土文献の両方面から、その歴史的発展を検証したものである。

　本書では、介詞「于」、接続詞「而」、副詞「其」の３つの機能語を取り上げる。いずれも上古中国語では常用語であるが、各時代の資料を仔細に分析すると、その意味するところは常に同じというわけではない。本書では従来看過されがちであった、機能語の具体的な意味機能や表現機能を手がかりに、その機能がどのように獲得されたのかを、文法化という視座のもとに追究する。

　古代の言語研究の最終的目標は「復元」である。「古代の言語は古代人の中にあり、彼らと共に消滅した。文献は言語の残滓でしかない。したがって古代の言語研究は本質的に復元作業なのである。それは彼らが言語によってどのように世界を認識していたのか、また彼らの目に映った風景をどのように言語化していたのか、最終的にはその仕組みを解明して初めて達成されるものであろう」（大西2014：6）。本書の考察の成果が、上古中国語の復元のために些かでも貢献

となれば幸甚である。同時に、読者の皆様から忌憚ないご叱正を請う次第である。

注
（１）　上古中国語の非対格動詞（unaccusative verb）は目的語をとるかどうかで、主語の意味役割（semantic role）が変わる動詞を指す。謂わば、意味上「X＋V＋Y」と「Y＋V」という文型を構成する動詞である。
　　　今王逐罌子（X＋V＋Y），罌子逐（Y＋V），盼子必用矣。（『史記』楚世家）
　　　〔もし今王が罌子を追い出し、罌子が職から追い出されれば、盼子が必ず登用される〕
　　一方、非能格動詞（unergative verb）とは目的語の如何で主語の意味役割が変わらない動詞を指す。謂わば、意味上「X＋V＋Y」と「X＋V」という文型を構成する動詞である。
　　　楚令尹子玉追秦師（X＋V＋Y），弗及。（『左伝』僖公二十五年）
　　　〔楚の令尹子玉は秦の軍を追うも、追いつかなかった。〕
　　　諸侯兵罷帰，而燕軍樂毅獨追（X＋V），至于臨菑。（『史記』楽毅列伝）
　　　〔諸侯の兵は引き上げたが、燕軍の楽毅のみ単独で追い、臨菑に着いた。〕
（２）　例えば、以下の「呉王」は名詞が動詞として用いられている例である。
　　　爾欲呉王我乎？（『左伝』定公十年）
　　　〔おまえは私を呉王僚のように（暗殺）したいのか〕
（３）　例えば、以下の「我」は動詞「與」に前置されている。
　　　日月逝矣，歳不我與。（『論語』陽貨篇）
　　　〔時間は過ぎ去り、我々を待ってはくれない〕

序　章

1．文法化（grammaticalization）とは何か

　本研究は中国語の中でも、殷代から戦国時代までの上古中国語に見えるいくつかの機能語（functional word）の意味や機能について、文法化という観点から、その通時的な変遷を明らかにするものである。

　言語学における文法化（grammaticalization）という術語はMeillet 1912に始まると言われるが、研究そのものは19世紀まで遡ることができる（Hopper & Traugott 2003：19-25）。近年では1980年代に隆盛し、中国語研究でも、欧米の理論を取り入れつつ、1990年以降、数多くの論考が発表されるようになった。文法化の定義について、Hopper & Traugott 2003は、

(1)　The process whereby lexical items and constructions come in certain linguistic contexts to grammatical functions, and, once grammaticalized, continue to develop new grammatical functions.（Hopper & Traugott 2003：xv）

〔語彙項目や構文がある言語的コンテクストの中で文法的機能語になる過程であり、一度文法化すれば、より新しい文法的機能語に発展し続ける〕

と述べ、また秋元2014は、

(2)　文法化とは一般的に言って、開かれた語彙項目が閉じたクラスの文法的要素に変化する過程を言う。（秋元2014：4）

と位置づける。有り体に言えば、名詞や動詞などの内容語（content word）が歴史的変化の中で、前置詞や助詞、接辞などの文法的な成分に変化する現象を指す。例えば、動詞"go"から未来を表す助動詞へと文法化した英語の"be going to"が代表的である。このほか、中国語の介詞——"在"、"給"、"到"、"対"、

"向"、"用"等——やアスペクト助詞——"了"、"着"、"过"——はいずれも動詞に由来しており、また日本語の格助詞「へ」は名詞「辺」から文法化したものとされる。文法化は特定の言語のみに存在する現象ではなく、人類言語に普遍的に生起する。従ってその研究は、個別的な現象に対する検証の積み重ねを通して、言語横断的な普遍性の探究に及んでいる。

では、どういったものが文法化した形式と言えるのか。Hopper & Traugott 2003は通言語的観察に基づき、文法化の普遍的な変化過程を次のように示す。

(3) content item > grammatical word > clitic > inflectional affix (Hopper & Traugott 2003：7)

〔内容項目＞文法的語＞接辞＞屈折接辞〕

この分析によると、文法化の最終段階は屈折接辞とされるが、本研究の主要な研究対象である中国語においては、通時的に見て基本的に屈折接辞は存在せず、上の変化プロセスは中国語には必ずしも馴染まない。替わって、中国語における文法化に対し吴福祥2005/2006は以下のような変化プロセスを提起する。

(4) 实义词＞语法词／附着词＞词内语素（吴福祥2005/2006：116）

〔内容項目＞文法的語／接辞＞語中形態素〕

このほか、文法化の度合いを測る基準として、大堀2002：182-184は、

(5) (a) 意味が具体的かスキーマ的（schematic）か
    (b) 範列（paradigm）が開いているか閉じているか
    (c) 標示が随意的（optional）か義務的（obligatory）
    (d) 形式が自由形式（free form）か拘束形式（bound form）か
    (e) 文法全体の中で他の部分と相互作用（interaction）を持つか否か

という5項目を提示する。上の(a)〜(e)はいずれも左の性質が文法化度合いが低く、右が高いことを示している。無論、文法化の度合いにも程度の差があり、(a)は文法化の初期の段階に見られるものである一方で、(d)や(e)は文法化が相当程度進行した際に見られる特徴である。

文法化は典型的には語彙項目・内容語が文法的成分になる変化であるが、文法的成分がさらに文法的な成分になるという拡張的変化も含まれる。両者に対

して定まった区別的呼称はなく、Brinton & Traugott 2005：77は前者を「主要な文法化（primary grammaticalization）」、後者を「二次的文法化（secondary grammaticalization）」と称している。一方、大堀2005：6は前者を「脱語彙化（delexicalization）による文法化」、後者を「多機能性（polyfunctionality）による文法化」と呼びつつ、後者についてはもともと文法形式であったものがさらに拡張されて異なる機能を担うようになるプロセスとして、文法化の周辺的ケースに位置づける。

文法化の周辺的ケースの具体例として、Radden & Dirven 2007：36は、本来、時間的前後関係を表す英語の接続詞"since"、"as soon as"、"while"が、それぞれ理由（reason）、条件（condition）、対比（contrast）をも表すよう拡張したという事例を挙げる。大堀2005：6-7はアメリカインディアン諸言語の1つラマ（Rama）語の"ba(ng)"という形態素が、格標識や動詞接頭辞、接続標識へと多機能化しているケースを指摘する。

では文法化はどのように生じるのか。その統語的メカニズムとしては、主に再分析（reanalysis）と類推（analogy）の作用が挙げられる。

再分析は、表面上の形式が不変のまま内部構造が変化する現象を指す。例えば、
(6) a.［［back］of the barn］（納屋の背）＞ b.［back of［the barn］］（納屋のうしろに）（Hopper & Traugott 2003：51）
において、a.は"back"を中心語とする結合体であるが、b.においては境界が"back of"と"the barn"の間に変化し、"back of"という前置詞と"the barn"という中心語よりなる前置詞句と見なす解釈へ移行している。またこのような再分析の結果、「背」（名詞）が「〜のうしろに」（前置詞）にという意味に変化している。現代中国語からその例を挙げれば、"的"（及びその早期の形式"底"）は当初は属格の代名詞であり、「底＋NP」という統語関係であったが、これが［VP/NP$_1$＋［底＊NP$_2$］］という文法環境のもと、内部構造が変化し、［［VP/NP$_1$＊底］＋NP$_2$］に再分析され、構造助詞へと文法化したとされる（石毓智・李讷2001：393-394）。

類推は、再分析によって変わった文法規則を、そのルールが適用されていな

かった形式にも拡大適用することである。これは、規則の一般化（rule generalization）とも称される。例としてHopper & Traugott 2003：65-66は、フランス語の否定表現である"ne V pas"が元々移動動詞を取るものであったが、類推によって移動動詞以外の動詞とも共起できるようになったという変化を挙げる。

　文法化のプロセスには語用論的強化（pragmatic strengthening）と漂白（bleaching）が伴い、前者は文法化の初期に、後者は後期に起こると考えられている（Hopper & Traugott 2003：94-98）。

　語用論的強化とは、本来必然的でなかった結びつきが習慣化したり、特殊な会話的含意（conversational implicature）が習慣化したりすることで、一般的な意味として取り込まれ定着することを指す。Hopper & Traugott 2003：88-92は同時性を表す"while"が譲歩の意味として推論され習慣化した例や、移動を表す"be going to"が未来の意味として推論され習慣化された例を挙げる。

　またこの推論に関わる認知プロセスを、Hopper & Traugott 2003：81-92は、メタファー（metaphor、隠喩）やメトニミー（metonymy、換喩）の2タイプに分ける。「メタファー」とは、抽象的なものを具体的なものに喩えることによる意味拡張（extending）のことで、空間表現が時間表現に写像（mapping）され慣習化するのが典型例である。例えば、英語の"behind"が空間的「後ろ」から、時間的「遅れ」を指すようになった変化や、空間的表現の日本語の動詞「出す」が、時間的表現の助動詞「～し出す」になった変化などが挙げられる。「メトニミー」とは、隣接性を媒介とする比喩によって引き起こされる拡張を指す。例えば、英語の"while"は古英語（Old English）で時間的同時性を表していたが、後に"while"によって導かれる従属節で明示された状況が、主節における時間的枠組みを表すのみならず、主節の事態に対する原因をも表すようになった。これは時間関係が因果関係へと換喩的に拡張した事例である（Hopper & Traugott 2003：91）。

　文法化の後期に起こると言われる漂白とは、語彙的意味の喪失を指す。Hopper & Traugott 2003：94は未来を表す"be going to"の"go"の移動義の喪失を挙げる。現代中国語から例を挙げれば、"看"には動詞に後続し、その動

作を「試みる」という抽象的意味を表す語気助詞の用法が見られるが、これは"看"の動作義「見る」が漂白した文法化例である（刘坚等1995：164-165）。

　また文法化には音声面での変化として、音韻減少（phonological reduction）や浸食（erosion）が伴うことも知られている。例えば、英語の未来を表す"be going to"が"be gonna"になるように、語と語の境界がなくなり一語のようになることを指す（Hopper & Traugott 2003：3）。日本語でも、動詞「しまう」から文法化した補助動詞「〜てしまう」は「〜ちゃう」と発音される。

　文法化のプロセスに関しては、一方向性の仮説（the hypothesis of unidirectionality）が提唱されている。謂わば、語彙項目が文法形式になっていく文法化プロセスにおいて、逆方向への変化が通常起こりえないという説であり、つまりは上段の(3)や(4)で挙げた文法化プロセスが逆方向に推移しないというものである。具体的には、動詞や名詞のような開いたクラスが、前置詞や接続詞など閉じたクラスにシフトするという脱範疇化（decategorization）や、意味が拡張し多義になる、或いはより広い文脈で使われるようになるという一般化（generalization）がこれに当たる（Hopper & Traugott 2003：99-114）。なお、一方向性の仮説が果たして普遍的な現象か否かについては、未だ結着を見ていない。しかしHopper & Traugott 2003：17や吴福祥2003/2006：43が指摘するように、反例が散見されることから絶対的な原則ではないけれども、極めて強い傾向として認めてよいと考えられる。

　隠喩的拡張の方向について、Heine *et al.* 1991は具体から抽象へ到る次のような認知領域の変化を提案しており、このプロセスは今や多くの事例によって支持されている。

(7)　PERSON > OBJECT > ACTIVITY > SPACE > TIME > QUALITY
　　　(Heine *et al.* 1991：48-49)
　　　〔人＞物体＞活動（過程）＞空間＞時間＞性質〕

　一例をとして、(6)で引用した、英語の"back"が「背中」という人の領域から「後ろ」という空間領域へ文法化し、さらに"three years back（今から3年前）"のような時間領域に拡張するような場合が挙げられる。

文法化がどのような意味の語を起点として、どのような方向に発展するかに関しては今や多くの言語サンプルによって明らかになっている。例えば、Bybee *et al.* 1994は世界の76言語からサンプルを集め、時制、アスペクト、モダリティ成立に関する文法化の方向を検証したものである。また、Heine & Kuteva 2002は約500の言語を対象に、どのような意味の語がどのような意味領域の機能語に文法化したのかを起点の語ごとに分類しリスト化している。

また文法化には、客観的意味を表していた語が、話し手の主観的態度を表す機能を獲得する主観化（subjectification）が伴うこともしばしば指摘される（Hopper & Traugott 2003：87-92）。文法化に伴う主観化について、Traugott 1995は、

(8) "Subjectification in grammaticalisation" is, broadly speaking, the development of a grammatically identifiable expression of speaker belief or speaker attitude to what is said.（Traugott 1995：32）
〔「文法化における主観化」とは、広く言えば、話されている内容に対する話し手の心情や態度を表す、識別可能な文法表現の発展である〕

と定義しつつ、未来を表す英語の"be going to"が主語の移動ではなく、話し手の視点（perspective）の移動を表すようになっていることを例に挙げる。

文法化は突然の変化ではなく、漸次変容（clines）、すなわち段階的変化であることも、多くの事例によって検証されている（Hopper & Traugott 2003：6など）。言い換えれば、「元の意味・機能から急に新しい文法的な意味・機能が成立するのではなく、元の意味・機能が徐々に希薄化するにつれて、新しい意味・機能が成立するのである」（松本2003：121）。従って、ある形式が内容語から機能語へ至る途中には、新旧の両用法が共存する段階もあり、そうである以上、文法化研究には通時的側面のみならず、共時的側面からの検証も重要である。これは例えば、現代中国語の多くの介詞——"在（～で/いる）"、"給（～に/与える）"、"到（～へ/着く）"など——が動詞用法も保存しているが如きである。

共時的に見てある語が複数の用法を持つ場合、通言語的比較のもと、多機能化のパターンの一般化がしばしば試みられているが、多機能語が有する個々の意味機能をその隣接性に基づきネットワーク化したものを意味地図（semantic map）と呼ぶ。この意味地図の研究成果は文法化研究にとっても不可欠である。というのも、一方向性の仮説を取り込むことで、文法化・拡張のプロセスの大きな手がかりとなるからである（Haspelmath 2003：233-237）。例えば、Haspelmath 2003は、与格（dative）マーカーが表し得る意味——受領者（recipient）、方向（direct）、目的（purpose）、経験者（experiencer）等——を、通言語的比較のもと、意味地図として描きつつ（Haspelmath 2003：213）、その文法化・拡張のプロセスを、一方向性の仮説に沿いつつ、方向から受領者及び目的に拡張し、さらに受領者から経験者に拡張した等の解釈を提示する（Haspelmath 2003：234）。

2．中国語史における文法化研究の現状

　文法化は無論、現代中国語のみならず、古代中国語においても今や非常に重要な研究テーマである。中国語史における文法化研究の多くは、当然のことながら、機能語が内容語からどのような変化を経て成立したのか、という問題に重点が置かれている。しかしこのような「狭義の文法化」のほか、もともと文法形式であったものがさらに拡張されて異なる意味機能を担うようになる、あるいは一旦文法化した形式がさらに抽象的な機能を獲得するプロセスもまた、「広義の文法化」として位置づけ、同一俎上において議論することが可能であると考えられ、このような観点からの研究も現に行われている。

　文法化研究が中国語研究に導入されたのは90年代以降であるが、それに先立ち中国語では長らく"虚化（虛化）"という現象が注目されていた。中国語の品詞は伝統的に"实词（實詞）"と"虚词（虛詞）"の2類に大別されており、実詞は現代の内容語に当たり、名詞、動詞、形容詞などを指し、虚詞は機能語に当たり、介詞、接続詞、助詞などを指す。実詞が虚詞に変化することを中国語では古くから"虚化"と称している。その概念はすでに13世紀元頃には発生していたと考えられており（向明友・黄立鶴2008：79）、元代の周伯琦『六書正譌』に、

(9) 今之虛字，皆古之實字。(『六書正譌』平声・冬鍾韻・庸字)⁽⁸⁾
〔今の虚字はいずれも古の実字である〕

とある。このほか清代の袁仁林『虚字説』は実詞が虚詞になる過程を説いた書であり、早期の文法化研究の著作とも言われている（向明友・黃立鶴2008：79）。現代でも中国語に文法化理論が導入される以前に、解惠全1987が実詞虚化の条件や過程を検証している。虚化は概念としては文法化と接近しているが、専ら品詞の推移として語られるのみで、文法化研究ほどの体系的且つ厳密な議論は展開されていない。

文法化が中国語研究に持ち込まれてより、中国語史全体の文法化や語順変化を論じたPeyraube 1996や、中国語の前置詞や助詞、構文の成立を文法化という観点から包括的に取りあげた石毓智・李讷2001及び石毓智2006、文法化理論を述べた吴福祥2005、吴福祥が自身の文法化研究の成果をまとめた吴福祥2006、古代から現代までの種々の動詞の文法化を網羅的に描いた马贝加2014などをはじめ、これまで数多くの論著が発表されている。また、《语法化与语法研究》（北京：商务印书馆，2003年〜）という文法化を専門に扱った論文集も定期的に刊行されている（2017年4月現在vol.7まで刊行）。

以上は中国語史を俯瞰した研究であるが、近年は、上古中国語内部での文法化や上古中国語の機能語の成立を論じる論考も増えている。そもそも、一口に上古中国語と言っても、その内部は無論、均質なものではなく、個々の資料によって時間的・地理的幅が大きい。しかし近年は、出土資料の増加により、時空間を限定した言語研究が可能になり、上古中国語に主眼を置いた方言研究や文法化研究も精緻になりつつある。

例えば、「主語＋之＋述語」に見える連体修飾語マーカーの「之」が照応指示機能から文法化したものであると主張する张敏2003、甲骨文にすでに見える前置詞「于」成立に至るまでの文法化プロセスを論じた梅祖麟2004、「與」／「暨」／「及」等の随伴動詞（comitative verb）→随伴介詞（comitative preposition）→並列の接続詞（coordinating conjunction）の文法化を考察した吴福祥2003/2006や王錦慧2011、「率いる」を意味する動詞「以」の介詞や接続詞へ

の文法化過程を論じた罗端2009、伝世文献に見える与格構文（V＋DO＋yu＋IO及びV＋yu＋IO）の"yu（于／於）"が表し得る種々の意味役割を詳細に分析しつつ、その多機能化の過程をHaspelmath 2003が提示した意味地図の成果を利用して描いたPhua 2009、文法化の方向性を勘案しつつ、甲骨文及び『詩』、『書』、『左伝』、『儀礼』の「于」と「於」の機能的差異及び文法化プロセスの差異を詳細に分析したChang 2012、甲骨文の「之日」「之夕」の「之」を遠称の指示代名詞と分析しつつ、その成立過程として「行く」義の動詞→「過去」義の修飾語→遠称指示代名詞という文法化プロセスを想定する張定2015など、枚挙にいとまがない。また専著としても、上古中国語の各種機能語が内容語からどのように文法化し成立したかを検証した方有国2015が出版されている。

　反対に、このような流れに対して警鐘を鳴らす見解も提出されており、例えば、罗端2007は甲骨文の介詞「于」、「在」、「自」が動詞から文法化したものであるという説に疑義を呈し、いずれも介詞から動詞への脱文法化（degrammaticalization）過程であると推測する。

　以上のように上古中国語の機能語がいかなる文法化プロセスを経て、成立したかについて、様々な議論が展開されており、今や上古中国語の体系的記述は日進月歩で進展している。

　とは言え、上古中国語の文法化研究はこれまで、主に品詞や統語機能の推移の検証に重きが置かれていたように思われる。

　例えば、動詞「爲」、「見」、「被」が連動構造内で受け身マーカーに文法化したと考察するPeyraube 1996や、独立した動詞であった「于」が「V＋于（動詞）＋目的語」という連動構造を構成できるようになったことを契機に文法化したとする梅祖麟2004、"偕同、在…一起（連れ立つ、一緒にいる）"という意味を持つ動詞「及」や「與」が連動構造の第一動詞の位置「$NP_1＋V_1$（及／與）＋$NP_2＋V_2$」で再分析され随伴介詞に変化したという呉福祥2003/2006などが挙げられる。

　しかし現在、上古の機能語については統語機能のほか、意味機能或いは表現機能についても、徐々に判明しつつある。機能語に対する研究の前進は、言う

までもなく、その文法化プロセスに関する解釈にも大きく影響を与える。

　例えば、大西2009は上古中国語で「使」によって表される使役意味をより精緻に分析し、その文法化過程を、「使う」義の動詞＞指示使役＞具体的な指示動作を表さない抽象的使役マーカー、として解釈する。続いて、「使」自体が使役プロセスを表せなくなり、使役事象（causing event）を表す他の動詞句を直前に加え連動構造化した使役構文が使われ始め、ここから「V_1（＋NP）＋使／令＋V_2」の処置式が生産されたと解釈する。このほか使役者の結果事象（caused event）に対する有責性が高まったことで、使役者に原因性があれば、それが無意志でも「使」字使役文を作ることができるようになり、最後に使役者が完全に無生化した使役文に至ったと考察する。同時に上古中国語の段階において上記文法化過程が全て完成していたと見ている（大西2009：26）。大西2009は使役の厳密な意味分析によって、「使」が動詞から使役マーカーへ変化したという従来の理解に対し、より詳細な文法化プロセスを提示した。

　また大西2011aは、これまで明確に語られてこなかった「有」によって表される存在と所有の関係について論じたものである。大西氏は「NP_1＋有＋NP_2」文は本質的に主語と目的語が恒常的関係を有することを示す所有文であって、存在は「有＋NP＋L」で表されていたが、これは「有」が非既知・不定の存在事物を存在域を特定することなく談話の場に導くという機能によって、存在事物と談話空間の間に恒常的な関係を設定する「擬似的空間的存在文」であったと考える。しかし、大西氏は先秦から漢代の「有」字文の表す意味を仔細に検証することで、それが所有文から存在文に拡張する過程を辿りつつ、「出其東門，有女」→「出其東門，（東門）有女」→「出其東門，東門有女」という再分析を経て、「有」が場所と事物の間の恒常的関係を表す所有文（限量的存在文）から、一過性の存在を表す空間的存在文を構成することが可能になったと推測する。以上は「有」が所有義から存在義に拡張したという理解であるが、言語類型論的に見れば存在＞所有という文法化プロセスが一般的であり、上古中国語の「有」は類型論的傾向に反する特殊なケースとして位置づけられる。

　Phua 2009は与格構文「V＋yu＋IO」の意味拡張プロセスについて論じた

ものであるが、"yu（于/於）"が、受領者（recipient）のほか随伴者（comitative）、経験者（experiencer）及び道具（instrumental）マーカーとして機能していることを見出した上で、Haspelmath 2003が通言語的検証の結果として描く与格マーカーの意味地図に照らして、"yu（于/於）"は受領者マーカー→随伴者/経験者マーカー→道具マーカー→被動作主（passive）マーカーという拡張を経たと推定する。なお"yu（于/於）"が随伴者、経験者及び道具マーカーであるということは従来、言及されることがほとんどなかったが、Phua 2009はこれらを"yu（于/於）"の機能の中に取り込むことで、通言語的にも支持される新たな文法化の過程を描き出すことに成功している。

3．本研究の目的と構成

以上の現状を踏まえ、本研究は文法化理論に基づくより一般性の高い中国語文法史記述の全面的な展開に向けて基礎を固めることを目的とする。個別の事例として「于」、「而」、「其」の3つの機能語を取り上げ、個々の語の多義性・多機能性に着目しつつ、従来見落とされてきた、または的確に捉えきれなかった諸々の意味機能・表現機能を探り出したうえで、多義・多機能に至る拡張のプロセスを「広義の文法化」という視座のもとに分析する。

本研究の構成は以下の通りである。

第1章「殷代中国語における「于」の文法化プロセス――時間介詞用法を中心に――」では、上古中国語に見える文法化現象の中でも、最も典型的な事例として、「于」を取りあげる。「于」は本来、動詞であったものが介詞へと文法化した、というのが現在支配的な説であり、また介詞としても多義・多機能な成分である。すなわち、「于」は動詞→介詞という「狭義の文法化」と、介詞が多義・多機能となる「広義の文法化」の双方を含んでいると言え、本研究にとって重要度の高い事例と言える。本研究では特に、時間介詞としての「于」を中心に取りあげる。時間介詞「于」は甲骨文において、専ら未来を指向する機能を帯びていると考えられるが（Takashima 1990）、この学説はこれまでやや等閑

視されてきたきらいがあった。しかしこれを考慮の内に入れることで、新たな「于」の文法化・拡張のプロセスを描けるのである。

　第2章「上古中国語の「NP而VP」／「NP₁而NP₂VP」構造の表現機能とその成立」では春秋戦国時代に見える「名詞句＋而＋動詞句」（＝「NP而VP」）及び「名詞句₁＋而＋名詞句₂＋動詞句」（＝「NP₁而NP₂VP」）という構造の表現機能、及び「而」の意味機能とその成立について論じる。「NP而VP」／「NP₁而NP₂VP」は「而」の典型的機能──2つの述語成分をつなげる接続詞──から見れば、特異な構文であり、この構文に対する論考はこれまでも数多く発表されてきたが、一方で「而」については、これまで文法化という文脈であまり語られることがなかった。しかし、「NP而VP」と「NP₁而NP₂VP」の表現機能や前後項の関係を仔細に観察すると、この構文内の「而」は、述語成分を繋ぐ「VP而VP」の「而」から意味的拡張を経たと見なすことができ、従って、「広義の文法化」の枠組みで取り扱うことができるものと言える。

　第3章「上古中国語における非現実モダリティマーカーの「其」の通時的展開」では、モダリティマーカーとして機能する「其」を取り上げ、殷代から春秋戦国時代における意味的機能的変遷を検証する。この種の「其」は甲骨文から見られる語であるが、従来、文法化という議論に取り込まれることはなかった。事実、モダリティマーカーの「其」には品詞の脱範疇化の痕跡がなく、一貫して副詞と見なされる。しかし、「其」は殷→西周→春秋戦国の各時代に意味の違いが見られ、ここに文法化・拡張の痕跡が窺える。

4．本研究で用いるコーパスとその時代区分

　従来の上古中国語研究は、主に成立時期が定め難い伝世文献をコーパスとしていた。しかしより厳密な分析を求めるには、抄写時期が限定できる出土文献を用いることが不可欠である。以下では、出土文献を含めた上古中国語のコーパスについて、時代を追って通観する。

(a)　殷

殷代を代表する言語資料は甲骨文である。甲骨文は亀甲や獣骨に刻まれた文字で、多くは占卜を記している。それゆえ「卜辞」とも称される。出土地点は主に殷代後期の都「殷墟」（現河南省安陽市）、時代としては殷代後期——武丁から帝辛（紂王）まで——の記録であり、西暦で言えばおよそ紀元前13世紀前半から紀元前11世紀前半に該当する。

　卜辞の具体的な構成は、占卜の日時（十干十二支）や貞人（占卜の実行者）を記した「前辞」、占卜内容を記した「命辞」、命辞に対する王の判断を記した「占辞」、占卜した事項の結果を記した「験辞」よりなる（具体例は注（32）を参照）。但し、全てがそろった卜辞は多くない。

　甲骨文に見える言語の特徴としては、3000年以上前の言語であるにも拘わらず、なおSVO語順の大枠から大きく逸れることはない。但し、特定の条件のもと、目的語が前置される。上古中国語を通してそうであるように、殷代も一部の否定文では代名詞目的語が前置されるが、このほか殷代特有の現象としては、copula「隹」や「叀」が用いられるとき、SOV語順のなることが知られている。また、否定詞も上古中期（後述）とは用法が異なり、「不」と「弗」の*p-系声母否定詞は殷側（王や占卜主体）の意志によってコントロールできない事態を否定する際に用いられる一方、「勿」と「毋」の*m-系声母否定詞は殷側の意志によってコントロールできる事態を否定し、話し手（殷側の人物）の強い願望や主観を表現する。多くの介詞句は、動詞後がデフォルトであるものの、焦点化された場合、動詞に前置することができ、後の時代より自由度が高い（沈培1992：126-148）。さらに、西周に見える一人称代名詞の格分用——「余」：主格と目的格、「朕」：属格——が甲骨文ではむしろ崩れており、非属格の「朕」が散見される（大西1992：122-123）。このように、甲骨文の言語的特徴は、西周時代以降の中国語と一部で違いが見られる。なお、甲骨文はほとんどが占卜に関わる内容であるため、その言語は相当に限定されたコンテクストで用いられたものであり、当時の自然言語を全面的に反映したものとは見なせない。

　資料の面から見れば、甲骨文は19世紀末の発見当初より私掘によって世に現れることが多く、蒐集家ごとに個別の著録を刊行していたため、長い間、研

究に不便な状況が続いていた。しかし、20世紀後半より夥しい著録の中から有用な甲骨片を集成した《甲骨文合集》(1978年-1982年) や、《甲骨文合集補編》(1999年) が刊行され、研究環境は大いに改善された。本研究でも甲骨文の用例収集には基本的にこの《合集》や《補編》、及びこれらの出版以降に公刊された《小屯南地甲骨》(1980年-1983年)、《英國所藏甲骨集》(1985年-1992年)、《殷墟花園莊東地甲骨》(2003年) を用いる。但し、先行研究の中には引例の際、《合集》や《補編》ではなく、その来源となる著録を用いるものも少なくない。本研究では先行研究が引用する例文を参照する際、出典表記として原著録のほか、同じ甲骨片が再録されている《合集》や《補編》の番号を併記する[14]。

　甲骨文の用例の検索には《小屯南地甲骨》や《殷墟花園莊東地甲骨》付属の逐字索引のほか、資料横断的に用例を収集した姚孝遂1989や、李宗焜2012、朱歧祥2013を用いた。後者はみな甲骨文の原文と隸定[15]（古文字を現代の楷書に置き換える作業）後の文字双方から検索できる。これらの検索結果をもとに拓本に当たるという手順をとった。隸定・字釈に際しては、《合集》、《屯南》、《英國》など多数の著録の釈文を収めた陳年福2010が極めて簡便である。

　甲骨文の解読には、趙誠1988、徐中舒1989、張玉金1994など字典類が参考となる。このほか先行の字釈を集成したものとして、松丸・高嶋1994、于省吾1996があり至便である。また、《小屯第二本：殷虚文字丙編》所収の甲骨文のみではあるが、Takashima & Serruys 2010による詳細な訳注が公刊されており、極めて参考価値が高い。

　甲骨文は研究初期から細かい年代の区分がなされていた。それは董作賓1933/1962による5期分期説で、主に甲骨文に見える王の世系と先祖称謂、貞人などの基準によって、甲骨文を、第一期：武丁、第二期：祖庚・祖甲、第三期：廩辛・康丁、第四期：武乙・文武丁、第五期：帝乙・帝辛の5期に区分するものであった。その後、第四期の一部が第一期に訂正され、王による卜辞と王以外の貴族による卜辞が区別され、各時期内でさらに貞人によるグループがあることが判明するなど、いくつかの修正や補足がなされたが、5期分期説は今なお有効である。現在では、書体を基準とすることでより詳細な時代区分が

提唱されており、甲骨分期は細分化の方向へ向かっている（李学勤・彭裕商1996や黄天樹2007等）。とは言え、本研究では上記の分期に重きを置かず、甲骨文を1つの共時的資料として扱う。これは1つに本研究の扱う「于」や「其」について、時代を区分する意義が薄いためである。甲骨文は第一期の甲骨片が最も多く全体の半数以上に上り、また内容も多彩であるが、時代が下り第五期になると、占卜方法が定型化し、多様性が薄まる。そのため、引用は第一期が中心とならざるを得ない。また、「于」や「其」は第一期から第四期まで一貫して見られるが、機能に有意な差が認められないことも、本研究が時代区分を積極的に利用しない理由である。

この他、殷代の言語を反映している資料として殷金文もあるが、用例数が極めて限定されるため、本研究では基本的に用いていない。

(b) 西周

西周時代を代表する出土文字資料としては、第一に西周金文が挙げられる。西周金文は青銅器に鋳込まれた文字を指し、出土地は西周の故地周原（現陝西省宝鶏市）を中心に中国各地に点在し、時代は紀元前11世紀前半から紀元前8世紀に該当する。内容は王による諸侯への叙任（冊命）やその儀式の様子、賞賜物の内容、裁判の記録、外敵の討伐などがある。

西周金文に見える言語の特徴は、SVO語順という点では、前時代の甲骨文と変わらないものの、一方で大きく異なるところもある。例えば、「隹」や「叀」による目的語前置現象は見られなくなり、介詞句の位置も種類によってある程度固定化し（潘玉坤2005：107-113）、甲骨文ほどの自由度はない。否定詞の種類も「不」、「弗」、「毋」、「勿」、「無」、「亡」、「妹」、「非」、「某」など多種に及び、用法も殷代とは異なり、話し手がコントロールできるか否かの基準はない。また後の上古中期とも異なり、「弗＝不＋之」／「勿＝毋＋之」[16]のように目的語が併合されているものでもない（周法高1959/1972：44、魏培泉2001：178-179）。二人称代名詞の用法にも上古中期とは違いがあり、上古中期以降、「女（汝）」や「爾」は同輩か目下を指示する代名詞で、目上には使えないが、一方西周時代にはこの種の制限がない（張玉金2006：112-114）。一人称代名詞「余」と「朕」の格分

用が殷代より厳密である（大西1992：122-123）が、一方で上古中期に見える「吾」／「我」の使い分けが金文に見えない。このほか、甲骨文には見られなかった属格代名詞の「其」が用いられ始める。このように、西周時代の中国語は、前時代の殷代の中国語との違いを示すのみならず、次代の上古中期中国語とも顕著な相違を呈している。大西1992：240-241や魏培泉2001：179はこのような状況から、春秋戦国時代の中国語は甲骨文、金文、『尚書』等に反映されている方言の直系の子孫ではないと推測する。

　西周金文研究の歴史は相当に古い。宋代に研究が盛行して以降、元代に一時途絶えたものの、今日まで脈々と続いており、その間、多くの著録が編纂された。また20世紀以降は科学的な発掘によって発見される青銅器も増え、伝世の金文拓本を含め、《殷周金文集成》(1984年-1990年)に網羅的に集成されている。本研究の用例も主に《集成》による。引用の際は器名と《集成》の番号を併記するが、《集成》に収録されていないものについては、個別に出典を記した。

　西周金文の用例の検索には、董蓮池2011、华东师范大学中国文字研究与応用中心2001、張亞初2001を用い、その後、《集成》所収の拓本に当たった。隷定・字釈については、馬承源1986-1999及び《集成》の増訂本である中國社會科學院考古研究所2007の釈文を参考とした。但し、一部改めたこところもある。

　西周金文の解読については、陳初生・曾憲通2004等の字書に頼るほか、先行の解釈を集成した周法高1974-1977、周法高1982、崔永東1994、李圃1999-2004を用い、さらに訳注として、白川1964-1984、馬承源1986-1999、王輝2006、董蓮池2013などを用いた。

　西周時代を代表するもう1つの出土文字資料としては、西周甲骨がある。そのほとんどが1977年と1979年に周原（現陝西省宝鶏市岐山県及び扶風県）で出土したもので、時代は殷の滅亡前後と考えられる。甲骨片が零細であること、文字が不鮮明であること、さらに内容が難解であることから、解読できない、或いは解釈に一致を見ていない部分が多く残されている。本研究での引用は《周原甲骨文》によるが、その解釈には研究者によって異なることも多く、適宜、王宇信1984、徐錫臺1987、朱歧祥1997を参照した。引用の記号「H11」は11

号灰坑出土を、「H31」は31号灰坑出土を示す。

　この他、西周時代の伝世文献として、本研究は『尚書』及び『毛詩』を用いる。

　『尚書』については所収の各篇が成立年代を異にしているというのが通説である。顧頡剛1926/1992：201は盤庚・大誥・康誥・酒誥・梓材・召誥・洛誥・多士・多方・呂刑・文侯之命・費誓・秦誓篇を西周期の成立と認めている。陳夢家1957：112は康誥・酒誥・君奭・立政・梓材・無逸・多士・多方・康王之誥・召誥・大誥篇を西周初期、呂刑・文侯之命・秦誓篇を西周中期以降、金縢・顧命・費誓篇をおよそ西周時代の記録であろうものと見なしている。蔣善国1988：206-241は盤庚・西伯戡黎・康誥・酒誥・梓材篇を周初のものと推定する。裘錫圭1981/2004：141は周書の大誥以下各篇、即ち大誥・康誥・酒誥・梓材・召誥・洛誥・多士・無逸・君奭・多方・立政・顧命・康王之誥・費誓・呂刑篇をオリジナルのものと考え、張玉金2006：20-21もこれに従う。

　一方、本邦における研究として、松本1971/1988：116は召誥と君奭篇を、松本1977/1988：151は多士・無逸・君奭・多方篇を、松本1979/1988：75-76は大誥・康誥・酒誥・召誥・洛誥を、西周期の成立と考えている。

　『尚書』各篇の成立時期について、本研究では詳細に論じる余裕はなく、また筆者自身にも解決する能力はないが、ここでは暫し上記研究により、大誥・康誥・酒誥・召誥・洛誥・多士・無逸・君奭・多方篇を西周期に成立した可能性が高いものと捉え、梓材・立政・顧命・康王之誥・費誓・呂刑篇をそれに次いで信頼できるものと見なす。

　『毛詩』の各篇の成立年代については、張玉金2006：4が述べるように、周頌を西周初期及び前期に、大雅を西周期に、小雅を西周後期から春秋に成立したものと考え、国風については西周から春秋のものが含まれていると見なす意見が根強い。また、松本1958：633-638は周頌の大武・象舞を最も古いもの、天作・我将・思文をそれに次ぐ西周後期のものと見なし、国風の詩の半ばを西周後期の成立と見なすも、小雅・大雅・商頌・魯頌については東周の作と見る。このように『毛詩』の成立年代は、必ずしも見解は一致していないが、本研究では周頌を最も信頼に足る資料として扱うこととする。

但し、『尚書』や『毛詩』は長い伝世過程において、書き換えや竄入が行われた可能性があるため、出土資料とは異なり、当時の言語を忠実に反映したものとは見なすことが難しい。そこで、本研究では金文・西周甲骨文を主たるコーパスとし、『尚書』、『毛詩』については副次的に扱うこととする。

なお、本研究では松江2010：iiiによって、(a)と(b)の時代を「上古前期」と併称し、この時代の中国語を「上古前期中国語」と呼ぶ。

(c) 春秋戦国

春秋戦国時代を代表する出土文字資料としては第一に、文字が書かれた簡牘が挙げられる。とりわけ戦国時代の楚国領域内で出土した「楚簡」の出土が最多であり、研究材料としてはこれが主となる。

楚簡の出土地は旧楚の領域内（現河南省、湖北省、湖南省）で、墓葬年代は多くの場合戦国時代中後期（紀元前300年前後）に推定される。

楚簡が含む内容は、遣策（墓主の副葬品リスト）、卜筮祭禱・日書（占卜文書）、司法文書、儒家系・道家系文献や歴史書等の典籍類など多岐に及ぶ。これまで公刊された楚簡は、遣策や卜筮祭禱、司法文書を含む《包山楚簡》（包山楚簡）、儒家系、道家系文献を含む《郭店楚墓竹簡》（郭店楚簡）、遣策と日書を含む《九店楚簡》（九店楚簡）、儒家系、道家系、墨家系など豊富な典籍を含む《上海博物館藏戰國楚竹書》（上博楚簡）、遣策と卜筮祭禱を含む《新蔡葛陵楚墓》（新蔡楚簡）をはじめ多数にのぼる。

現代の楚簡の出土は1950年代にすでに始まっていたが、その研究が目覚ましい進展を見せるのは、戦国時代楚国の司法の有り様が垣間見える包山楚簡が公表された1990年以降のことである。さらに1993年、伝世文献と対照可能な『老子』や『緇衣』（『礼記』の一部）を含む郭店楚簡が出土するに及び、楚簡の文字解読は飛躍的に進展し、内容解読も精緻になっていった。

近年は盗掘後に骨董市場に流れた楚簡を買い戻すケースも増え、発掘を経ていない楚簡は真偽問題も含め慎重な扱いが必要とされる[17]。本研究が用いている資料では上博楚簡がこれに当たるが、放射性炭素年代測定や用字法から現在では真作と見なされている[18]。

出土資料は抄写時代及び地点が限定できるという利点があるが、一方で楚簡が必ずしも戦国時代楚の言語を反映しているとは限らないということは留意すべきである。(19)とりわけ典籍類は、他時代・他地域で成立し、伝播したものを抄写した可能性が充分にあり、実際、郭店楚簡や上博楚簡の一部の文献は斉魯系であるとの指摘がある。(20)

　確実に楚の土着の言語を反映していると言えるものは、墓主の身辺に関わる事柄を記載した遣策や卜筮祭禱、法律文書の類（包山楚簡、新蔡楚簡、九店楚簡など）と、内容上楚で作成されたことが明らかな典籍類である（上博楚簡『東大王泊旱』、『平王問鄭壽』、『君人者何必安哉』(21)など）。

　加えて近年、秦簡（《睡虎地秦墓竹簡》（睡虎地秦簡）『法律答問』、『秦律十八種』などの法律文書）と、楚簡の言語の比較を通して、秦楚の方言差が明らかになりつつある。例えば、大西2006：150-151によると、文の主語や目的語が一つの単語ではなく、主語と述語を備えた文形式であるとき、楚を含めた東方六国では主語間に「之」を挿入する「S之V」構造がしばしば見られるという。例えば、

(10)　子左尹命漾陵之邑大夫察州里人陽鋪之與父陽年同室與不同室。（包山楚簡126号簡）
　　〔子左尹は漾陵の邑大夫に命じ州里人の陽鋪が父の陽年と同居しているかどうかを調べるよう命じた〕

(11)　不患人之不己知。（『論語』学而篇）
　　〔人が己を知らないことを思い悩まない〕

　一方、秦ではこの「S之V」構造が見られず、「SV」がそのまま主語・目的語となる。例えば、

(12)　妻知夫盗錢而匿之。（睡虎地秦簡『法律答問』14号簡）
　　〔妻が、夫が銭を盗んだことを知っていながらこれを隠す〕

　この他、楚は「〜と」を表す等位接続詞に「與」を用い、秦は「及」を用いる（大西2006：151-152）、楚は将然を表す副詞に「將」を用い、秦は「且」を用いる（大西2006：152-153）、楚は已然を表す副詞に「既」を用い、秦は「已」を

用いる（周守晋2005：88-92）などの方言差が認められている。

　但し本研究では、方言差という「横」の比較よりも、時代差という「縦」の比較に重きを置くため、資料の地域性よりも時代性を優先させる。楚簡の多くは、地域性はどうあれ、春秋時代から戦国時代の生の言語を反映していると考えられ、古代の言語資料としての価値は極めて高い。本研究が調査する「而」や「其」は専ら会話文で用いられていることから、多彩な物語を含み豊富な文例が得られる郭店楚簡と上博楚簡からの引用が中心となる。遣策や卜筮祭禱は記録であり、日書はマニュアルとしての側面が強いため、本研究の関心となる用例を得られない。

　楚簡の検索には文字編を用いるのが通常である。楚系文字を資料横断的に収集した李守奎2003、滕壬生2008のほか、各楚簡ごとに文字を収集した張光裕1999、李守奎等2007などがある。また一般には公刊された楚簡に整理者による釈文と考釈が付されており、研究者自身はその原釈文を検討しつつ隷定や字釈を行うが、原釈文や考釈は誤釈や問題が多いのが通常で、楚簡が公刊されると、すぐさまインターネット上に各種修正案が発表されるが、これも研究上不可欠である。このほか、陳偉2009は包山楚簡、郭店楚簡、九店楚簡、新蔡楚簡など楚簡の釈文と考釈を網羅的に掲載しており、利便性が高い。

　なお、春秋戦国時代には、西周同様、青銅器銘文も存在する。しかしそこに反映されている言語は、西周金文の古い文体を相当程度模倣しており、純粋に春秋戦国時代の言語資料とは言えず、それゆえ本研究では調査対象から除外した。

　伝世文献としては『論語』、『春秋左氏伝』、『孟子』、『国語』、『韓非子』、『荘子』等を用いる（引用版本については巻末の「引用版本及び簡称」を参照）。出土文献と伝世文献を併用するのは、出土資料だけでは用例数が限られ、定量的な研究が不可能だからである。一方、伝世文献は多数の用例を抽出できるが、成立時期が確定できないうえ、伝世過程での書き換えや竄入の可能性を排除できず、当時の生の言語とは言い切れない。

　なお、本研究では松江2010：ⅲ及び松江2010：6-7によって、この時代を「上古中期」と称し、同時代の中国語を「上古中期中国語」と呼ぶ。

(d) 秦漢

　本研究の主眼は上古前期中期にあるため、秦漢の言語資料を引用することは少ない。第2章で「NP而VP」の用例をいくつか引用するのみである。

　秦代の出土資料は放馬灘秦簡を用いる。現甘粛省天水市で出土した竹簡で、秦統一直後に抄写されたと考えられる。(24) 内容は占卜書である日書と死者の復活を述べた『志怪故事』に分かれるが、本研究では『志怪故事』から例文を引用した。検索には張顯成2010を用いた。

　漢代の出土資料は《張家山漢墓竹簡：二四七號墓》(張家山漢簡) を用いる。現湖北省江陵県で出土した竹簡で、高祖期から呂太后期に抄写されたと考えられる。内容は、法律文書、数術書、医書など多岐に及ぶが、本研究では法律文書である『二年律令』から例文を引用した。検索は張守中2012による。この他、伝世文献としては、『史記』を用いた。

　本研究では松江2010：ⅲ及び松江2010：6-7によって、この時代を「上古後期」と称し、同時代の中国語を「上古後期中国語」と称する。

　なお、これまで挙げた伝世文献の用例収集は主に、中央研究院漢籍電子文献 (http://hanji.sinica.edu.tw/) と寒泉 (http://skqs.lib.ntnu.edu.tw/dragon/) の電子テキストによるところが大きい。

5．古文字資料の隷定及び凡例

　本研究は古文字資料を隷定するに当たり、解釈が確定している文字については、古文字を構成要素ごとに忠実に楷書化するのではなく、通行字体に置き換えるという方法を採用した（いわゆる「寛式隷定」である）。

　また、古文字資料から引用した用例の中で用いられている記号は以下の通りである。

　　　□　：1字の欠字
　　　✍　：残欠箇所
　　　[　]：欠字を補った箇所

( )：通仮字

〈 〉：誤字

注
（4）「介詞」とは中国語学の用語であり、一般的には前置詞（preposition）に相当する。
（5）　一方で、上古中国語或いはそれに先行する言語に屈折が存在するという推定もなされている。例えば、Karlgren 1920（馮承鈞1929）は、上古中国語の一人称代名詞「吾」/「我」と二人称代名詞「女（汝）」/「爾」の統語的分布（「吾」、「女（汝）」が主格−属格に分布し、「我」、「爾」が目的格に分布する）、及びその音形の平行性（Karlgren 1920の復元音では「吾」*nguo、「女（汝）」*nźi̯wo、「我」*nga、「爾」*nźi̯a となり、韻母*uo〜*a の交代が格屈折の根拠とされる）によって、上古中国語に先行する言語が屈折言語であったと推定する。しかし、松江2005：146-151 は、Karlgrenの描く「吾」/「我」の統語分布に例外が数多く存在することや、「吾」/「我」が併存する体系がそれほど遡らないこと（甲骨文、西周金文、『詩』『書』に「吾」がほとんど見られない）、今日の復元音では「吾」/「我」及び「女（汝）」/「爾」に音形上の平行性が生じないことを根拠にKarlgren説に否定的見解を提示する。本研究も基本的に松江2005を踏襲するものであり、従って中国語には基本的に屈折接辞は存在しないという立場をとる。
（6）　例えば、現代中国語の"可恶"や可爱"、"所有"や"所谓"などの二音節語はそれぞれ「"可"＋動詞」や「"所"＋動詞」の語彙化（lexicalization）によるものだが、このうち"可"や"所"が"词内语素（語中形態素）"である。
（7）　以下は"看"の語気助詞の一例である。
　　　　　他还没想通，你再跟他谈谈看。（陆俭明1959：492による）
　　　　　〔彼はまだ納得していないから、あなたはもう一度彼と話してみて〕
（8）　『六書正譌』は早稲田大学図書館古典籍総合データベース（http://www.wul.waseda.ac.jp/kotenseki/search.php?cndbn=%98%5a%8F%91%90%B3%E6%97）から引用した。
（9）　Phua 2009が随伴者、経験者及び道具マーカーとして分析する用例は以下の通りである。
comitative / experiencer

　　　　衛人殺呉行人且姚而懼，謀<u>於</u>行人子羽。(『左伝』哀公十二年)
　　　　〔衛人は呉の使者の且姚を殺したため（呉を）恐れ、衛の使者の子羽と相談した〕
　　　experiencer
　　　　時則有若伊尹，格<u>于</u>皇天。(『尚書』君奭篇)
　　　　〔当時このような伊尹がおり、皇天を感動させた〕
　　　instrumental
　　　　郤克傷<u>於</u>矢。(『左伝』成公二年)
　　　　〔郤克は矢で傷ついた〕
　　　なお、3例目の「於矢」をPhua 2009は「于矢」として引用している。
(10)　例えば、
　　　　王亥<u>不</u>我求（咎）。(合集7352)
　　　　〔王亥は我々に災いを下さない〕
(11)　例えば、
　　　　叀師般呼伐。(英國6869)
　　　　〔師般を呼んで（某々を）討伐させるべきである〕
　　　　王<u>勿</u>隹沚戛比伐巴方。(合集6473正)
　　　　〔我が王は沚戛と連合して巴方を討つまい〕
　　　「師般」及び「沚戛」は典型的には、動詞「伐」や「比」の目的語の位置に置かれる。
(12)　Takashima 1988による。但し筆者は、「毋」が話し手がコントロールできる事態に対する否定詞であるという解釈については懐疑的である。甲骨文の否定詞については、現在、別稿を準備中である。
(13)　1.2.2.節も参照のこと。
(14)　甲骨文の著録及びその略称については巻末の「引用版本及び簡称」を参照。
(15)　甲骨文には甲骨部首という文字分類があり、これを手がかりに検索ができる。甲骨部首は本邦の島1967によって作らたものだが、現在でも若干の修正を経て国内外で用いられている。
(16)　「弗＝不＋之」/「勿＝毋＋之」については、丁聲樹1935、Boodberg 1934/1979、Graham 1952、呂叔湘1955/1984、大西1988、魏培泉2001を参照。
(17)　例えば浙江大学が2009年に購入した《浙江大學藏戰國楚簡》(浙江簡)には『春秋左氏伝』を含む五種の竹簡が含まれているが、発表直後から贋作であるとの文章が陸続と発表されており、現在これを真作として扱う研究者は少ない。

(18) 用字法とは文字と語の配当関係を指す。但し、その配当関係は必ずしも一対一というわけではなく、規範性は現代と比べるとかなり緩やかである。例えば、「聖」字は、楚簡では如字のほか、「聽」や「聲」とも読まれる。反対に1つの語に対し複数の字が配当されることもあり、例えば、「然」という語に対しては、「然」字のほか、「肰」字や「言」字が用いられる。用字法に関しては、大西2002a、陳斯鵬2011が詳論している。

(19) 例えば、《清華大學藏戰國竹簡》（清華簡）は現在、楚簡であると考えられているが、『尚書』に関わる文献を多数含んでおり、戦国時代の文章語を忠実に反映しているとは考えにくい。

(20) 郭店楚簡『五行』、『唐虞之道』、『忠信之道』、『語叢一』、『語叢二』、『語叢三』や上博楚簡『緇衣』など。周鳳五2000、林素清2004、馮勝君2006を参照。

(21) 以上、楚簡内部の地域性については、大西2013：130を参照。

(22) 現在、古文字学関連で議論が活発なサイトとして、以下4つが挙げられる。
　　　簡帛網（http://www.bsm.org.cn/index.php）
　　　Confucius2000（http://www.confucius2000.com/admin/lanmu2/jianbo.htm）
　　　復旦大學出土文獻與古文字研究中心（http://www.guwenzi.com）
　　　清華大學出土文獻與中國古代文明研究（http://www.tsinghua.edu.cn/publish/cetrp/index.html）

(23) 例えば、否定詞「弗」は「不＋之」を表していると言われており（丁聲樹1935：991-992、大西1988、魏培泉2001）、上古中期の伝世文献及び楚簡では、相当程度「弗＝不＋之」と解釈できる用例を見出すことができる。一方で、同時期の金文資料ではこれが当てはまらない例が散見される。例えば、
　　　余弗叚濃（廢）其顯光。（戎生編鐘三／李学勤1999）
　　　〔余はその（祖先の）威光を途絶えさせるようなことはしない〕
　　　弗敢不對揚朕皇君之賜休命。（叔夷鎛／集成285）
　　　〔我が君の賜いし美なる命を賞賛しないということはない〕
前者では動詞「濃（廢）」が目的語「顯光」を、後者では動詞「對揚」が目的語「皇君之賜休命」をとっており、「弗」が目的語「之」を包含しているとは見なせない。

(24) 海老根2012による。

第 1 章　殷代中国語における
　　　　「于」の文法化プロセス
——時間介詞用法を中心に——(25)

　本章では、上古中国語に見える文法化現象の中でも、最も典型的な事例として、「于」を取りあげる。「于」は形態論的に「往」と関係づけられることから、本来移動を表す動詞であったと言うのが有力な説であるが、殷代から既に多様な成分——時間、場所、受領者等——導く介詞としての機能が広く観察され、中国語史の最古の段階から相当に文法化が進んだ語であると言える。従って、上古中国語の機能語の成立を文法化という枠組みのもとで議論するには、さしあたり「于」から始めるのが適当であろう。

　殷代中国語を知る上で依拠すべき資料は甲骨文であるが、この言語資料には文法化を議論するに当たり、1つ大きな問題が横たわっている。それは現状、甲骨文より古いまとまった言語資料が存在しないこと、言い換えれば、甲骨文以前の「于」がどのような変化の道筋を辿ってきたのか直接確認できないことである。しかし、共時的言語資料に見られる多機能性を分析した上で、通言語的に支持されるパターン及び文法化の一方向性に基づいて、文法化や拡張のプロセスを推定することは充分可能であり、現に同様の手法は、中国語文法化研究で既に行われている。

　本章では「于」の中でも、時間介詞の「于」に着目する。以下はその一例である。
　（13）壬辰貞："王于癸巳步。"（合集32947）(26)
　　〔壬辰の日（十干十二支60日のうち第29日目）に検証した、「王は癸巳の日（第30日目）になって行軍する」と〕(27)

　時間介詞「于」はこれまで時点を表すものと解釈されることが多く（黄伟嘉1987：69、张玉金1994：289-295など）、この理解を前提として動作行為の行われ

る地点を導く介詞「于」から拡張したものであるとの説明が従来なされてきた(郭錫良1997:133)。ところがTakashima 1990:36-37は、甲骨文の時間介詞「于」は単に時点を表すのではなく、明確な"futurity"(本研究では「未来時指向」と称す)を帯びているということを指摘しており、これが是認されるなら、時間介詞「于」が動作の行われる場所を導く介詞「于」から拡張したという説明も再検討が迫られる。本章ではまずTakashima 1990の妥当性を再確認した上で、「于」の時間介詞に至るまでの文法化に関する新たな解釈を構築する試みである。

1.1. 時間介詞「于」の未来時指向

甲骨文の時間介詞「于」については、動作が行われる時点を導くものであるとの解釈が通行していた。とりわけ中国では、広く受け入れられている。例えば、

(14) 介绍动作行为发生或进行的时间。(黄伟嘉1987:69)
〔動作行為が発生或いは行なわれる時間を導く〕

(15) 有"在"的意思。(张玉金1994:289-295)
〔「在(〜で)」の意味を持つ〕

(16) 它的作用是引进动作进行的时间。(郭锡良1997:133)
〔その機能は動作が行われる時間を導く〕

また、Chang 2001も、

(17) There are 34 occurrences of 于 where it marks a temporal location. 于 in this case can be interpreted as "on" in English. (Chang 2001:47)[28]
〔時点をマークする「于」の用例は34例ある。「于」はこの場合、英語の"on"として解釈できる〕

と見なしつつ、

(18) It is often used to refer to a place or time which is distant from the point of reference. (Chang 2001:48)
〔「于」は参照点から遠い場所や時間を言及するのによく用いられる〕

と述べている。

このほか、Serruys 1981：328-330は「于＋時間詞」を"by day x x（xxの日までに）"と訳しつつ、無標の時間詞を"on day x x（xxの日に）"と訳すことで、「于」の有無の対立を示す。裘錫圭2010/2012：541は「于」が"含有'到'的意思（'到'〔〜になって〕の意味を持つ）"と指摘し、方有国2015：285は"引介时间的介词'于'有'到'、'在'两种意义（時間を導く介詞「于」は「到〔〜になって〕」と「在〔〜で〕」の2種類の意味を持つ）"と解釈する。但しいずれにせよ、未来時という観点は示されていない。
　ところがTakashima 1990は以下の例を挙げつつ、新たな解釈を提起した。

(19)　<u>叀今日</u>彰。

　　　<u>于翌日</u>彰。（人文1863＝合集30832）

　　　〔（我々が）祈禱を行う時、<u>彰祭を行うのは今日であるべきである。（我々は）翌日になって彰祭を行う</u>〕

(20)　貞："<u>于來乙巳</u>彰。"

　　　貞："<u>叀乙酉</u>彰。"（丙編344＝合集894）

　　　〔検証した、「（我々は）<u>乙巳の日（第44日目）になって彰祭を行う</u>」と。検証した、「（我々が）<u>彰祭を行うのは乙酉の日（第22日目）であるべきである</u>」と〕

　Takashima 1990は(19)(20)を含めたいくつかの例を挙げつつ、「叀」と「于」[29]が対貞を構成するとき、常に「叀」が近い未来時を、「于」が遠い未来時を導[30]いていることを指摘した上で、[31]

(21)　Without going into details, I would suggest that in the bone inscription the word yu 于 had a clear "futurity" meaning.（Takashima 1990：36-37）

　　　〔詳細には立ち入らないが、甲骨文で「于」ははっきりとした"futurity"の意味を持っていたと考えられる〕

と主張し、「于」に"futurity"（以下、「未来時指向」と称す）を認めている。

　ところがこの説はTakashima氏自身が断っている様に細部の論証が為されておらず、またそれ以降の主立った関連する論考、例えば張玉金1994、郭錫良1997、張玉金2003、Chang 2012等でも触れられていない。

本研究では「于」の未来時指向を支持する現象が甲骨文中に多く見られることを指摘し、Takashima説を補強したい。

① 「于＋時間詞」の使用環境

まず、「于＋時間詞」が命辞・占辞に見られる一方で、前辞・験辞に見られないことが指摘できる。(32) 今回、《合集》の「于」を含む例文から時間介詞に関わるものを抽出し、そのうち残欠があり文意が確定し難い例文を除いたところ、およそ400例程度を得るに到った。この約400例を精査した結果、時間介詞「于」は必ず命辞・占辞で用いられており、前辞・験辞では決して用いられないことが看取できた。

以下の例 (22) (23) (24) の明朝体部分は命辞、(25) (26) の斜体部分は占辞であるが、いずれも時間を導入するのに「于」を用いている。一方、例 (22) (23) (25) (26) (27) (28) のゴシック体部分は前辞で、(25) (27) (28) (29) の枠内は験辞であるが、時間詞を裸のまま用いており、「于」を用いることはない。

命辞・占辞とは占卜文であり、現在から見て未来の事態がどうなるかを判別するものであるから、そこで導入される時間は発話時現在を参照点とした未来時である。前辞は占卜を行った時間を記録した文で、験辞は占卜した事項が結果としてどうなったかを記した文であるから、そこに導入されている時間は過去時である。「于」が前者でのみ用いられ後者で用いられることがないということは、「于」が導く時間が未来時であって、過去時ではないということを示している。

(22) (=(13)) <u>壬辰貞</u>："王于癸巳步。"（合集32947）

〔壬辰の日（第29日目）に検証した、「王は癸巳の日（第30日目）になって行軍する」と〕

(23) <u>壬午余卜</u>："于一月又（有）事。"（合集21664）

〔壬午の日に余が卜った、「一月になると重大事がある」と〕

(24) 于旦王狃田，亡災。（合集28566）

〔日の出の時間になって王が狩猟をすれば、災いはない〕

第 1 章　殷代中国語における「于」の文法化プロセス　35

(25) 癸丑卜爭貞："自今至于丁巳我𢦏（翦）宙⁽³³⁾。"

王固曰："丁巳我母其𢦏（翦）。于來甲子𢦏（翦）。"

旬㞢（有）一日癸亥車弗𢦏（翦）⁽³⁴⁾。之夕皿甲子允𢦏（翦）。（合集6834正）

〔癸丑の日（第50日目）にト卜い、争が検証した、「今から丁巳の日（第54日目）までに我々は宙を討ち滅ぼすことができる」と。王が占って言った、「丁巳の日には我々は討ち滅ぼすことができないだろう。（丁巳から7日後の）甲子の日になれば討ち滅ぼすことができる」と。占卜をした日（癸丑）から数えて11日目の癸亥（第60日目）の日、配下の車（人名）は討ち滅ぼすことができなかった。癸亥の夜が終わり、甲子の日が始まろうとしているその時、討ち滅ぼした〕

(26) 丁卜："子令庚又（侑）又（有）母，呼求凶。索尹子人。"

子曰："不于戊，其于壬人。"（花東125）

〔丁の日にト卜った、「子は庚に命じ母に対し侑祭を行うため、（庚を）呼んで凶（？）を求めさせる。索尹子人（？）」と。子が言った、「（丁の翌日の）戊の日ではなく、（丁から5日後の）壬の日になって人（？）しよう」と。〕

(27) 庚午卜："壬申雨。"

壬申允雨。（合集12908）

〔庚午の日（第7日目）にト卜った、「壬申の日（第9日目）に雨が降る」と。壬申の日に本当に雨が降った〕

(28) 甲申卜㪯貞："帚（婦）好娩，嘉。"

王固曰："其隹丁娩嘉。其隹庚娩，弘吉。"

三旬又一日甲寅娩，不嘉。隹女。（合集14002正）

〔甲申の日（第21日目）にト卜い、㪯が検証した、「婦好の出産は喜ばしいものである」と。王が占って言った、「出産が丁の日であれば喜ばしい。出産が庚の日であれば、弘吉である」と。占卜をした日（甲申）から数えて31日目の甲寅の日（第51日目）に出産したが、喜ばしいものではなかった。女児だったのである〕

(29) 王固曰："吉。"庚辰彡菱甲。（合集37847）

〔王が占って言った、「吉である」と。庚辰の日に菱甲に対し彡の祭祀を行った〕

このほか、以下の例（30）（31）のように命辞・占辞の直後の占卜執行の月

を記した文でも、時間介詞「于」が用いられた例は見つからなかった。この種のコンテクストで用いられている「某月」は占卜を行った時間の記録であるから、導入されている時間は過去時であり、そこで「于」が用いられないということは、「于」が過去時を導かないということを示している。

(30) 貞："不其雨。"在五月。（合集24710）

　　〔検証した、「雨が降らないかもしれない」と。五月（にトった）〕

(31) 戊寅貞："來歲大邑受禾"。在六月卜。（合集33241）

　　〔戊寅の日に検証した、「次の季節、我々の大邑は穀物の豊作を受ける」と。六月（にトった）〕

②「于+來／翌+時間詞」

　時間介詞「于」は未来時を表す「來／翌+時間詞」と共起することも多く（例えば(19)(20)(25)）、本研究が調査した《合集》の約400例の時間介詞「于」の例文のうち「于來+時間詞」は約90例、「于翌+時間詞」は約70例確認できた。未来時を表す「來／翌」と時間介詞「于」の共起例が多いことは、「于」の未来時指向を支持する現象の1つと言える。

③同時代の他資料から

　殷代の青銅器銘文、いわゆる殷金文には時間介詞「于」を見ることができない。青銅器銘文とは基本的に過去の事跡を記したものであるから、それ故「于」が用いられなかったと解釈することができ、Takashima 1990の主張とも矛盾しない。

　以上の3点から、「于+時間詞」が専ら未来時を指向するものであることは疑いない。

　さらにここでは、「于」が未来時を発話に導入する時に義務的に用いられるものではないことを指摘しておきたい。命辞の中で未来時は裸の時間詞によっても表すこともできる。しかし次の例(32)-(35)のように、対貞など同一内容を複数回占うコンテクストにおいて、裸の時間詞と「于+時間詞」が対立的に用いられる時、必ず「于+時間詞」の方が遠い未来時を指すことは注目すべき現象である。

(32) 貞："辛亥王入。于癸丑入。于甲寅入。于乙卯入"。（合集5175）

〔検証した、「我が王は辛亥の日（第48日目）に入る。癸丑の日（第50日目）になって入る。甲寅の日（第51日目）になって入る。乙卯の日（第52日目）になって入る」と〕

(33) 壬戌卜："今日王省。于癸亥省象，易日。"（合集32954）

〔壬戌の日（第59日目）に卜った、「今日我が王は（象地を）巡察する。癸亥の日（第60日目）になって象地を巡察すると、天気が変わる」と〕

(34) 辛丑卜賓貞："其于六月娩。貞：今五月娩。"（合集116正）

〔辛丑の日に卜い、賓が検証した、「（某々は）六月になって出産するかもしれない」と。検証した、「この五月に出産する」と〕

(35) 貞："今七月王入于商。"貞："王于八月入于商。"（合集7787）

〔検証した、「この七月に我が王は商に入る」と。検証した、「八月になって我が王は商に入る」と〕

本章始めに触れた「叀」と「于」の関係とも考え併せると、「于」は単に未来時を導く介詞というのではなく、発話時現在から見てより遠い未来を導く介詞である。そして、「于」のこのような機能は後の時代にはほとんど見られない。

　なお付言すれば、「于」の未来時指向は、同時代の他の時間介詞に見えない特徴である。例えば「至」は時間的終着点を導くもので、次の例（36）のように、しばしば「于」と連結して用いられるが、単独では（37）のように過去の事態を記した験辞（枠内）においても用いられていることから、そこに未来時指向を認めることができない。

(36) 庚辰卜："辛至于壬雨。"（屯南2772）

〔庚辰の日に卜った、「辛の日から壬の日まで雨が降る」と〕

(37) 王固曰："㞢（有）求（咎），其㞢（有）來艱。"乞（迄）至五日丁酉允㞢（有）來艱自西。（合集6057正）

〔王が占って言った、「災いがあり、災厄が来るかもしれない」と。五日目の丁酉の日に至り本当に西から災厄が来た〕

1.2. 「于」の空間表現における文法化

本節では、未来時指向を手がかりに、時間介詞「于」の成立過程を文法化という枠組みのもとで検証する。

1.2.1. 動詞の「于」

「于」の文法化プロセスを検討するにあたり、まずは問題となるのは動詞の「于」が甲骨文に存在したか否かである。「于」が動詞「往」と密接な関係を持つことは古くから言及されており、例えば訓詁においては、

(38) 于，往也。(『毛詩』国風・桃夭「之子于帰」毛伝)

とあり、また、

(39) 燕燕于飛。(『毛詩』国風・燕燕)

を『呂氏春秋』は、

(40) 燕燕往飛。(『呂氏春秋』季夏紀・音初篇)

と引くように、「于」を「往」でパラフレーズしている。

清朝考証学においても陳奐は、

(41) 于與往同義矣。(『詩毛氏伝疏』(巻一・19葉) 国風・桃夭「之子于帰」疏)
〔于と往は同義である〕

と述べる。

Pulleyblank 1986 は上記の如き例の存在や、「于」と「往」の上古音における字音の近さに着目しつつ、前者を *wàā に、後者を *wàŋ に再構した上で、

(42) The two words are undoubtedly etymologically related. (Pulleyblank 1986 : 2)
〔2つの語は間違いなく形態的関係がある〕

と指摘する。また Ito & Takashima 1996 も両字が陰陽対転の関係にあることから(「于」：匣母魚部、「往」：匣母陽部。魚部と陽部の対転)、

(43) Yu (于) also has a morphological relationship with wang 往 'go'. (Ito & Takashima 1996 : 249)
〔「于」は「往」とも形態的関係を有している〕

と述べる。

以上の考察に加え、Serruys 1981：332-333、黃伟嘉1987：70、郭錫良1997：131-134、梅祖麟2004：325-326、裘錫圭2010/2012：532-538、Chang 2012：40-42等は、意見に出入りはあるものの、甲骨文にも移動動詞と見なし得る「于」があることを認めている。また罗国强2007は動詞「于」が存在したことを検証した論文である。一方で、禤健聡2009は甲骨文に動詞の「于」が存在しなかったことを主張する。

筆者は戸内2007b：169-170において、甲骨文に動詞「于」が存在すると考えていたが、現在ではやや懐疑的である。[39] 禤健聡2009は郭錫良1997が引く動詞「于」の例に1つ1つ反駁するという形で甲骨文に動詞「于」が存在しないことを検証した論考であるが、動詞のように見える「于」は、実際には共起する述語動詞が省略されているか[40]、或いは文構造が誤読されているケースがほとんどであり、いずれの場合も「于」を動詞と認める根拠にはならない、という議論が説得力を持って展開されている。

以下、筆者が戸内2007bにて挙げた動詞「于」の用例に対する疑問点を挙げたい。

最初は合集33124であるが、これは動詞「于」が存在する根拠として最も良く引用される。裘錫圭2010/2012：532もこれを動詞の例と分析する。

（44）壬寅卜："王于商。"（合集33124）

〔壬寅の日に卜った、「我が王は商に行く」と〕

この甲骨片は周忠兵2009によって補編2225との綴合が指摘されており、合集33124と補編2225を合わせると、以下のように再編される。

（45）壬寅卜："王于商。"

"王弜商告。"（合集33124＋補編2225）

〔壬寅の日に卜った、「我が王は商に（告げる）」と。「我が王は商に告げまい」と〕

「王于商」は同版に動詞「告」が見えることから、「王于商」は「告」字が省略或いは脱落した文と見なすことができる。なお「弜」について、沈培1992：41-43は目的語を前置する「弜OV」構造があり、これが「叀OV」構造の否定[41]文であることを指摘している。（45）は綴合後も断片で、全体像が知り得ないため、「弜OV」に対応する肯定文「叀商告」があったかどうかは不明であるも、「王

弜商告」の「商」は前置された目的語と考えるのが妥当である。なお、禤健聡2009：33-34は綴合には言及していないものの、本例を「入于商」の動詞「入」が省略された文と推測する。

次は合集8308である。

(46) 貞：" 在我。"

　　　貞：" 于蔑。"（合集8308）

　　　〔検証した、「(我々は) 我が領域にいる」と。検証した、「(我々は) 蔑地に行く」と〕

非常に短い卜辞であり、上の「王于商」と同様、述語動詞が省略された文と見なすことも可能である。また本甲骨は零細な断片であるため、或いは残欠部分に述語動詞が省略されていない文があった可能性も否定できない。同じ動詞を取りつつ「在」と「于」が同版にある例としては、次の文が挙げられる。

(47) 壬戌卜：" 在狀葬韋。"

　　　" 于襄葬韋。"（花東195）

　　　〔壬戌の日に卜った、「(我々は) 狀地で韋を葬る」と。「(我々は) 襄地で韋を葬る」と〕

なお、黃天樹2006：406-407及び裘錫圭2010/2012：542は距離が近い地点の前には「在」が、遠い地点の前には「于」が用いられることを指摘している（1.2.3.節の (66) を参照）。

次は合集11018正である。

(48) 己巳卜、爭貞：" 方女于敦。"

　　　貞：" 方女勿于敦。"（丙編201＝合集11018正）

戸内2007b：170ではこれと同版に内容上関連のある卜辞がないことによって、「于」が述語動詞であると見なした。Chang 2012：41もこの「于」を動詞と主張する。しかし同一内容と覚しき合集7852正には、以下のように「女」字の後ろ、「敦」字の前に動詞「呼」が見える。

(49) 貞：" 方女呼于敦。"

　　　" 勿☐。"

　　　貞：" [方] 女于敦。"

　　　　"勿于敦。"（合集7852正）
　　　　〔検証した、「方国の女を敦地に呼ぶ」と。「☒すまい」と。検証した「方国の
　　　　女を敦地に（呼ぶ）」と。「敦地に呼ぶまい」と〕⁽⁴²⁾

この例文に照らせば、(48) も述語動詞「呼」が省略されたもの、言い換えれば、「于」は動詞ではなく、「呼」に後続するはずの介詞と解釈できる。なお、Takashima & Serruys 2010 vol II：392 は甲骨文に動詞としての「于」はないと見て、「方女于敦」を動詞省略文と分析しつつ、

　　(50)　(we) should (send them?) to Dun. (Takashima & Serruys 2010 vol I：
　　　　405)
　　　　〔私たちは敦に（彼らを送る？）べきである〕

と訳し、述語動詞としてやはり"send（呼）"の意味に相当する語を想定している。以上の解釈に大過なければ、(48) は「方国の女は敦地に呼ぶ。方国の女は敦地に呼ぶまい」と解せよう。

　このように、甲骨文に「于」の動詞的用法が有ったとは断言し得ない。しかし諸家が述べるように、「于」は「往」と形態的に深い関係にあることや、文法化後の各種機能の分布、特に着点（goal）マーカーとしての機能もあることから、「行く」という移動義を本義とする動詞であったことは疑いない。⁽⁴³⁾

　さらに留意すべきは、着点マーカーの介詞「于」（1.2.2.節）が必ず目的語に着点（goal）を伴い、「于」で文終止しないことである。Pulleyblank 1986 も、

　　(51)　Thus *wang*（往）is rarely, if ever, followed directly by a noun show-
　　　　ing the destination, while *yü*（于）is most commonly found in just the
　　　　situation.（Pulleyblank 1986：2)
　　　　〔このように「往」は着点を表す名詞を直接取ることはまずないが、「于」はそ
　　　　のような文脈で広く見られる〕

と述べ、「于」に到着点を表す名詞が後続することを認めている。「于」はこのように着点と不可分な関係にあることから、文法化以前は、移動の結果としての「到着」を含意した他動詞であったと推測できる。

1.2.2. 着点（goal）マーカーの「于」

次に取りあげるのは移動動詞と共起する「于」である。

(52) 貞："王勿往于敦。"

　　　貞："王往于敦。"（合集40303）

　　　〔検証した、「我が王は敦地に行くまい」と。検証した、「我が王は敦地に行く」と〕

(53) 貞："翌己巳步于衣。"（合集11274正）

　　　〔検証した、「（我々は）次の己巳の日に衣地に行軍する」と〕

(54) 貞："于庚申出于敦。"（合集7942）[44]

　　　〔検証した、「（我々は）庚申の日になって敦地に出ていく」と〕

(55) 辛未卜，爭貞："王于生七月入于商。"（合集7776）

　　　〔辛未の日に卜い、爭が検証した、「我が王は七月になって商に入る」と〕

(56) 方其來于沚。（合集6728）

　　　〔方国（敵）は沚地に来るかもしれない〕

上例の「于」前の動詞はいずれも移動を表す動詞であるが、これらは「于」なしには直接に場所目的語を導きにくいことから、自動詞的である。そして「于」は前の動詞の表す移動による着点を導く役割を担っている。[45]

　着点マーカーの「于」は、沈培1992：127-132、張玉金2003：198-199、梅祖麟2004：326-327等も述べるように介詞であると見なして相違ない。それは、「行く」義の移動動詞に由来する「于」が、運動方向が相反する動詞「來」と共起しうることからも支持される。「來」と共起する以上、介詞「于」は動詞としての実質的意味が漂白（bleaching）されており、着点をマークする成分へと文法化しているのである。

　とはいえ、この種の「于」が他の介詞と比べ統語機能に差異があることは指摘されてよい。沈培1992が主張するように、甲骨文で介詞フレーズは動詞後がデフォルトの統語的位置ではあるが、焦点化された場合しばしば動詞に前置される。しかし着点を導く「于」の場合、沈培1992：131も述べるように、必ず動詞の後ろで用いられる[46]。

　まず、介詞句の前置については、以下の比較を見られたい。

(57) 其逐沓𤑃自西東北，亡災。（合集28789）
　　〔もし西・東・北から沓地の𤑃を追えば、災いがない〕

(58) 其自西來雨。其自東來雨。其自北來雨。其自南來雨。（合集12870）
　　〔雨が西から来るかもしれない。雨が東から来るかもしれない。雨が北から来るかもしれない。雨が南から来るかもしれない〕

(59) 甲辰貞："歲于小乙。"（合集32617）
　　〔甲辰の日に検証した、「（我々は）小乙に対し歲祭を行う」と。〕

(60) 于小乙崇(禱)。于祖丁崇(禱)。于父己崇(禱)。于父甲崇(禱)。（合集27348）
　　〔（我々は）小乙に対し祈禱を行う。祖丁に対し祈禱を行う。父己に対し祈禱を行う。父甲に対し祈禱を行う〕

例（57）（58）は起点を導く介詞「自」の例である。(57) では動詞「逐」の後で用いられている一方で、(58) では動詞「來」に前置されている。例（59）（60）は祭祀対象（受益者）を導く介詞「于」の例である。(59) では動詞「歲」の後で用いられている一方で、(60) では動詞「崇(禱)」に前置されている。

なお、郭錫良1997：133は「于」を「往」義動詞と見なしつつ、これが他の「往」義動詞（「往」や「步」等）と共起した場合、「于」はなお動詞であるが、「來」義動詞（「來」や「入」等）と共起した場合、運動方向が相反するため、抽象化し、介詞へ変化していると考えている。謂わば、「移動動詞＋于」構文に「于」が動詞である場合と介詞である場合の２種類を想定している。しかし、同じ構文を構成する「于」がその時々で文法機能を異にすると分析するのは難しいのではないか。無論、梅祖麟2004：328が述べるように、甲骨文に先行する言語において、「于」がまだ動詞であった段階では、運動方向が一致する「往」「步」等としか共起できなかったが、「于」が文法化した結果、「來」などと運動方向が相反する動詞と共起できるようになった、と解釈することは可能である。

1.2.3. 地点（locative）マーカーの「于」

最後に取りあげたいのは地点（locative）を導く「于」である。例えば、

(61) 貞："作大邑于唐土。"（合集40353正）
　　〔検証した、「（我々は）唐土に大邑を作る」と〕

(62) (=(47)) 壬戌卜："在狀葬韋。"
"于襄葬韋。"（花東195）
〔壬戌の日にトった、「(我々は)狀地で韋を葬る」と。「(我々は)襄地で韋を葬る」と〕

(63) 于車舞。呼舞于敦。勿呼舞于敦。（合集13624正）
〔(我々は)車地で雨乞いの舞いをする。(我々は)人を呼んで敦地で雨乞いの舞をさせる。(我々は)人を呼んで敦地で雨乞いの舞をさせまい〕

例(61)では「于」が述語動詞「作」の後ろで用いられているが、(62)では述語動詞「葬」の前で、(63)では述語動詞「舞」の前後両方で用いられている。このように地点マーカーの「于」が動詞に前置できることは、沈培1992が、

(64) 含"在……"義的"于"字結構大都可以前置。（沈培1992：130）
〔「在……（～で）」の意味を持つ「于」構造はほとんどが前置できる〕

と夙に指摘している。

　距離が近い地点の前には「在」が、遠い地点の前には「于」が用いられるという説があることについてはすでに述べた。黄天樹2006は(65)の例を挙げて、(66)のように主張する。

(65) 己亥卜："子于狀宿，栽（鳳）改牢妣庚。"
庚子："歲妣庚，在狀，牢。"子曰："卜未子影。"（花東267）
〔己亥の日のトった、「子は狀地で休むとき、朝に牢（牛の1種）を捌いて妣庚を祭る」と。庚子の日にトった、「(我々は)妣庚に歲祭をするとき、狀地で牢を用いる」と。子は言った、「卜未子影（？）」と〕

(66) 己亥的第二天就是庚子。己亥日貞卜"于狀"，"子"還未抵達狀地，所以遠處的地點之前加介詞"于"；己亥的第二天庚子日貞卜"在狀"時，"子"已抵達狀地，所以在近處的地點之前加介詞"在"。（黄天樹2006/2006：407）
〔己亥の次の日は庚子である。己亥の日に「于狀」と占ったのは、「子」がまだ狀地に到達しておらず、そのため遠い地点の前に「于」を加えたのである。己亥の次の日の庚子の日に「在狀」と占ったとき、「子」はすでに狀地に到達し

ており、そのため近い地点の前に「在」を加えたのである〕

「于」が遠さを表すという性質は、1.1.節で検証した時間介詞「于」の機能——より遠い未来を指示する——との関わりを想起させる。

1.2.4. 空間表現における「于」の文法化

それでは、「行く」を意味する移動動詞であった「于」は如何にして着点マーカー、地点マーカーの介詞へと文法化したのであろうか。これには以下のような解釈が成り立つ。

①動詞から着点マーカーへの文法化

文法化のメカニズムについて本研究は、「于」が連動構造（serial verb construction）の第二動詞の位置で文法化したという梅祖麟2004：327-328に同意する[(49)]。劉堅等1995：161、邢志群2003：95-100、張旺熹2004：49が夙に指摘するように、漢語史を通じて、連動構造は動詞の介詞化を促す構文である。邢志群2003：95-100は、単独で用いられていた動詞が連動構造に用いられ始めるのが文法化の第一歩であり、同時に第一動詞、第二動詞に関わらず文法化し得るとの結論を提示している。また劉堅等1995：162-163は、"携帯（持ち歩く、伴う）"の意味を持つ動詞「將」や、"取得（手に入れる）"の意味を持つ動詞「取」や「得」が連動構造の第二動詞の位置で完了や持続を表すアスペクト助詞に文法化したケースを挙げる。

「于」について言えば、甲骨文に先行する言語を想定すると、「于（V）＋NP」が単独で述語になる構造があり、同時にこれが「移動を表す自動詞＋于（V）＋NP」という連動構造の第二動詞の位置で、第一動詞の移動に伴う到着を表[(50)]す動詞としても用いられていたと推測できる。時代が下ると「于＋NP」が第一動詞の移動の結果到着する場所を表す1つのユニットとして再分析（reanalysis）され、その結果「于」は虚化し着点を導く介詞に変化したと考えられる。

さて、空間表現に属し、且つ連動構造の第二動詞の位置で文法化したという点では、「于」の文法化は現代中国語の"着（著）"のそれに近い。徐丹1992：453及び徐丹・張祖建2004（Xu 1996）：54-56によると、「著」はそもそも"附着"という意味の動詞であった。例えば、

(67) 今毆民而歸之農，皆著於本。(『漢書』食貨志上)
　　〔今、民を殴って農業に帰らせ、皆を本業につかせる〕

この後、5世紀位より述語動詞の後ろで地点を導く「著」が見られるようになった。その際、述語動詞には専ら"覆蓋（覆う）"、"系扎（繋ぐ）"、"位于（位置する）"の意味を持つ動詞が用いられ、一方「著」は述語動詞の行為によって対象が付着・存在する地点をマークするものであった。例えば、

(68) 長文尚小，載著車中。(『世説新語』德行)
　　〔長文はまだ幼いので、載せて車中に置いた〕

(69) 雖長大，猶抱著膝上。(『世説新語』方正)
　　〔大人なのに、まだ抱いて膝の上に置いている〕

下って現代閩語では"著"が方位介詞として用いられているとの報告が梅祖麟1988：196によってなされており、これによって徐丹1992：455-456及び徐丹・張祖建2004 (Xu 1996)：54-56は閩語の地点を導く介詞"著"は動詞の「著」が虚化したものと見なしている。以下は梅祖麟1988：196の引く閩語の例である。

(70) 坐著椅子頂。
　　〔椅子に座る〕

このほか、張赬2002：80-85は動詞「著」にいくつかの意味を認めつつ、その中でも"放置（置く）"の意味を持つ「著」が連動構造の第二動詞の位置で虚化し、場所を導く介詞になったと考えている。以上、徐丹と張赬の両者は文法化前の動詞「著」の解釈に若干の隔たりがあるものの、「著」が「VP＋著（V）＋NP」という連動構造の第二動詞の位置で文法化し、地点を導く介詞となったという点については一致している。これと平行した文法化プロセスを「于」にも想定できるのである。

②地点マーカーの成立

次に地点マーカーの介詞「于」であるが、これについては2通りの考え方が可能である。

1つは「移動動詞＋于（介詞）＋着点」の介詞「于」が文法化したと見るもので、着点マーカーの動きや方向性が漂白された結果、地点を表すようになっ

たという考えである。「于」は古くは「往」など移動方向が同じ動詞とのみ共起できたものが、「來」など移動方向が相反する動詞とも共起できるようになり、さらに共起する動詞が非移動動詞に広がった段階で、運動性・移動性が弱まり、単に地点のみを表すマーカーになったという理解である。Phua 2009：788はこの立場をとる。

今1つは、「于」が連動構造の第一動詞の位置で文法化したというものである。先に述べたように、地点マーカーの「于」はしばしば動詞の前で用いられる。例えば、

(71)（=（63））于車舞。呼舞于敦。勿呼舞于敦。（合集13624正）

〔（我々は）車地で雨乞いの舞いをする。（我々は）人を呼んで敦地で雨乞いの舞をさせる。（我々は）人を呼んで敦地で雨乞いの舞をさせまい〕

(72)（=（65））己亥卜："子于狀宿，棋（夙）改牢妣庚。"（花束267）

〔己亥の日のトった、「子は狀地で休むとき、朝に牢を捌いて妣庚を祭る」と〕

「于」は古くは「于(V)＋NP＋VP」の第一動詞の位置で用いられ、「NP（地点）に行ってVPする」に相当する意味を表していたが、後に「于」がVPの動作を行う地点を表す介詞に再分析され、文法化したとも考えられる。

なお、黃天樹2006：406-407や裘錫圭2010/2012：542が指摘しているように、距離が近い地点の前に「在」が、遠い地点の前に「于」が用いられることに鑑みれば、「于」には移動の結果としての「遠さ」というイメージが残っているとも言える。

以上から、空間表現における「于」の文法化プロセスとして、以下2パターンの可能性が想定できる。

(73) 動詞「于」＞着点マーカーの介詞「于」＞地点マーカーの介詞「于」

または、

(74) 動詞「于」＞着点マーカーの介詞「于」

　　　　　∨

　　　地点マーカーの介詞「于」

1.3. 「于」の時間領域への拡張

　最後に検証するのは、時間介詞の「于」の成立過程である。大枠としては空間概念領域の「于」が時間概念領域に拡張したと考えられるが、そのプロセスとしては着点マーカー「于」からの拡張と、地点マーカー「于」からの拡張の2種の可能性がありうる。郭錫良1997：133が後者の立場を取るのは、時間介詞「于」を時点を導くものと見たためであるが、「于」に未来時指向という方向性が認められる以上、拡張する前の段階の「于」にも何らかの動きや方向性があったと考えるのが自然である。そこで本研究では時間介詞「于」は着点マーカーの「于」から拡張したと考える。(51)

　前述のように着点マーカーの「于」は移動の結果としての到着を表している。移動の主体が自分の今いる地点とこれから到る地点の間を移動することで所属場所に「変化」が起る。この「変化」のイメージが「于」の未来時指向の成立に重要な影響を与えていると考えられる。「于」の到着のイメージがメタファーを通して時間概念領域に写像されることによって、「于」によって導かれる時間は、発話者が発話時現在に所属していた時間から見て「変化」した時間、これから至る時間、すなわち「未来時」となったと推測される。

　無論、距離が近い地点を「在」が、遠い地点を「于」が表すという傾向に鑑みて、時間介詞「于」の未来時指向を、地点マーカー「于」の遠距離指示から拡張したものとする解釈も、一見すると可能であるように思われる。しかし、Clark 1973：50は、空間が時間にメタファーされた場合の人の時間認知方法として"moving ego（自己移動）"と"moving time（時間移動）"の2方式を挙げ、前者の場合、移動する先、すなわち前方が未来時に喩えられると指摘する。「于」について言えば、「于」は明確な自己移動を意味する介詞であるからこそ、移動する先を未来時として比喩できたのであり、移動性が弱い地点マーカーでは、「未来時」を指向できない。従って、時間介詞「于」が地点マーカーから拡張したというのは成立し難い。(52)

　また既に見たように、「于」は未来時を発話に導入するのに義務的な介詞ではなく、対貞など同一内容を複数回占うコンテクストで時間表現が対立的に導

入される際、遠い未来にのみ用いられ、近い未来には用いられない。この点についてはどのように考えるべきであろうか。

「到着」という行為が、移動主体が出発点から着点の間に横たわる「空間的隔たり」を意識しこれを越える事を意味するものであることだとすれば、「于」に導かれる時間にもこのような「時間的隔たり」が意識されているのではなかろうか。すなわち移動主体と着点の「空間的隔たり」が時間概念領域に写像された際、これがそのまま「時間的隔たり」となり、「于」は話し手がこの「時間的隔たり」を知覚したときのみ用いられるようになったのである。それ故により遠い未来時を導く際に「于」を用いる傾向を生じたものであろう。

「于」の空間領域から時間領域への拡張については以下のように表すことができる。

(75)

空間的隔たり

今居る空間　　　⟶　　これから至る空間：「于＋着点」

⇓　写像

今居る時間（現在）⟶　これから至る時間(未来)：「于＋時点」

時間的隔たり

さらに、時間介詞「于」が遠い未来時を導くという機能は、地点マーカー「于」がより遠い地点を導くという機能と平行するものである。殷代の「于」には、「于」が元々備えていた移動から来る「遠さ」のイメージがまだ保存されていたと言える。

なお、内容語が文法化する際、もともとの語彙的意味が文法化後も完全には失われず、その後の機能語の分布を制約する"persistence（保存）"という現象が、特に文法化初期によく見られることが指摘されているが（Hopper & Traugott 2003：96）、時間介詞「于」が遠い未来を指示する機能、或いは場所介詞「于」がより遠い場所を指示する機能は、まさに動詞「于」の語彙的意味が「保存」されたものとして捉えることができる。

1.4. 小結──「于」の文法化プロセス──

本章では、甲骨文に代表される殷代中国語の時間介詞「于」に未来時指向が認められるというTakashima 1990の説を再確認し、それに基づいて時間介詞「于」は着点マーカーの「于」から隠喩的写像によって拡張したこととの結論を得るに至った。本研究の考察を通じて、「于」の文法化、拡張のプロセスは以下のように表すことができる。

(76) 動詞「于」＞着点マーカーの「于」→時間介詞「于」(「＞」は文法化を、「→」は拡張を示す)

時間介詞「于」は従来、漠然と移動動詞「于」に由来するものと捉えられてきた。事実としてはその通りであるが、しかしこれまで見過ごされてきた「于」の未来時指向を考慮のうちに入れることで、厳密な文法化プロセスを描けるようになり、同時に一般性の高い文法化の議論を展開できるのである。また移動動詞が未来時制マーカーになるという現象は、通言語的に見られる。Bybee *et al.* 1991：266-270は「行く」を意味する動詞、特に目的地へ向かうという方向性が含意される動詞が未来を表す助動詞や接辞に文法化した10の言語を挙げる。[53]

(76)の文法化プロセスのうち、動詞「于」から着点マーカーの「于」への変化は主要な文法化であるが、着点マーカーの「于」から時間介詞「于」への変化は二次的文法化、謂わば「広義の文法化」である。殷代の「于」は時間介詞や場所介詞の他にも、二次的文法化或いは多機能化しており、受領者（recipient）や受益者（beneficiary）を導く機能も見られる。例えば、

(77) 畀束于兹三壴。（屯南2576）
　　〔(我々は) 束（災い？）をこの三人の壴人に与える〕

(78) 子其告人亡由于丁。[54]（花東286）
　　〔子は武丁に対しある人が逝去した／不治の病であることを伝えよう〕

(79) 辛未貞："其桒（祷）禾于高祖。"（合集32028）
　　〔辛未の日に検証した、「(我々は) 作物の成育のため高祖に対し祈祷を行おう」と〕

(80) (=(59)) 甲辰，貞：歳于小乙。（合集32617）

〔甲辰の日に検証した、「(我々は) 小乙に対し歳祭を行う」と〕

例(77)(78)が「于＋受容者」、(79)(80)が「于＋受益者」の例と考えられるが、いずれにしても、事物や情報或いは利益の移動を含意しており、着点を導く「于」から拡張したものと考えて大過ない。この場合も「于」の移動義は捨象されていない、言い換えれば、文法化後も動詞「于」の語彙的意味が「保存」されている。斯くの如く「于」の多機能化には、それが固有に持つところの移動義が強く関与しているのである。

注

(25) 本章は戸内2007bを加筆・修正したものである。

(26) 『説文』巻三下・卜部に「貞, 卜問也」とあることから、曾ては卜辞の命辞は疑問文と理解されるのが支配的であったが、現在、否定的な見解が展開されており、議論となっている。とりわけ欧米では早い段階から、疑問文説に疑義が呈され (Serruys 1974：22-23、Keightley 1978：29)、その後、Nivison 1989などにおいて広く受け入れられている。また、中国でも、裘錫圭1988が甲骨文の中に非疑問文があることを論じて以降、沈培2005などが追認している。このほか、高嶋1989は関連する議論を包括的に扱った論考である。本研究は基本的に、命辞＝非疑問文との立場を取るため、命辞を疑問文として訳さない。なお、反論意見としては、陳煒湛1995/2003などがある。

(27) 命辞に前接する「貞」の字の訳についても、疑問文を提示する語とは見なさず、Takashima & Serruys 2010 vol. Ⅰ：23の"(diviner) Y tested [to gain sapience from the numen of the turtle or bone]"(貞人が(甲骨の神霊から知恵を得るために)検証した)との解釈に従った。

(28) Chang 2012：46は「至于」の「于」にのみ、"until"の意味を認める。

(29) 「叀」字には数種の異体字があり、Takashima 1990は例(19)(20)をそれぞれ「叀」と「宙」に隷定し分けているが、本研究では全て「叀」を以て代表させる。また、例文の日本語訳は筆者自身による。

(30) 「対貞」とは、一つの事柄についての卜辞が亀甲上の中心線「千里路」を中心に左右対称に配されたものである。肯定形と否定形が対立する形で書かれることが多い。例えば、合集9950には以下の卜辞が左右対称に配されている(【R】は右にあることを、【L】は左にあることを表す)。

　　　　丙辰卜㪔貞:"我受黍年。"【R】
　　　　〔丙辰の日に卜い㪔が検証した、「我々は黍の豊作を受ける」と〕
　　　　丙辰卜㪔貞:"我弗其受黍年。"【L】
　　　　〔丙辰の日に卜い㪔が検証した、「我々は黍の豊作を受けないかもしれない」と〕

(31)　この指摘はそもそも陳夢家1956：227による。
(32)　「前辞」とは占卜の日時（十干十二支）や貞人（占いの実行者。例えば（23）の「余」や（25）の「争」。また下の例では「王」自身がその役割を担っている）を記した文、「命辞」とは占卜内容を記した文、「占辞」とは命辞に対しての王の判断を記した文、「験辞」とは占卜事項の結果を記した文である。実際の卜辞に即せば、以下のように説明できる。
　　　　壬辰王卜貞:"田玨，往來亡災。"王固曰:"吉。"在十月。茲卸（御）。獲鹿六。
　　　　　　　前辞　　　　　命辞　　　　　占辞　　　　　　　　　　　験辞
　　　　　　　　　　　　　　　　　　　　　　　　　　　　　　（合集37408）
　　　　〔壬辰の日に王が卜い検証した、「玨地で狩猟する時、往来に災いがない」と。王が占って言った、「吉である」と。十月。この占卜を用いた。鹿六頭を捕らえた〕
　　　多くの場合、前辞は冒頭から「貞」（一部は「卜」）字までであり、「貞」字以下は命辞となる。卜辞の大部分は前辞と命辞からなる。この他、命辞の後ろやウラ面に「王固曰」として占辞を記すこともある。さらに一部の卜辞は命辞や占辞の後に験辞を記している。但し、前辞・命辞・占辞・験辞が全てそろった卜辞は少ない。
(33)　「𢦒（翦）」字の解釈は陳劍2007aによる。
(34)　裘錫圭1993/2012は「𣪠（皿）」、「𣪠（血／盍）」、「𣪠（盍）」を異体字と見なしたうえで、いずれも「郷（嚮）」に読みつつ、「向」の意味と解釈し、同時に『毛詩』小雅・庭燎「夜郷晨（夜晨に郷う）」を引く。字音については、「皿」と「盍」が明母陽部、「血」は上古において「盍」と方言関係があることを想定しつつ（『説文』「盍，血也」）、暁母陽部と見なし、双方とも暁母陽部の「郷（嚮）」に通じると述べる。字義については、前後する二日の間の時間、前の日が終わり次の日が始まろうとする時間との解釈が現在最も広く受け入れられている。
(35)　例（30）（31）に見える命辞後の「某月」について、一見すると、占卜された事態が発生するであろう時間を表している、言い換えれば未来を表している、

との解釈も可能とも思えるが、以下の例から、「某月」はいずれも占卜儀式を実行した過去の時間を表していると見なして相違ない。

　　　辛丑卜：于一月辛酉酻蒸。十二月。（合集21221）
　　　〔辛丑の日に卜った、「一月の辛酉の日になって酻祭をし、粟を用いた蒸祭をする」と。十二月（に占った）〕

占卜された事柄が発生する時間は、命辞において「于一月」と記されており、従って命辞後の「十二月」は占卜を行った過去の時間を表しているとしか解釈できない。

(36)　「來」と「翌」の具体的機能についてはHandel 2004及び沈培2006に詳解されている。

(37)　殷金文では裸のまま時間詞を用いるか、或いは「在」で時間を導入する。例えば、
　　　辛亥，王在廣。（毓祖丁卣：集成5396）
　　　在六月，隹王廿祀翼又五。（宰椃角：集成9105）

(38)　「求（咎）」の字釈は裘錫圭1986/2012：284による。

(39)　筆者がかつてThe 20th Annual Conference of the IACL（IACL-20、2012年8月29日－31日）にて〈"于"的语法化过程之考察——通过未来时指向进行探讨——〉というテーマのもと研究報告を行った際、司会のDjamouri氏より、「于」は確かに語源としては動詞であったが、甲骨文に否定詞と共起した「于」が見られない以上、殷代に動詞としての「于」が存在したとは言えない、との意見を頂いた。

(40)　甲骨文には述語動詞を省略した文がしばしば見られる。例えば、
　　　 (侑) 于上甲。
　　　勿于上甲。（合集902）
　　　〔（我々は）上甲に対して侑祭を行う。上甲に対して（侑祭を）行うまい〕
　　　貞："勿于妣庚。"
　　　貞："于妣庚印（禦）。"（合集2671）
　　　〔検証した、「（我々は）妣庚に対して（禦祭を）行うまい」と。検証した、「（我々は）妣庚に対して禦祭を行う」と〕

1例目では後文において祭祀動詞「 (侑)」が、2例目では前文において祭祀動詞「印（禦）」が省略されている。このように動詞省略文は前後に同内容の文があることを前提に書かれるものである。この問題については、禤健聡2009：33-34や裘錫圭2010/2012：536-537でも議論されている。

(41)　沈培1992は「叀」を「惠」に作る。

(42) 甲骨文の否定詞「勿」は一般に、殷側の意志によってコントロール可能な述語動詞を否定するものとされるが、裘錫圭2010/2012：535はこのことによって、例（49）は某人が某地に行けるかどうかを客観的に占ったものではなく、占卜主体がどうすべきかを占ったものであると考えつつ、文頭の人物名詞を被使役者であると解する。本研究もこの解釈に従った。

(43) なお、时兵2003は「于」を動詞が文法化した成分とは見なさず、原始中国語の格助詞と見なしているが、これは裘錫圭2010/2012：550が批判するように成立し難い。

(44) 「出」を述語動詞とする「于」についてのみ、韓耀隆1973や黄伟嘉1987：69-70は動作の出発点・起点を導くものと分析している。ところがこの解釈については否定される傾向にある。例えば沈培1992は、

有人認為上面所舉例句中的"于"字有的是表示行為動作的出處、來源，這是不正確。從卜辭"于"字使用情況來看，它還不像後代的"于"字那樣，可以表示"從……"、"自……"的意思。（沈培1992：129）

〔上で挙げた例文の「于」には動作行為の出所・起点を表すものがあると考える者もいるが、これは正確ではない。卜辞の「于」の使用状況から見れば、それは後の時代の「于」と異なり、「從……（～から）」や「自……（～より）」を表すことはできない〕

と指摘し、また张玉金2003は

韩文认为卜辞中的"于"有"从"的意思，这也不可信。（张玉金2003：197）

〔韓耀隆は卜辞の「于」に「～から」の意味があると考えるが、これも信じ難い〕

と述べる。さらに巫称喜1997は、

"于"应释为"到"，"往出于敦"意为"外出到敦"，表示"出"的终点。（巫称喜1997：30-31）

〔「于」は「～まで、～に」と訳すべきで、「往出于敦」は「敦まで出かける」の意味であり、「于」は「出」の終点を表す〕

と論じ、さらに裘錫圭2010/2012は、

王其呼衛于𠭯，方出于之，有捷。（合集28012）

〔我が王がもし人を呼び𠭯地を防衛させれば、方国（敵）がここに侵出しても、勝てる〕

を引きつつ、

由於敵邦有可能出來而到㽞地，所以準備叫人㽞去防衛。這可以確證"出于"的"于"含有"到"義。（裘錫圭2010/2012：547）

〔敵国が㽞地に出て来るかもしれないため、㽞地を守りに行くよう人に命じるつもりであった。この文は「出于」の「于」に「〜まで、〜に」の意味があることを証明できる〕

と述べ、「于」を着点を導くものと分析している。

　本研究では、「于」が起点を表さないという考えに従う。なお、起点を表すのに春秋時代以降の文献では「于」を用いることが多いが、甲骨文では専ら介詞「自」を用いる。例えば、

　　庚子卜貞："呼侯毒出<u>自方</u>。"（合集8656正）

　　〔庚子の日に卜い、検証した、「侯毒を呼んで<u>領内から</u>出させる」と〕

(45)　ここで「直接に場所目的語を導きにくい」と述べたのは、例えば「往」や「入」が「于」なしで場所目的語を導く例が見られるからである。

　　勿往<u>徹京</u>。五月。（合集8072）

　　〔（我々は）<u>徹京地に行く</u>まい。五月（に占った）〕

　　王<u>往宮</u>．不雨。（合集33161）

　　〔我が王が<u>宮に行け</u>ば、雨は降らない〕

　　辛卯卜㪅貞："今夕王<u>入商</u>。"（合集39990）

　　〔辛卯の日に卜い、㪅が検証した、「今夜、我が王は<u>商に入る</u>」と〕

但し、「往」や「入」が「于」をとらない例は全体から見れば少数である。また「入商」の如きはすでに慣用化されているようで、このフレーズだけは《合集》中、20例程見られるが、このほかの「入＋NP」はほぼない。また「歩」が「于」なしに場所目的語を導く例は、《合集》中1例も発見できなかった。以上から、本研究では「往＋NP」及び「入＋NP」のような構造を例外的と見なす。

(46)　実際には沈培1992は、本研究が言うところの「着点を導く于」を"含有'到……'意思的'于'字結構"と呼び、その上で、

　　　含有'到……'意思的'于'字結構從不前置。（沈培1992：131）

　　　〔「到……（〜まで、〜に）」の意味を持つ「于」構造は前置することはない〕

と述べている。

(47)　「𠦪（禱）」の字釈は冀小军1991による。

(48)　但し、時間介詞のみ動詞の前がデフォルトの位置であることから、前置による焦点化の議論には当て嵌まらない。

(49) 介詞「于」が連動構造において文法化した可能性があるということは、以下の如く、Pulleyblank 1986において夙に指摘されている。

Nothing is more likely, however, than that a verb "go" should, through a serial verb construction, come to be equivalent to a preposition "to." (Pulleyblank 1986：2)

〔しかし、動詞"go"が、連動構造を通して、前置詞"to"に相当する語となったというのは間違いない〕

同時にPulleyblank 1986：2は南米スリナム共和国のクレオールであるスラナン（Sranan）語で英語の"go"が"to"の意味で用いられているケースや、連動構造を持つアフリカのヌペ（Nupe）語やイボ（Igbo）語で"go"の意味を持つ動詞が方向を示すのに用いられているというケースを引用している。

(50) ここで言う「移動を表す自動詞」とは例（52）から（56）で挙げた、「往」、「步」、「出」、「入」等を指す。

(51) この拡張はメタファー（metaphor）を通じて空間概念領域の「于」が時間概念領域に写像（mapping）されることによるものだと考えられる。周知の通り、時間を空間に見立てることによる意味拡張は多くの言語にとって普遍的な現象である。また、空間＞時間という変化は、（7）で引用した文法化の方向とも一致する。

(52) なお、Chang 2012：64は、時間介詞「于」の中で"temporal locative marker"として機能するものについては、未来時指向を認めておらず、それゆえこの種の「于」は地点マーカーより拡張したとの解釈を提示する。一方で、「至于」の「于」を"temporal goal marker"と見なしつつ、着点マーカーの「于」から拡張したものと推測する。

(53) 但しBybee et al. 1991には移動動詞が介詞などの接置詞（adposition）に文法化するケースは挙げられていない。Heine & Kuteva 2002も同様である。

(54) 魏慈徳2006：73は「人亡由」を"某人已死或將不治之意（ある人が既に死んでいる、或いは病が治らないの意味）"と解する。「丁」が「武丁」と言うのは、陳劍2007d：82-83による。

第2章　上古中国語の「NP而VP」/「NP₁而NP₂VP」構造の表現機能とその成立(55)

　本章では、前章の「于」とは異なり、もともと文法形式であったものがさらに拡張されて異なる機能を担うようになる「広義の文法化」の一事例として「而」を取りあげる。
　上古中国語における「而」は前後の述語成分を繋ぐ接続詞が中心的機能である。例えば、
(81) 任重而道遠。(『論語』泰伯篇)
　　〔務めは重く道は遠い〕
(82) 子曰："關雎，<u>樂而不淫</u>，<u>哀而不傷</u>。"(『論語』八佾篇)
　　〔先生はおっしゃった、「『関雎』は<u>楽しくとも度を越さず</u>、<u>悲しくとも傷つけられない</u>」と〕
　一方、本章では文頭の名詞(句)に「而」が後続した一群の文を対象とするが、これは上の述語成分を繋ぐ「而」の用例と比べれば、用例数も少なく、構造も異例であるため、周辺的機能と言える。例えば、
(83) 子曰："<u>富而可求也</u>，雖執鞭之士，吾亦爲之。"(『論語』述而篇)
　　〔先生はおっしゃった、「<u>富が追求できるものであるなら</u>、執鞭の士のような卑しい役割でも、私は務める」と〕
(84) 又誦之曰："我有子弟，子產誨之。我有田疇，子產殖之。<u>子產而死</u>，誰其嗣之？"(『左伝』襄公三十年)
　　〔さらに民は「我らに子弟がいれば、子産は教え導く。我らに田畑が有れば、子産は増やす。<u>子産が死ねば</u>、誰が子産を嗣ぐのだろうか」と歌った〕
以下、この種の文を「NP而VP」構造と称する(NPは名詞成分を、VPは動詞述語、

形容詞述語、及び名詞述語等の述語成分を表すものとする)。文頭の名詞(句)に「而」が後続しているという点から見れば、次の如き「名詞＋而＋主述文」の構造もまたこのタイプの内に含むことができる。

(85) 若上之所爲而民亦爲之，乃其所也。(『左伝』襄公二十一年)

〔もし上のすること、民もこれをなせば、そのようになります〕

本研究ではこの種の文を「NP₁而NP₂VP」構造と称し(NP₂VPは主述構造を表す)、さらに「NP而VP」と共に「NP而」文という名で概括する。

従来、「NP而VP」の「而」には仮定の接続詞「若／如」との訓が与えられてきた。しかし、この訓詁には爾来、多くの異論が出されており、今に至るまで、通説めいたものはない。

本章では、「NP而VP」構造の研究においてこれまで軽視されてきた「NP₁而NP₂VP」構造を研究対象に取り入れつつ、両者の表現機能及び「而」の意味機能、NP/NP₁の指示特徴(referentiality)を明らかにする。さらに「NP而」文の「而」が、述語成分を繋ぐ「而」(以下、「VP而VP」構造と称する)とどのような派生関係にあるのかを、文法化という枠組みのもとで検証する。

「NP而」文にせよ「VP而VP」構造にせよ、上古前期の出土資料には見えず、上古中国語の中では比較的新しい語彙であり、それゆえ「而」の文法化について語られることは従来ほとんどなかった。しかし、共時的に存在する「而」の意味機能を仔細に分析することで、「而」に意味拡張や主観化(subjectification)の痕跡を見出すことができ、従って「而」もまた文法化の事例に取りこむことができるのである。

2.1. 問題の所在

「NP而」文の「而」は伝統的訓詁学では仮定を表す接続詞「若」や「如」と解釈されてきた。例えば、

(86) 而猶若也。若與如古同聲，故而訓爲如，又訓爲若。(『経伝釈詞』巻七・二葉)

〔「而」は「若」と同じである。「若」と「如」は古くは同声であり、そのため「而」

は「如」と訓読し、また「若」と訓読する〕

加えて、先に挙げた例（83）をパラフレーズした『史記』の一文（87）は「而」を「如」に作る。

(87) 故曰："富貴如可求，雖執鞭之士，吾亦爲之。"（『史記』伯夷列伝）

しかし一方で、仮定文と解釈できない「NP而」文も存在する。例えば、

(88) 天地之經而民實則之。（『左伝』昭公二十五年）
　　〔天地の経、民はまことにこれに則る〕

(89) <u>人役而恥爲役</u>，由<u>弓人而恥爲弓</u>，<u>矢人而恥爲矢也</u>。（『孟子』公孫丑上篇）
　　〔<u>人に仕える者が役夫となるのを恥じるのは、弓職人が弓を作るのを恥じ、矢職人が矢を作るのを恥じるようなものだ</u>〕

このような例文の存在から、「而」を仮定の接続詞とする解釈を退ける研究者も少なくない。例えば、『马氏文通』は「而」を述語成分を繋ぐ接続詞と認めた上で、上例（89）を引きつつ、

(90) 若"而"字之前若後惟名字者，則其名必假爲動、靜字矣。不然，則含有動、靜之字者也。……"人役""弓人""矢人"，三名也，而自爲上截者，蓋上截者當重讀，猶云"既爲人役而恥爲役"云云，故"人役""弓人""矢人"雖自爲上截，而其意含有動字者也。（马建忠 1898/1983：288-289）
　　〔もし「而」の前と後が名詞のみならば、その名詞は必ず臨時に動詞・形容詞として用いらる。そうでなければ、動詞・形容詞を含んでいるのである。……「人役」、「弓人」、「矢人」は3者とも名詞ではあるが、固より「而」の前に置かれたものである。思うに、「而」前の語はアクセントを置いて強く発音すべきで、「すでに人役であるのに役であることを恥じる」等を言っているのと同じである。従って「人役」、「弓人」、「矢人」は「而」の前に置かれてはいるものの、その意味には動詞が含まれるのである〕

として、「而」前の名詞が動詞的であると推定する。

これ以降も「而＝若/如」を否定する論考は少なくない。例えば、呂叔湘 1941/1982 は上例（83）（84）を引きつつ、

(91) 前人往往说这个「而」字等于「若」。其实这只是一种方便说法。这个「而」

字虽然有表示条件的作用，可不必当作与常见的「而」字不相干涉的另一关系词。「而」字仍是转折的用法，……「富而可求」隐有「富不可求」之意，「子产而死」隐有「子产不可死」之意……都可以见出「而」字的转折作用。但用久了也有不含转折之意的。(吕叔湘1941/1982：414-415)
〔先人はしばしばこの「而」は「若」に等しいと言う。しかし実のところこれは方便に過ぎない。この「而」は条件を表す作用はあるが、よくある「而」と関わりを持たない別の接続詞と見なす必要はない。「而」はなお逆接用法であり、……「富而可求」は「富不可求（富は求めることができない）」の意味を隠しており、「子産而死」は「子産不可死（子産は死ぬべきではない）」の意味が隠されており、……いずれも「而」の逆接的機能を見いだせる。しかし、長らく用いられて逆接の意味を持たなくなったものもある〕

と述べ、「NP而VP」構造の「而」が仮定の接続詞ではなく、本来は逆接の接続詞であり、且つ「而」前のNPは文字通りの名詞ではなく、続くVPと反対の意味が隠されたものと見なしている。この他、本邦でも太田1984が、

(92) 名詞のあとに「而」を用いて、これを述詞化することがある。(太田1984：24)

と述べ、「而」前のNP自体を述語成分と見なす。

この後も董連池1990、薛凤生1991、何乐士1999/2004、方有国2002、裘燮君2005、杨荣祥2008、陈祝琴2009、宋洪民2009、常翠霞2010、傅书灵2010等、数多くの論考が発表されてきたが、このうちとりわけ影響力が強いのは薛凤生1991及び杨荣祥2008である。薛氏は、

(93) 最常见的说法是，"而"字连接主语和谓语，又说它含有假设的意思。其实如果我们抓住"而"字的本义，就会看出它在这些例句里的用法，并无特异之处，也跟假设毫无关系。……这类句子，只有出现在表示结果的子句之前时，才会有假设的意思。那是由于出现的地位使然，跟"而"字没有关系。"而"字的作用仍然是指明它前面的那个名词用作谓语，代表一个没有主语的子句。名词作谓语，一般只出现于判断句或述语是"为"或"有"的句子里。……在判断句的主语省略了以后，剩下来的谓语就只能是一个名词了。以上诸例就是这样形成的。(薛凤生1991：59)

〔最もよく見られる意見は、「而」が主語と述語を繋ぎ、さらに仮定の意味を持っているというものである。しかしもし我々が「而」の本義を把握しているなら、「而」のこれらの例文（本研究の「NP而VP」構造：引用者注）での用法には、特殊なところはなく、仮定とも無関係であると分かるであろう。……この種の文は、結果を表す節の前に現れたときのみ、仮定の意味が出るのである。それは出現する場所がそうさせたのであって、「而」とは関係がない。「而」の作用はなお前の名詞が述語として用いられていることを明らかにするもので、主語のない文を表している。名詞が述語となるのは、一般的には判断文或いは述語が「爲」か「有」の文に見られる。判断文の主語が省略されたのち、余った述語が１つの名詞となることができる。以上の諸例はこのように形成されたのである〕

として、「NP而VP」構造が固より仮定を意味しないこと、「而」の前の成分が主語名詞ではなく述語であること、そしてそれは判断文「主語＋名詞述語」から主語が省略されたものであることを述べる。

杨氏は、

(94) 我们认为,"名而动"结构来源于"话题性主语+名而动"的"话题性主语"不出现的情况。所谓"名"、"动",是就词类属性说的；从句法属性说,在该结构中,"名"和"动"都充当小句的谓语,都是陈述性成分。所以,在"名而动"中,"而"同样是一个"两度陈述"标记。……"名而动"结构中的"名"本是来自判断句的谓语,所以具有较强的性质意义（或类意义）,即便是一些专有名词,也会在具体的语言环境中获得较强的性质意义（或类意义）。(杨荣祥2008：242-243)

〔「NP而VP」構造は「話題主語＋NP而VP」の「話題主語」が出現しないものであると考えられる。所謂NPとVPは品詞について言ったものである。文法属性から言えば、この構造中、NPとVPは共にフレーズの述語で、叙述成分である。故に、「NP而VP」構造においても「而」は「二重叙述」のマーカーである。……「NP而VP」構造のNPは本来判断文の述語から来たもので、かなり強い属性的意味（或いは類的意味）を備えている。たとえ固有名詞でも、特定の言語環境の中では強い属性的意味（或いは類的意味）を獲得する〕

と述べ、判断文「話題＋NP」を含む「話題＋NP而VP」構造から「話題」を省略したのが「NP而VP」構造で、「而」は前後の述語成分を繋ぐ"两度陈述（二重叙述）"マーカーであると指摘する。同時に「而」前の名詞を属性や類を表すものと解釈する。

この他、注目すべきものとして傅书灵2010がある。傅氏は、

(95) "名而动"是"话题性主语＋名＋而＋动"主语不出现的形式，话题性主语隐去后，作为判断句谓语的"名"便失去主语的呼应，如果"名"在深层语意上可能成为后边"动"的施事或受事，"名"就会受到"动"的吸引，由"前呼"变成"后应"，这样原来的"话题性主语＋名词＋而＋动"就演化为主谓式的"名而动"结构。……"名而动"主要用於评述性语言中，具有很强的主观性，它表达一种在说话人看来违背社会常理、常情、个人情感或价值取向等的语意，是一种有特定蕴含的陈述，本文称作逆情陈述。（傅书灵2010：467-468）

〔「NP而VP」構造は「話題主語＋NP＋而＋VP」の主語が現れない形式で、話題主語が現れなくなった後、判断文の述語としてのNPは主語との連携を失う。もしNPが深層的意味において後ろの動詞の動作主或いは被動作主となるかもしれないのであれば、NPはVPに引き寄せられ、「前呼」から「後応」に変わるのであり、このようにして元々の「話題主語＋NP＋而＋VP」は主述型の「NP而VP」構造に変化するのである。…「NP而VP」構造は主に評論的な言葉に用いられ、強い主観性を帯び、話し手から見た、社会通念、情理、個人の感情または価値傾向に反した意味を表す。それは何か特定の意味を含んだ叙述であり、本文はこれを「反情理叙述」と称する〕

として「NP而VP」構造は本来、「話題主語＋名詞＋而＋動詞」の話題主語が省略された形式であったが、後に主述文に変化したと考える。またこの構造の表現機能を、話し手から見て社会通念、情理、個人感情或いは価値傾向に反した意味を表す"逆情陈述（反情理叙述）"と称している。

以上が研究史のあらましであるが、未決着の問題として以下の3点がある。

問題(a)「NP而」文の表現機能

前記諸説において、「而＝若／如」を否定するものは多いが、一方で伝統的訓詁学の中で「而＝若／如」という解釈が通行しているように、「NP而」文が仮定文として解釈されることが多いのも事実である。なぜ「NP而」文の多くが仮定の条件節として読み取れるのか、またなぜ「而＝若／如」という解釈で多くの例文が矛盾なく読み解けるのか、この点を明らかにしたものは皆無である(58)。

問題(b)　NP/NP$_1$の文法性質

　NP/NP$_1$が述語性を帯びたものか、それとも単純な名詞（句）か。楊榮祥2008：242は前者の理解であり、加えてNP/NP$_1$の前に話題主語が省略されていると見なす。一方、傅書霊2010：463が後者の意見をとるのは、「話題主語＋NP＋而＋VP」の話題主語が省略した形が定型化して、「NP而VP」という主述構造に変化したと捉えるためである。

問題(c)　「而」の文法機能

　「而」は接続詞か、それとも接続詞から変化した成分か。楊榮祥2008：242は前者の解釈だが、傅書霊2010：466は後者の解釈を取り、「而」は主述間に挿入される、異なった成分になっていると述べる。

　以下、この3点を中心に「NP而」文について検討していきたい。

2.2. コーパス

　出土資料における「而」字の初出は一般的に春秋時代の金文と言われている（武振玉2005：256）が、そこには「NP而」文は見られない。そこで本章では「NP而」文が比較的良く見られる上古中期から上古後期の伝世文献——『毛詩』、『論語』、『左伝』、『孟子』、『史記』——を中心に、同時代の出土資料と言える楚簡、秦簡、漢簡を併用して調査を行う。

2.3. 接続詞「而」の基本的機能

本論に立ち入る前に、「NP而」文以外の「而」の機能を、薛凤生1991、楊榮祥2010及び杨伯峻・何乐士2001によりつつ確認しておきたい。

① 2つの述語成分（動詞述語、形容詞述語、名詞述語）を繋げる。

(96) 君子食無求飽，居無求安，<u>敏於事而慎於言</u>，<u>就有道而正焉</u>，可謂好學也已。（『論語』学而篇）

〔君子は食べるときは満腹を求めず、住むときは快適さを求めず、<u>行うことはすばやく、言うことは慎重にし</u>、<u>有道の人に付き従い、己を正すようなら</u>、学を好むと言うことができる〕

(97) (=(82)) 子曰："關雎，<u>樂而不淫</u>，<u>哀而不傷</u>。"（『論語』八佾篇）

〔先生はおっしゃった、「『関雎』は<u>楽しくとも度を越さず</u>、<u>悲しくとも傷つけられない</u>」と〕

(98) 是子也，<u>熊虎之狀而豺狼之聲</u>。（『左伝』宣公四年）

〔この子は<u>熊や虎のような外見であり、やまいぬや狼のような声である</u>〕

(99) 對曰："<u>吾一婦人而事二夫</u>，縱弗能死，其又奚言？"（『左伝』莊公十四年）

〔このように答えて言った、「<u>私は1人の婦人でありながらも2人の夫に仕えました</u>。たとえ死ぬことができずとも、さらに何を言うことができましょうか」と〕

(96) は動詞述語＋動詞述語、(97) は形容詞述語＋形容詞述語、(98) は名詞述語＋名詞述語、(99) は名詞述語＋動詞述語である。

② 2つの文を繋げる。

(100) (=(81)) 任重而道遠。（『論語』泰伯篇）

〔務めは重く道は遠い〕

③ 介詞句と動詞を繋げる。

(101) 戊申，入蔡，<u>以城下之盟而還</u>。（『左伝』文公十五年）

〔戊申の日、（晋は）蔡に攻め入り、<u>城下の盟を結んで帰った</u>〕

④ 連用修飾語と中心語を繋げる。

(102) 叔向曰："秦、晉不和久矣。今日之事<u>幸而集</u>，晉國賴之。"（『左伝』襄公二十六年）

〔叔向が言った、「秦と晋は不和であること久しい。今日の事が幸いに成功すれば、晋はそれを頼りにする」と〕

①から④の「而」前後の成分は表面的には多様であるものの、薛凤生1991：56、杨荣祥2010：98、黎路遐2010：218-220は「而」前後の成分の文法機能は、突き詰めれば、ともに述語成分であり、「而」は2つの述語成分を繋いでいると結論づけている。また前後の意味関係は、並列、順接、因果、逆接など一様ではないが、これについて薛凤生1991：56は「而」前の成分が副次的で、後の成分が焦点であると述べるも、杨荣祥2008：98と黎路遐2010：219は薛凤生1991を退け、「而」は単に前後の述語成分を繋ぐだけで主副の関係がないこと、さらに「而」の意味は前後両成分間の意味関係によって決まるもので、「而」自体に特定の意味はないと指摘する。梅廣2003：29-30は「而」は並列するフレーズや述語を繋ぎ、本来、並列関係にない構造も並列構造として処理する接続詞であると述べている。なお、本研究では以上①から④の構造を便宜的に、「VP而VP」構造と呼ぶこととする。

なお、「而」には以下のように、直前に数詞や時間詞を取るものもある。

⑤数詞＋而＋VP

(103) 二十而冠，始學禮，可以衣裘帛，舞大夏，惇行孝弟，博學不教，内而不出。(『礼記』内則篇)

〔20歳では（成人になる）冠礼の儀式を行い、初めて礼を学び、皮衣と絹を着ることができ、大夏を舞い、篤く孝弟を行い、広く学ぶも人に教えず、知識を内に蓄え外に出さない〕

⑥時間詞＋而＋VP

(104) 公父定叔出奔衛，三年而復之，曰："不可使共叔無後於鄭。"(『左伝』莊公十六年)

〔公父定叔は衛に出奔したが、（鄭伯は）三年で彼を戻し、言った、「共叔家の子孫を鄭で無くしてはいけない」と〕

これらの例は、一見すると「NP而」文に含まれそうではある。しかし「NP而」文のNP/NP₁は述語動詞にとって主語や話題などの文の主要成分であるの

に対し、数詞や時間詞は文の主要成分ではない。「数詞／時間詞＋而＋VP」は寧ろ④「連用修飾語＋而＋VP」に類するものと見なすべきである。

2.4.「而」前後項の意味的関係
2.4.1.「NP而VP」構造

　上古中期における「NP而」文の最も重要な特徴の一つは、大多数が「曰」で始まる会話文や詩文中に出現すること、言い換えれば主に会話文で用いられていることであり、この点、2.3.節で挙げた「VP而VP」とは用いられる環境が異なる(59)。

　「NP而」文を仔細に観察すると、「而」の前の語句（以下、「前項」と称する）が表すイメージと「而」の後ろの語句（以下、「後項」と称する）が表す事態（event）の関係に、一定の共通性を看取できる。まずは、「NP而VP」構造から見られたい。

(105) 子蕩怒，以弓桔華弱于朝。平公見之，曰："<u>司武而桔於朝</u>，難以勝矣。"（『左伝』襄公六年）

　　〔子蕩は怒り、朝廷で弓を用いて華弱を首枷にした。平公はこれを見て言った、「<u>武官であるのに朝廷で首枷にされるようでは</u>、敵に勝つことなどできない」と〕

(106) <u>匹夫而有天下者</u>，德必若舜禹，而又有天子薦之者。（『孟子』万章上篇）

　　〔<u>匹夫であるのに天下を保有したならば</u>、その徳は必ず舜禹のように高く、またその者を推す天子もいることだろう〕

(107) <u>彼童而角</u>，實虹小子。（『毛詩』大雅・抑）

　　〔あの子羊が自らに角があると思ってしまうと、小臣は乱れる〕

(108)（＝(89)）<u>人役而恥爲役</u>，<u>由弓人而恥爲弓</u>，<u>矢人而恥爲矢</u>也。（『孟子』公孫丑上篇）

　　〔<u>人に仕える者であるのに役夫となるのを恥じる</u>のは、<u>弓職人であるのに弓を作るのを恥じ</u>、<u>矢職人であるのに矢を作るのを恥じる</u>ようなものだ〕

　例(105)の「司武」は、楊伯峻1981：946が"司武即司馬，武馬古同音，且宋國司馬之職掌武事（司武は司馬である。「武」と「馬」は古くは同音で、宋国で

第 2 章　上古中国語の「NP而VP」/「NP₁而NP₂VP」構造の表現機能とその成立　67

は司馬の職が武事を司る）"と述べるように、武官を表す。当時の人々の百科事典的知識、或いは共通理解から見れば、武官を担う人物は「武」の方面において長けていること、すなわち、「勇ましくある」ことが期待される。しかし（105）はそうした「司武」のフレーム（frame）よって焦点化される性質に反し、武官がいとも簡単に首枷にされたという命題内容を表している。注目すべきは後項の事態「桎於朝」が、当時の人々の「司武」に関する通念を裏切っていることで、言い換えれば、前項「司武」のフレームから導かれる性質と後項「桎於朝」の事態は現実世界では本来、並立し難い。話し手は「NP而VP」構造を使うことで、「武官が朝廷で首枷にされる」という命題内容のほかに、その内容が現実ではあり得ない或いはあってはいけないという主観をも伝えているのであろうと推測される。

　例（106）の「匹夫」は庶民を意味する語で、当時の人々が共有する百科事典的知識から見れば、その身分は低く卑しいものである。しかし、（106）が表す「匹夫が天下を保有する」という事態は当時の人々の認識を裏切るもので、言い換えれば、前項「匹夫」のフレームから焦点化される性質と、後項「有天下」が表す事態は現実世界では結び付きがたい関係にある。話し手は「NP而VP」構造によって、それら矛盾する二項を共存させ、そこに意外性があることを提起しているものと考えられる。

　例（107）の「童」は「角がない子羊」を意味しており、当時の人々の共有する「童」に関する百科事典的知識も「角を持たない」というものであったと想定できるが、しかし（107）の後項はそれに矛盾する「角を生やしている」という事態であり、前項と後項が合わさって現実世界であり得ないような、意外性のある命題内容を表している。

　例（108）「人役而恥爲役／弓人而恥爲弓／矢人而恥爲矢」も、当時の人々の通念では、「人役／弓人／矢人」という職業にある者は、職を全うするのが当然である、というものであったろう。しかし、（108）で述べられているのは、その通念を覆す「人役／弓人／矢人が自らの役目を恥じる」という事態であり、意外性のある内容が表現されている。

このように、「NP而VP」構造は、前項に関する当時の人々の百科事典的知識やフレームから焦点化される性質が、後項の表す事態と共存しがたいということを表現している。謂わば、前項ではフレームの一部分、特に後項の表す事態と関連性の高い性質・属性が焦点化されるのであり、これはモノを参照点として隣接するコトにアクセスしているという意味では、一種のメトニミー (metonymy) である。

このほか、コンテクストの中で前項に何らかの前提 (presupposition) が付与され、その前提により活性化された性質が後項の事態と矛盾することを述べる用例も見られる。

(109)（＝(84)）又誦之曰："我有子弟，子産誨之。我有田疇，子産殖之。<u>子産而死，誰其嗣之？</u>"（『左伝』襄公三十年）

〔さらに民は「我らに子弟がいれば、子産は教え導く。我らに田畑が有れば、子産は増やす。<u>子産が死ねば、誰が子産を嗣ぐのだろうか</u>」と歌った〕

例 (109) の「子産而死」を含めた一段は子産と同時代の民が歌った子産を褒める詩である。子産は鄭の宰相として税制や土地制度の改革を強力に推し進めていたが、当初は以下の記録にあるように民から嫌悪されていた。

(110) 取我衣冠而褚之，取我田疇而伍之。孰殺子產，吾其與之。（『左伝』襄公三十年）

〔子産は我々の衣冠と田地から税を徴収する。子産を殺した者に私は身方しよう〕

しかし改革が成功していくと共に、民の評価を得て、結果として (109) のような詩が歌われるようになった。ここに至って「子産」には民を富ます有能な政治家であるという性質が付与されており、同時にそのような政治家は、失いたくない対象であったと想像できる。すなわち、(109) の前項「子産」には民にとって「失いたくない人物」であるという性質がコンテクストにおいて付与されたわけだが、これは鄭の民という特定の集団の中での共通理解とも言える。この性質は「NP而VP」構造によって、後項「死」という事態との対比のもとで焦点化されたのであろう。そして（失いたくない人物である）「子産」が死ぬという事態は、話し手にとって現実にあってはいけないものであったはず

である。この点、以下の裴燮君2005の見解は充分に首肯し得る。

(111) 在"子产而死"这一动态句中，"子产"是个省略句，它含有"子产不应死，不可死"这样一种否定性谓词短语的意思。(裴燮君2005：99)
　　〔「子產而死」という動作文において、「子產」は省略文であり、「子產は死ぬべきではない」という否定的述語フレーズの意味を含んでいる〕

要するに、話し手は「子產而死」という「NP而VP」構造を使うことで、「子產が死ぬ」という内容が現実世界であり得ない/あってはいけないという主観を伝えていると考えられる。

このほか、

(112) (=(83)) 子曰："富而可求也，雖執鞭之士，吾亦爲之。"(『論語』述而篇)
　　〔先生はおっしゃった、「富が追求できるものであるなら、執鞭の士のような卑しい役割でも、私は務める」と〕

の「富而可求」の前項「富」と後項「可求」は、上の仮説に基づけば、現実世界で共存しがたい意味関係を有すると予測される。つまり「富」は「不可求」であるという理解があったはずである。これは本来、「富」に関わる百科事典的知識から容易に得られる理解ではない。上の「子產」と同様、特定的のコミュニティの共通理解であろうと推察されるが、果たして、『論語』中に以下のような子夏の言葉が伝えられている。

(113) 死生有命，富貴在天。(『論語』顔淵篇)
　　〔死生に定めがあり、富貴は天にある〕

吉川1959-1963/1978(中冊)：82はこの一文を「富貴を得るか得ないか、それらは、天のあたえる運命であって、人間の努力を超えた問題である」と解釈しており、このことから、少なくとも当時の儒家集団には、「富」が「不可求」である、すなわち、人が求められないものであるという共通理解があったことが窺い知れる。(112)は話し手が「富而可求」という「NP而VP」構造を取りつつ、後項の「可求」という事態との対比のもと、儒家が「富」に対して持つ「不可求」という共通理解を前景化した上で、その理解に反する「可求」という事態を述べ、それが現実ではあり得ないものであるという意外性を言い立てているもの

と解される。

次の例は解釈が難しい。

(114) 南人有言曰："<u>人而無恆</u>，不可以爲卜筮也。"（『礼記』緇衣篇）

〔南人の言葉に「<u>人に一定の心がなければ、占いをすることはできない</u>」とある〕

「人而無恆」も本研究の分析によれば、「人」は本来「無恆」ではない、すなわち、「人」は「恆（一定の心）」と密接な関係があったと解釈できる。これも「人」に関わる限定的な理解であることから、「人」の百科事典的知識ではなく、「南人」というコミュニティの中の共通理解であろうと推察される。「人而無恆」も、これまで同様、後項の「無恆」という事態との対比のもと、南人集団が「人」に対して持つ「恆」という共通理解を前景化した上で、その理解と矛盾する「無恆」という事態を述べ、それが現実世界ではあり得ないという意外性を表現していると推察される。

以上より、「NP而VP」構造のNPは、典型的には、それが有するフレームのうち、後項との対比によって焦点化される性質が前景化されたもので、VPはその性質に矛盾する事態を表していると言うことができよう。

次はやや周辺的な用例として位置づけられる。

(115) 子曰："管仲之器小哉。"或曰："管仲儉乎？"曰："管氏有三歸，官事不攝，焉得儉。""然則管仲知禮乎？"曰："邦君樹塞門，管氏亦樹塞門。邦君爲兩君之好，有反坫，管氏亦有反坫。<u>管氏而知禮</u>，孰不知禮？"（『論語』八佾篇）

〔先生はおっしゃった、「管仲の器は小さいことだ」と。ある人が質問した、「管仲はつつましいのですか」と。先生はおっしゃった、「管氏には3人の婦人がおり、政務は、1人の家臣に複数を掛け持ちさせず、1人に1つを専任させていた。どうしてつつましいと言えよう」と。（ある人が質問した）「それでは管仲は礼を知っているのですか」と。先生はおっしゃった、「国君は塀を立てて門を塞ぐが、管氏も同様に、塀を立てて門を塞いでいる。国君は隣国の諸侯と親善の会合をするとき、二本の大黒柱の間に、献酬の杯を乗せる台を設けるが、管氏も同様に、この台を設けている。<u>管氏ですら礼というものを知っている</u>

第2章　上古中国語の「NP而VP」/「NP₁而NP₂VP」構造の表現機能とその成立　71

のであれば、この世に礼を知らぬ者などいなくなる」と〕

ここで話し手である孔子は「管仲之器小哉」の一句によって、「管氏/管仲」に「小器」という前提を付与している。その上で「管氏而知禮」という「NP而VP」構造を提示しつつ、後項「知禮」との対比のもと、前項「管氏」が礼を知らないという理解を前景化している。しかし、ここで「管仲」の性質についての問答が展開されていること、及び『論語』憲問篇で孔子と子貢・子路が、管仲が仁か不仁かについて議論していることに鑑みれば、管仲に対し「小器」「礼を知らない」など一定の共通理解が儒家集団にあったとは考えにくい。「管仲が小器」或いは「管仲が礼を知らない」というのはむしろ、孔子その人の主観や価値観であろう。「管氏而知禮」は、「NP而VP」が後項VPとの対比によってNPの百科事典的知識や共通理解を前景化させるという機能を逆手にとって、話し手の主観や価値観を聞き手に押しつける表現ともなっていると推察される。同時に、「管氏而知禮」は「管氏が礼を知っている」という内容が、現実ではあり得ないものであることを伝えている。

以上は伝世文献の例であるが、出土資料にも同様の例が見られる。

(116) 宋人有言曰："人而亡恆，不可爲卜筮也。"（郭店楚簡『緇衣』45-46号簡）
〔宋人の言葉に「人に一定の心がなければ、その人のために占いをすることはできない」とある〕

これは、例 (114) の『礼記』緇衣篇に対応する部分の郭店楚簡『緇衣』である。文字にやや異同はあるが、「而」の振る舞いは今本と変わりない。

「NP而」文は時代が下った上古後期中国語にも見える。『史記』に用例があるほか（例 (132)）、秦簡や漢簡にも散見される。

(117) 丹矢傷人垣雍里中，因自刺殺。棄之于市，三日，葬之垣雍南門外。三年，丹而復生。（放馬灘秦簡『志怪故事』1-2号簡）
〔丹は矢にて人を垣雍里の中で傷つけたため、自分で自分を刺した。丹の屍を市に棄て、3日経って、これを垣雍の南門の外に葬った。三年経つと、丹は生き返った〕(60)

「丹」には「NP而VP」構造の直前で死人であるという性質が付与されている。

この状態から「復生」という事態は、正常な状況下ではあり得ないが、話し手は「NP而VP」構造を取ることで、あり得ない事態が現実に生起したという意外性を伝えている。

 (118) 孫死，<u>其母而代爲戸</u>，令母敢遂（逐）夫父母及入贅，及道外取其子財。
   （張家山漢簡『二年律令』338号簡-339号簡「戸律」）
   〔孫が死ねば、<u>その母が代わって戸主となる</u>。夫の父母を追い出したり、婿を取ったり、また外部からその子の財を取ったりしないようにさせる〕

 (119) 母子，<u>其夫而代爲戸</u>，夫同產及子有與同居數者，令母貿賣田宅及入贅。
   （張家山漢簡『二年律令』387号簡「置後律」）
   〔子がなければ、<u>その夫が代わって戸主となる</u>。夫の兄弟姉妹及び同じ戸籍に属する者には、田地を売ったり嫁を取ったりさせない〕

例(118)の「其母而代爲戸」は、よそから嫁いできたため戸主になり得ない「母」が戸主になる、という事態を表しているものと考えられる。ここでは、話し手（法律条文）は「NP而VP」構造をとりつつ、後項の「爲戸」という事態との対比によって、「母」に対し法が想定する「世界観」（すなわち「戸主になり得ない」）を前景化し、引き続いて矛盾する事態「代爲戸」を述べることで、「母」が戸主となることの意外性・非典型性を表しているのである。

 続く(119)の「其夫而代爲戸」は、俄に状況が分かりがたいが、当該句を含む386号簡・387号簡が寡婦に関する規定であること（冨谷2006：247）、及び386号簡に、

 (120) 寡爲戸後，予田宅，比子爲後者爵。其不當爲戸後，而欲爲戸以受殺田宅，許以庶人予田宅。母子，其夫▢。（張家山漢簡『二年律令』386号簡「置後律」）
   〔寡婦が戸の跡継ぎとなれば、田宅を与え、跡継ぎとなる子の爵位に倣う。寡婦が戸の跡継ぎとなるに当たらない場合、戸を為して受けることを望めば、田宅を削ぎ、庶人として田宅を与えるのを許可する。その夫、夫▢〕

という、未亡人が戸を継承する規定があり、さらに簡末に386号簡と同じ「母子，其夫」という句が見えることに鑑みれば、(119)は未亡人を妻とした夫が

戸主となって未亡人の田地を継ぐことを規定した条文かもしれない。ここでの「NP而VP」構造は、後項「代爲戸」との対比によって、未亡人を妻とした「夫」に対し法が想定する「世界観」（＝「よそから来た者であるため、戸主になり得ない」）を前景化しつつ、そのような夫が戸主になるという意外性・非典型性を示しているものと推測できる。

　なお、上古後期中国語の「NP而VP」構造は上古中期とは異なり、会話文以外にも見られるようになる。「NP而VP」構造は古くは口語的表現であったものが、時代が下るとその表現が習慣化して書面語でも使われるようになったのであろう。

2.4.2.　「NP_1而NP_2VP」構造

　次に、「NP_1而NP_2VP」構造の場合について検証するが、この構造においても、前項のイメージと後項の事態が相反する関係にある。

　(121)（＝(85)）<u>若上之所爲而民亦爲之</u>，乃其所也。（『左伝』襄公二十一年）
　　　〔もし上のすること、民もこれをなせば、そのようになります〕

　「上之所爲而民亦爲之」において、前項「上」と後項「民」は正反対の概念であり、「上之所爲」のフレームから喚起される性質と「下層の民も同じ事をする」という事態は当時の人々の通念から見れば、共存しにくい組み合わせであったに違いない。話し手は「NP_1而NP_2VP」構造を用いることで、「上のすることを民もする」という命題内容のみならず、その内容が現実ではあり得べきものではないこと、意外性があるということを伝えていると考えられる。

　(122)（＝(88)）天地之經而民實則之。（『左伝』昭公二十五年）
　　　〔天地の経、民はまことにこれに則る〕

　これはやや解釈が難しい。というのも、「天地之經」は「民」を支配する法則であり、「民」が「天地之經」に則るという事態は、一見すると決して想定しがたいものではないからである。この例文を解釈するにあたり、まずは同箇所に対する孔穎達疏を見られたい。

　(123)　天地之有常道，人民實法則之。（『左伝』昭公二十五年・孔穎達疏）
　　　〔天地に不変の道があると、民はまことにこれを手本にする〕

ここから、「天地」には「常道（不変の道）」があるという考えがあった様子が

看取される。これは前項「天地之經」に関する性質である。一方で「民」については、例（122）の直後に、

(124) 淫則昏亂，民失其性。(『左傳』昭公二十五年)

〔節度を越すと混乱し、民はその本性を失う〕

とあるように、変わりやすいものとして描かれている。これは後項の「民」に関わる性質である。ここで話し手は「NP_1而NP_2VP」構造を取ることで、前項「天地之經」が「常道（不変の道）」であるという理解を前景化しつつ、引き続いて、(「変わりやすい」という性質を持った)「民」がこれを手本にするという矛盾する事態を述べることで、「不変の天地に変わりやすい民が則る」という現実世界では生起し難い内容を表現し、意外性を言い立てていると推察される。

次は出土資料の用例である。

(125) 州徒（社）之樂而天下莫不語（娛），之〈先〉王之所以爲自觀（勸）也。
（上博楚簡『君人者何必安哉・甲本』4-5号簡）[62]

〔州社の楽は、天下の人々は皆これを楽しんでおり、先王も自らその祭祀に参加し民を激励する手段としていた〕

「州徒（社）之樂」は大西2011b：86-87によると、祭祀規模が国家社稷ほど盛大ではない民間の祭祀であるという。このような小規模な祭祀に先王が自ら参加して民を激励していたという事態は当時の人々の百科事典的知識を裏切るものであったと推測される。話し手は「NP_1而NP_2VP」構造によって、前項「州徒（社）之樂」のフレームから「小規模である」という性質を焦点化し、引き続いて、矛盾する事態「天下莫不語（娛）」を述べることで、「小規模な祭祀を天下の人々が皆楽しんでいる」という現実世界ではあり得ない内容を表現し、同時に意外性を提示しているのである。

2.4.3.「NP_1而NP_2VP」構造と主述述語文の比較

「NP_1而NP_2VP」構造は「而」を取り除くと、主述述語文「$NP_1 NP_2$VP」の構造と一致する。では「NP_1而NP_2VP」構造と主述述語文は表現論的に如何なる違いがあるのか。両者の差異を比較することによって、「NP_1而NP_2VP」構造の前後項の意味関係がより鮮明となり、延いては「NP而」文の前後

項の意味関係も明確になることが期待される（以下の例文は、波線が大主語、実線が小主語を表す）。

（126）山林之木，衡鹿守之。（『左伝』昭公二十年）
　　　〔山林の木は衡鹿（山林を守る官職）が守る〕
（127）使者，且動而言肆。（『左伝』文公十二年）
　　　〔使者は且が動き言葉が常軌を逸する〕

例（126）の「衡鹿」は「山林を守る官職」を指すが、前項「山林之木」と後項「衡鹿守之」は内容上、何ら矛盾するものではない。一方、例（127）の前項「使者」は後項「且動而言肆」と内容上、全く関わりがなく、後項との関わりから前項「使者」のフレームの一部を喚起することはできない。

ここから敷衍して、「NP而VP」構造と単純な主述文を比較しても、同様の関係が窺える。

（128）孔子對曰："君君，臣臣，父父，子子"。（『論語』顔淵篇）
　　　〔孔子は答えて言った、「君は君らしく、臣下は臣下らしく、父は父らしく、子は子らしくあることです」と〕
（129）陷君於敗，敗而不死，又使失刑，非人臣也。臣而不臣，行將焉入。（『左伝』僖公十五年）
　　　〔君を敗北に陥れ、敗れても死を選ばず、さらに君に刑罰を行わせないのは、臣下とは言えない。臣下が臣下らしくなければ、逃げてもどの国も受け入れない〕

例（128）の主述文「君君」／「臣臣」／「父父」／「子子」は、当時の人々の通念から言えば至極正常な事態である。一方、例（129）の「臣而不臣」の後項「不臣」という事態は、話し手が前項「臣」に持つ通念を裏切るものである。

そして――これは2.6.節で詳論するが――「NP而」文はNP/NP$_1$の後ろに「而」を加えることで、NP/NP$_1$を名詞述語化しつつ、その性質的側面を前景化し、後項との鮮明な対比を呼び起こす構文である。「臣而不臣」もまた「臣」を名詞述語化することで、その性質を前景化し、「不臣」との対比を際立たせ、同時に「臣下が臣下らしくない」という内容が現実世界であり得ない／あってはいけないという主観を伝えているのである。

2.5. 「NP而」文の表現機能

　以上見たように、「NP而」文は典型的には、後項との対比のもと、前項NP/NP₁の百科事典的知識・フレームに関わる性質や、コンテクストで付与された性質を前景化し、その性質と相容れない事態が起こる或いは起こったことを、後項で述べるという構文である。言い換えれば、前項によって喚起される性質は、後項の表す事態と矛盾した関係にあり、両者の共存は当時の人々から見れば、非正常であったと推察される。

　また、周辺的用例として、NP/NP₁の百科事典的知識や共通理解を前景化させるという機能を逆手にとって、それに対する話し手の主観や価値観を押しつけている表現ともなっていると推測できる（例（115））。

　付言すれば、「非正常な事態」は現実世界では容易に実現されない。容易に実現されない事態は、多くの場合、想像するだけの事態である。

　そして、想像世界の事態は仮定文と高い親和性を持つ。4.2.4.節にて上古中国語の「其」が、述べる事態を非現実世界のものとして語るためのモダリティ成分であることを論じるが、この「其」は時に強い仮定の意味を表す。例えば、

(130)（＝(256)）士蒍稽首而對曰："<u>君其修德而固宗子</u>，何城如之？"（『左伝』僖公五年）

　　〔士蒍は稽首して答えて言った、「<u>もし君（晋の献公）が徳を修めて宗子を固めて</u>城を守れば、どんな城もかないません」と〕

(131)（＝(257)）若從君之惠而免之，以賜君之外臣首，<u>首其請於寡君而以戮於宗</u>，亦死且不朽。（『左伝』成公三年）

　　〔もし貴君（楚の荘王）の恵により私を許し、貴君の外臣たる父・荀首に預け、<u>荀首が我が君（晋公）に請うて宗廟で私を処刑すれば</u>、私は死んでも朽ちない〕

非現実世界は想像の世界を含むものであり、「仮定」は最も典型的な想像世界の事態である。故に、「其」は仮定文を構成し得るのである。

　翻って「NP而」文について言えば、「而」の前後項は時に現実世界で共存しがたい関係を表す、言い換えれば「NP而」文は想像世界と親和性が高い。このことは「NP而」文が仮定の事態を表現しやすいことを示唆している。「NP而」

文の「而」が伝統的訓詁学で仮定の接続詞「若／如」と解釈されてきたのはまさに「NP而」文のこのような表現機能に基づくものだと考えられる。つまりは「而」は仮定の接続詞ではない。これが、2.1.節で提起した問題(a)に対する本研究の回答である。

なお、時に仮定の接続詞と共起する「NP而」文も見られる。

(132) 假令<u>晏子而在</u>，余雖爲之執鞭，所忻慕焉。(『史記』管晏列伝)
〔もし（歴史上の偉人と言える）晏子がこの世にいれば、私はその者のために鞭をとっても、仰ぎ慕う所である〕

「而」は仮定が固有の意味ではないため、「假令」との共働 (cooperation) によって、当該文が仮定された事態であることを明確にしているのであろう。

2.6. 前項NP／NP₁の指示特徴 (referentiality) と文法機能

次に検証すべきは2.1.節の問題(b)で提起した問題——「NP而」文前項のNP／NP₁が述語性を帯びたものか、それとも単純な名詞（句）か——である。

まず「NP而」文のNP／NP₁の指示特性 (referentiality) を確認したい。以下は、NP／NP₁が非固有名詞の場合である。

(133) (＝(112)) 子曰："<u>富而可求也</u>，雖執鞭之士，吾亦爲之。"(『論語』述而篇)
〔先生はおっしゃった、「<u>富が追求できるものであるなら</u>、執鞭の士のような卑しい役割でも、私は務める」と〕

(134) (＝(114)) 南人有言曰："<u>人而無恆</u>，不可以爲卜筮也。"(『礼記』緇衣篇)
〔南人の言葉に「<u>人に一定の心がなければ、占いをすることはできない</u>」とある〕

例 (133)「富而可求」と (134)「人而無恆」中の「富」と「人」は、そのコンテクストから見れば、具体的・実体的なモノを指す物質名詞ではない。特定の指示対象はなく、不特定的 (non-specific) 或いは総称的 (generic) である。そこでは個体性は背景化 (backgrounding) し、「富は天によって定められる」及び「人は皆、恒という一定の心を持っている」という共通理解が前景化され、後項「可求」及び「無恆」と鮮明な対比を形成している。謂わば、「富」、「人」

はより概念的・抽象的なレベルでの「富」、「人」である。

(135) (=(121)) 若上之所爲而民亦爲之，乃其所也。(『左伝』襄公二十一年)

〔もし上のすること、民もこれをなせば、そのようになります〕

例 (135)「上之所爲」も特定の事物を指すものではなく、総称的である。意味するところは抽象的であり、性質が想起されやすい。

(136) (=(122)) 天地之經而民實則之。(『左伝』昭公二十五年)

〔天地の経、民はまことにこれに則る〕

例 (136) の「天地之經」も、2.4.2節で見たように、リアルな事物を指してはおらず、むしろそれに対する話し手の理解が前景化されている。従って、ここでもNP/ NP_1 の性質が焦点である。

(137) (=(108)) 人役而恥爲役，由弓人而恥爲弓，矢人而恥爲矢也。(『孟子』公孫丑上篇)

〔人に仕える者であるのに役夫となるのを恥じるのは、弓職人であるのに弓を作るのを恥じ、矢職人であるのに矢を作るのを恥じるようなものだ〕

例 (137) の「人役」/「弓人」/「矢人」は談話中、ユニークな指示対象が存在せず、不特定的である。リアルな実態を前提としてないため、性質が前景化し、個体性が後退し易い。

(138) (=(105)) 子蕩怒，以弓梏華弱于朝。平公見之，曰："司武而梏於朝，難以勝矣。"(『左伝』襄公六年)

〔子蕩は怒り、朝廷で弓を用いて華弱を首枷にした。平公はこれを見て言った、「武官であるのに朝廷で首枷にされるようでは、敵に勝つことなどできない」と〕

例 (138) は「司武」を担う「華弱」が実際に首枷にされた事件を見て、宋の平公が発した言葉であることから、「司武」は定指示 (definite) の名詞と見なすことができる。しかし、そこで前景化されているのはその官職を担う具体的人物 (華弱) ではなく、そのフレームから後項との対比のもとで焦点化された「司武」に付随する「勇ましい」という性質であり、これが後項「梏於朝」と鮮明な対比を形成している。

(139) (=(106)) 匹夫而有天下者，德必若舜禹，而又有天子薦之者。(『孟子』

万章上篇）

〔匹夫であるのに天下を保有したならば、その徳は必ず舜禹のように高く、またその者を推す天子もいることだろう〕

例（139）の「匹夫」は談話中、ユニークな指示対象が存在せず、不特定的である。話し手は後項との対比から「匹夫」の「身分が低く卑しい」という性質を焦点化しつつ、後項でそれと反する事態を述べている。

（140）（＝（107））彼童而角，實虹小子。（『毛詩』大雅・抑）

〔あの子羊が自らに角があると思ってしまうと、小臣は乱れる〕

例（140）の「彼童」は「彼」という指示詞があることから、定指示である。しかしここで焦点化されているのは「角があるかないか」という「童」に関する百科事典的知識、すなわち性質・属性である。

（141）（＝（125））州徒（社）之樂而天下莫不語（娛），之〈先〉王之所以爲自觀（勸）也。（上博楚簡『君人者何必安哉・甲本』4-5号簡）

〔州社の楽は、天下の人々は皆これを楽しんでおり、先王も自らその祭祀に参加し民を激励する手段としていた〕

例（141）の「州徒（社）之樂」も、特定の祭祀を指すのではなく、「小規模（な祭祀）」であるという性質が前景化されている。

次に検証するのは、前項が固有名詞の例であるが、基本的には非固有名詞の場合と同様に解釈できる。例えば、

（142）（＝（115））子曰："管仲之器小哉。（中略）管氏而知禮，孰不知禮。"（『論語』八佾篇）

〔先生はおっしゃった、「管仲の器は小さいことだ。（中略）管氏ですら礼というものを知っているのであれば、この世に礼を知らぬ者などいなくなる」と〕

ここで話し手である孔子は「管仲之器小哉」の一句によって、「管氏／管仲」に「小器」という前提を付与している。「管氏而知禮」の「管氏」は、人物を指してはいるものの、「管氏」に対する話し手の主観的理解――「小器」或いは「礼を知らない」――を表している。「管氏」はここでは、個体というよりも性質の側面が前景化されている。この他、

(143)（＝(109)）又誦之曰："我有子弟，子產誨之。我有田疇，子產殖之。子產而死，誰其嗣之？"(『左伝』襄公三十年)

〔さらに民は「我らに子弟がいれば、子産は教え導く。我らに田畑が有れば、子産は増やす。子産が死ねば、誰が子産を嗣ぐのだろうか」と歌った〕

例(143)の「子産」も固有名詞であるが、表現意図はその個体ではなく、「失いたくない人物」であるという当時の人々の共通理解にある。従って、ここの「子産」も上の「管氏」同様、性質の側面が前景化されている。

以上を要するに、「NP而」文の前項NP/ NP_1はいずれの場合もNP/ NP_1を参照点として、それに隣接する性質が前景化されており、個体としての側面は背景化している。これに関連して、NP/ NP_1が性質的意味の強調された"'通指'(generic)类名词性成分（総称的名詞成分）"であるという杨荣祥2008：243の見解は留意されてよい。但し、すでに見たように、NP/ NP_1の指示対象は一様ではないため、必ずしも総称的のみとは言えない。

なお、固有名詞については谭景春1998が、

(144) 能够转形的专有名词必须是非常著名的、很有特点的、只有这样才能获得一定的附加性质义。(谭景春1998：370)

〔形容詞に転化できる固有名詞は非常に有名で特色を備えたものでなければならず、そうでなければ相応の付加的性質義を獲得できない〕

と述べている。この解釈に従えば、当時の人々にとって著名であり且つ特色を有した「子産」や「管氏」のような固有名詞は、殊更に総称的と言う必要はなく、飽くまでも性質が前景化された固有名詞と見なし得るのである。

さらに、NP/ NP_1が性質を表しているということから想起されるのは、「而」前のNP/ NP_1が名詞述語に類する表現であるという可能性である。上古中国語には、名詞述語文が少なくない。特に判断文が習見である。例えば、

(145) 祀，國之大事也。(『左伝』文公二年)

〔祭祀は国家の大事である〕

(146) 君子之德，風。小人之德，草。(『論語』顔淵篇)[65]

〔君子の徳は風のようなものだ。小人の徳は草のようなものだ〕

第2章　上古中国語の「NP而VP」/「NP₁而NP₂VP」構造の表現機能とその成立　*81*

　判断文の述語は主語の属性や性質を説明するものであり、名詞述語文の述語名詞もまた性質表現である。さらに张伯江1994：341-342は、名詞述語化しやすい名詞の特徴を、その性質的意味の強さに帰しているが、事実、上で列挙したNP/ NP₁はいずれも性質が前景化されている。

　このように、「NP而」文の前項NP/ NP₁は名詞述語の条件を十分に備えており、従って単純な名詞主語というよりも、述語性を備えた名詞であると言う方が妥当であろう。これが、2.1.節で提起した問題(b)に対する本研究の回答である。この意味では、本研究は「NPが述語である」とした（90）の马建忠1898や（91）の吕叔湘1941/1982、（92）の太田1984、（93）薛凤生1991、（94）の杨荣祥2008を承けるものである。

　以下の例では、前項の名詞「斯人」の直後に「也」が挿入されており、NP/ NP₁が述語成分であることが示唆されている。

(147) 伯牛有疾，子問之，自牖執其手，曰："亡之，命矣夫。<u>斯人也而有斯疾也</u>。"
　　（『論語』雍也篇）
　　〔伯牛が病気になり、先生が見舞い、窓から伯牛の手をとって言った、「彼を失うのは天命だ。<u>このような人でもこのような病にかかるとは</u>」と〕

　「NP而」文のNP/ NP₁が述語的であるということは、それに後続する「而」が前後の述語成分を繋げる接続詞に由来するということに等しい。加えて、「NP而」文はその前後項がいずれの場合も、対比的意味関係を構成していることから、「而」は逆接の接続詞に相当していると見なすことができる。

　無論「NP而」文の中には、NP/ NP₁が主語名詞・話題名詞とも解釈できる例があることも否定できない。例えば、

(148) （=（125））<u>州徒（社）之樂</u>而天下莫不語（娛），之〈先〉王之所以爲自觀（勸）也。（上博楚簡『君人者何必安哉・甲本』4-5号簡）
　　〔<u>州社の楽</u>は、天下の人々は皆これを楽しんでおり、先王も自らその祭祀に参加し民を激励する手段としていた〕

上例の「州徒（社）之樂」は、「天下莫不語（娛）」の話題のみならず、「先王之所以爲自觀（勸）也」の主語ともなっており、名詞句と解すことも可能である。

その他の例文においてもNP/ NP₁の意味役割（semantic role）は後項の主語或いは話題と一致する。

とは言え、既に見てきたように、NP/NP₁のモノとしての側面は背景化されており、モノ的名詞ではない。この点、本研究は「NP而」文が主述文に変化しているとする傅书灵2010の理解よりも、「而」を"两度陈述（二重叙述）"の接続詞と見なした杨荣祥2008の理解を支持する。これが、2.1.節で提起した問題(c)に対する本研究の回答である。

以上を要するに、「NP而」文の「而」は前後の述語成分を繋ぐ機能であることによって、前項NP/ NP₁を述語化し、後項との対比のもと、その百科事典的知識やフレームに関わる性質を前景化するものである。性質へのアクセスには、個体から性質へという視点の移行、謂わばメトニミーが介在している。同時に、後項では前項と相容れない事態が起こる或いは起こったことを述べ、時に前項と後項の間に鮮明な対比を呼び起す。

なお（95）で傅书灵2010の"逆情陈述（反情理叙述）"説を紹介したが、ここでもう一度確認したい。傅氏は「NP而」文の表現機能を、話し手から見て社会通念、情理、個人感情或いは価値傾向に反した意味を表すと解するが、大枠としては首肯できるものの、検討すべき部分もある。それは以下の解釈である。

(149) "名而动"结构的"而"主要是用来表逆转的、陈述就是通过"而"的这种逆转体现出来的。不过"而"表逆转，不是指从"名"到"动"的转折，这种逆转是说话人以社会常理、常情、个人情感或价值取向等为参照的，是"名而动"陈述本身对这种参照标准的背离。（傅书灵2010：466-467）

〔「NP而VP」構造の「而」は主に逆接を表すのに用いられ、叙述は「而」の逆接を通して表される。しかし「而」が表す逆接は、NPからVPへの逆接を指すのではなく、話し手の社会通念、情理、個人的感情または価値傾向を参照点としたもので、「NP而VP」の叙述それ自体はこのような参照基準に対する背反である〕

傅氏は「而」が表す逆接は、NP-VP間の逆接ではなく、話し手の社会通念、情理、

個人的感情または価値傾向と「NP而VP」が表す事態の背反を表すものとする。これは、NPが完全に主語名詞化しているという論点からの結論であるが、本研究の理解では、NPは述語的に用いられている成分で、その百科事典的知識やフレームから焦点化された性質が、VPと反していることを表しているというものであり、傅氏の解釈とはやや距離がある。

2.7. 「而」の文法化

　以上見てきたように、「NP而」文の「而」はなお前後の述語成分を繋ぐ接続詞、特に逆接の接続詞に類する成分と見なすのが妥当であろう。しかし、「NP而」文と「VP而VP」構造の「而」には大きな違いがある。後者の場合、「而」の機能——順接か逆接か——は、前後両成分間の意味関係によって規定されると一般的に考えられているが (2.3.節参照)、「NP而」文は逆接しか表し得ない。この点、「NP＋而」は1つの構文として固有の意味が生じている、言い換えれば、「而」はこの構文の中で、「VP而VP」の「而」とは異なる機能を獲得しているのである。

　また、「NP而」文は命題内容に対する話し手の意外性を表現でき、同時にその命題内容があり得ない/あってはいけないという主観をも表せる。加えて、NP/ NP$_1$に対する話し手の主観や理解を前景化することも可能であり、従って「VP而VP」と比べより主観化 (subjectification) しているとも見なすことができよう。杨荣祥2008も、

(170)　"名而动"结构都出现在评述性语言中，没有出现在客观叙述性语言中的，这说明包含这种结构的句子具有较强的主观性。(杨荣祥2008：244)
　　　〔「NP而VP」構造は常に評論的な言説に出現し、客観叙述的言説には現れない。このことはこの構文を含む文がかなり強い主観性を備えていることを意味している〕

として、「NP而」文の主観性の強さを認めている。序章でも取りあげたように、主観化は文法化に伴う現象であることが知られている。

以上を鑑みるに、「NP而」文の「而」は「VP而VP」の「而」から機能的拡張をしていると見なすべきであり、謂わば、「広義の文法化」の一事例として論じることができるのである。
　なお、（94）や（95）で引用したように、杨荣祥2008や傅书灵2010は「NP而VP」構造は「話題＋NP而VP」構造から「話題」を省略して形成されたとして、その由来を説明するが、上古中国語の名詞に固より述語的機能が備わっていたことに鑑みれば、殊更に省略説を採る必要はない。そもそも上古中国語の名詞が動詞性を備えている、或いは名詞と動詞の境目が曖昧であるというのは、Harbsmeier 1985によって夙に指摘されているところである[66]。NP/NP_1が述語的或いは動詞的と言う以上、「NP而VP」が単純な主述構造になっているという傅书灵2010：463には従えない。

2.8.　小結

　本章では、上古中国語の「NP而」文を取りあげ、その「而」は前項NP/NP_1を述語化することで、その性質を前景化する構文であることを論証した。この構文はNP/NP_1に関するフレームから導かれるイメージを喚起したり、NP/NP_1に対し談話内で付与された前提を際立たせたり、或いは話し手のNP/NP_1に対する主観・価値観を際立たせつつ、引き続いて後項でそれと矛盾する事態を述べることで、前項と後項の間に鮮明な対比を呼び起こすものである。
　「NP而」文の「而」は常に前後項の逆接関係を表すものである。それゆえ、多様な接続機能を担う「VP而VP」の「而」とは異なる機能を獲得しているとも言える。これは「NP＋而」が１つの構文として固有の意味を持ったためと考えられる。同時に、「NP而」文はNP/NP_1に対する話し手の主観や理解をも前景化できるものであり、「VP而VP」と比べ、より主観化しているとも見なすことができる。主観化は文法化に伴って生じる現象である。
　以上を要するに、「而」はそもそも接続詞という文法形式であったが、「NP而」

文においては機能的拡張を経ていると考えられる。「而」はこれまで文法化という枠組みで語られるものではなかったが、以上の考察により、「広義の文法化」の一事例として取り込むことができるのである。

追記

　本書の元となった博士論文の提出後、梅廣2015に「而」に関する議論が繰り広げられていることを知った。梅廣2015：167-170は、「而」は副詞から接続詞に発展したと見なすが、本研究の論旨に沿えば、副詞とは「NP而VP」の「而」にあたり、接続詞とは「VP而VP」の「而」に該当する。謂わば、梅廣2015は前者が後者に先行するという解釈であり、本研究の主張とは真っ向に対立する。
　本研究では、梅廣2015の妥当性を詳細に検証する余裕はないが、「NP而VP」の「而」を副詞と見なすことにためらいを覚える。というのも、「NP而VP」の「而」が副詞だとすれば、これと同じ表現機能を備えた「NP$_1$而NP$_2$VP」の「而」も副詞と言わねばならないが、統語的位置を考慮すれば、後者の「而」を副詞と分析することは難しいからである。
　また、梅廣2015は主に『詩経』の用例によって、副詞の「而」がより早期の用法だと論じているが、副詞が根源的用法で、接続詞が派生用法だと考えた場合、西周金文またはその文体を擬古的に模倣した春秋戦国の金文に、より多くの「NP而VP」構造を見て良いはずである。ところが実際には、西周金文には「而」の用例自体がなく、また春秋金文には「而」の用例はあるものの、「NP而VP」構造の用例は見られない。加えて、伝世文献でも「NP而VP」は、「而」の全用例のごく一部に過ぎず、それを「而」の根源的、基本的用法と見なすには出現頻度という点でも問題があるように思われる。

　　注
（55）　本章は戸内2013を加筆・修正したものである。
（56）　"名而动"は本研究の言うところの「NP而VP」構造を指す。

(57) 杨荣祥2008及び楊榮祥2010の提起した「而」の機能を簡潔に表した術語である。曰く、

"而"连接的一定是两个具有述谓功能的成分，包括动词性成分、形容词性成分、充当判断语的名词性成分，主谓结构，分句等。(杨荣祥2008：239)

〔「而」が繋ぐものは述語機能を備えた２つの成分で、それは動詞成分、形容詞成分、判断文に相当する名詞成分、主述構造、節を含む〕

(58) 例えば、傅书灵2010：467は

传统训诂上把此句的"而"解释作"假如"，但这是复句结构赋予的意义，即便没有"而"照样可以译出"假如"。

〔伝統的訓詁ではこの文（例（83）（84）のような「NP而VP」構造を含む複文：引用者注）の「而」を「もし〜」と解釈してきたが、これは複文の構造が与えた意味で、「而」がなくともやはり「もし〜」と訳すことができる〕

と述べる。このように「而＝如／若」という意味は複文によりもたらされるという、謂わば意合法的解釈がこれまではなされてきた。

(59) 非会話文の接続詞「而」の例としては、(101)「以城下之盟而還」、(104)「三年而復之」及び、次の一文が挙げられる。

鄭人惡高克，使帥師次于河上，久而弗召，師潰而歸，高克奔陳。(『左伝』閔公二年)

〔鄭人は大夫の高克を憎んでいたので、高克に軍を率いさせ黄河に留まらせた。長らく命令を出さなかったところ、軍隊は壊滅して帰り、高克は陳へ逃げた〕

(60) 当該部分の解釈については主に、李学勤1990、池澤2011による。

(61) 《張家山漢墓竹簡：二四七號墓》の原考釈は、386号簡と387号簡を接続するも、冨谷至 2006：427は各々、独立した簡として処理する。ここでは後者に従う。

(62) この一文の解釈は大西2011bによる。

(63) 「而」と「若／如」の上古音の近さも、「而＝若／如」説に影響していると考えられる。「而」は日母之部、「若／如」は日母鐸部／魚部であり、声母は確かに等しい。しかし、韻母は通仮し得るほど近くない。

(64) 例（132）は『史記』の論賛である。司馬遷及び『史記』の読者の共通理解から見れば「晏子」は歴史上の人物で、すでに存在しない過去の者であるため、「晏子」という名詞と、それが「在」であるという事態は本来、成立しない。しかしここでは「NP而VP」構文を用いて、「晏子がこの世にいる」という想像の事態を提示しつつ、同時にその意外性をも表現している。

(65) 阮校本や北京本の校勘記では、「風」、「草」の後にそれぞれ「也」を加え「君

子之德，風也。小人之德，草也」に作るテキストも存在することが言及されている。
(66) 　Harbsmeier 1985：85は上古中国語の名詞を"classificatory verb（分類動詞）"であると説明する。

第3章　上古中国語における非現実モダリティマーカーの「其」の通時的展開[67]

　本章では、"语气副词（語気副詞）"や"non-pronominal（modal）chyi（非代名詞の（モーダルの）「其」）"と称される上古中国語の「其」を取り上げる。この種の「其」も、前章の「而」と同様、従来、文法化の枠組みで捉えられてこなかったものであるが、実際には時代を下るごとに種々の意味的拡張を見ることができ、「広義の文法化」として検討し得るものである。

　本章では「其」が上古中国語において一貫して"irrealis（非現実）"マーカーであることを、時代を遡りつつ実証すると共に、その拡張の有り様を文法化という枠組みのもとで考察する。

　3.1.節では、「其」の豊富な字形的バリエーションと、その出土資料上の変遷について確認する。同時にこの検証を通して、副詞としての「其」（魏培泉1999による"法相副詞（modal adverb）"との呼称によって、本研究では |其m| と称す）が、代名詞としての「其」（"pronominal"機能であることから、これを |其p| と称す）に先行すること、言い換えれば、|其p| ＞ |其m| という文法化プロセスが想定し得ないことを確かめる。

　3.2.節では、上古中期の |其m| の意味機能及び表現機能について検討する。|其m| の統語的位置は基本的には主語の後、述語の前であり、例えば次の(151)では、主語「君」と述語「備禦三鄰」の間に |其m| が位置している。

　(151) 對曰："（中略）<u>君其備禦三鄰，慎守寶矣</u>。"（『左伝』昭公七年）

　　　〔答えた、「（中略）<u>君はどうか隣国三国に備え、慎んで宝をお守り下さい</u>」と〕

　|其m| は従来、「推量」、「命令」、「希求」、「未来」、「意志」、「反語」、「仮定」など多義語として分析されてきた。しかし、多義性の原因やその本質的意味に

ついてはなお未決着である。本研究では｜其m｜を"irrealis"を表すものとする魏培泉1999：261の仮説に同意した上で、｜其m｜は固より多義語であったのではなく、話し手にとっての"irrealis"の事態を構成するためのモダリティマーカーで、その多義性は｜其m｜が"irrealis"モダリティマーカーであることに由来するということを指摘する。

　3.3.節では時代を遡り、西周時代の｜其m｜について検討する。この時代の｜其m｜の統語的位置も、下例のように、上古中期と同様、主語後、述語前がデフォルトである（主語＝「女」、述語＝「以成周師氏戍于古師」）。
(152) 王令弢曰："戯，淮尸（夷）敢伐内國。<u>女其以成周師氏戍于古師</u>。"（彔弢卣：集成5419）
　　　〔王は弢に命令して言った、「ああ、淮夷は大胆にも内地を討とうしている。<u>おまえは成周の師氏を率いて古師を守護せよ</u>」と〕

本節では西周時代の｜其m｜も、なお"irrealis"モダリティマーカーであることを確かめると共に、その上古中期との意味の違いについて検証しつつ、その違いが西周時代→上古中期間の｜其m｜の拡張によるものであることを指摘する。

　3.4.節では最古の言語資料である甲骨文における｜其m｜を取りあげる。この時代の｜其m｜の統語的位置も、以下の例のようにこれまで同様、主語後、述語前が大部分を占める（主語＝「我」、述語＝「㞢（有）旧（憂）」）。
(153) 我其㞢（有）旧（憂）。（合集7352）
　　　〔我々に憂いが有るかもしれない〕

甲骨文の｜其m｜については、"less desirable（より望まない）"、"undesirable（望ましくない）"を表すとするSerruys 1974の先駆的研究があるが、本章ではその学説の妥当性について再検討しつつ、この種の意味も｜其m｜が"irrealis"モダリティマーカーであることに由来することを指摘する。

　最後に3.5.節では上古を通した｜其m｜の文法化・拡張のプロセスについて通観する。

　以上のように、｜其m｜の多義・多機能の原因は、それが"irrealis"モダリティ

マーカーであるという視座から求めることができる。加えて、仔細にその用例を検証することで、各時代における表現機能の差異を読み取れるが、これは {其m} の非現実ムードを契機として生じた拡張であると言える。この表現機能変化には、後述の如く、語用論的なメカニズムが働いていたと想定でき、従って {其m} についても、「于」や「而」と同様、上古中国語における文法化の一事例として位置づけることができるのである。

3.1. {其m} の古文字資料中の表記
3.1.1. 上古前期

出土資料において {其m} を表す文字の字形には豊富なバリエーションが見られる。そのため、{其m} を議論する前に、古文字コーパスにおける {其m} の表記について確認したい。

同時に先行する諸研究には {其m} の由来を代名詞の {其p} に求めるものが多いが(68)、必ずしも支持し得るものではないことも、古文字資料を通して指摘したい(69)。

まずは殷代であるが、甲骨文や殷金文の中には {其p} の典型的用例は見いだせない。「其」字は固有名詞を除いて、いずれも {其m} を表し、その字形はおよそ「☒(𠀠)」に類する。例えば、

(154) 辛未貞："☒(其)䅆(禱)禾于高祖。"（合集32028）

〔辛未の日に検証した、「（我々は）作物の豊作のために高祖に祈ろう」と〕

(155) 戊戌卜永貞："今日, "☒(其)夕風。"（合集13338正）

〔戊戌の日に卜い、永が検証した、「今日、夜に風が吹くかもしれない」と〕

甲骨文にすでに {其p} が見られると考える者もいる。例えば、张玉金1994：174は甲骨文に僅か一例、{其p} の用例があると述べる。

(156) 庚寅卜王："余燎于其配。"（英國1864）

〔庚寅の日に卜い、王（が検証した）、「私はその配偶者に対し燎祭を行う」と〕

しかし张氏自身は後に、上例の「其」について、

(157) 大概是刻写者刻错了位置。(张玉金2001：19)
　　　〔おそらく契刻者が刻む位置を誤ったのであろう〕

として、これを誤記と見なし、代名詞の用例と認めない方向に傾いている。甲骨文では (157) 以外に目的語名詞に「其」が前接する用例が見られない。このことは殷代に ｛其p｝ が存在していなかったことの傍証となろう。

朱其智2007：114-115は「其牢」、「其夕」といった名詞を後続する「其」を全て代名詞と見なす。しかし、李曦2004：324が述べるように、「其＋名詞」は動詞省略文であり、「其」は名詞を修飾する代名詞ではない。例えば、

(158) 癸丑□："□毛祖甲升，叀□□牢又一牛用。"
　　　"其改三牢。"
　　　"其五牢。"（屯南2343）
　　　〔癸丑の日に……，「（我々は）……祖甲に毛祭をするために升祭をする時、用いるのは……牢と牛1頭であるべきである」と。「（我々は）3頭の牢を用いて改祭を行おう」と。「（我々は）5頭の牢で（改祭を）しよう」と〕

下線部「其五牢」は一見すると、名詞「五牢」を属格代名詞「其」が修飾しているように見えるが、李曦2004はこれを同版の「其改三牢」の存在を前提として動詞「改」が省略された形式と見なし、「其」を、「改」を修飾する連用修飾成分と考える。実際のところ、甲骨文の「其＋名詞」はいずれもこの種の省略文と見なして相違なく、｛其m｝ との理解が妥当である。また、合集6037反には「不其明雨」（朝雨が降らないだろう）、「不其夕［雨］」（夜雨が降らないだろう）という表現が見られるが、「其明」、「其夕」の「其」を属格代名詞と見なした場合、直前の「不」の統語的機能を解釈し得なくなる。やはりこのような「其」も ｛其m｝ と解するべきであろう。

Takashima 1996も甲骨文における ｛其p｝ の存在を論じるものだが、これについては3.4.4.節にて詳論したい。

この他、Pulleyblank 1995：80は甲骨文では語気詞 ｛其m｝ のみ見え、代名詞 ｛其p｝ が見えないことを指摘する。(70)

時代が下って西周期に入ると、｛其m｝ を表す字に多くのバリエーションが

見えるようになる。初期は古い字形を保った「⟨字⟩」（大盂鼎：集成2837）が一般的だが、西周中期以降、下に1本或いは複数本の線を加えた「⟨字⟩」（叔向父簋：集成3855）、「⟨字⟩」（元年師旋簋：集成4279）、さらに下の足が立った「⟨字⟩」（虢文公子𣪘鼎：集成2634）が見えるようになり、春秋期になるとほとんどが「⟨字⟩」（秦公鎛：集成262）、すなわち「其」形で書かれるようになる。
(71)

一方、|其p|は西周初期では未だ生産されていないようで、「其」字は|其m|を表すことが多い。例えば、下例では「其」字は副詞としての読みしか成立しない。加えて属格代名詞としては「氒（厥）」字が用いられている。

(159) 用爲寶器鼎二篡二。其用享于氒（厥）帝考。（窓鼎：集成2705）

〔これによって宝器である鼎二器と簋二器を作った。それによってこの先父に献上しよう〕

唐钰明1990：296は、西周初期に|其m|のみ表していた「其」字が中期以降徐々に|其p|としても用いられ始めることを主張する。以下は共に西周金文であるが、例(160)は|其m|の、(161)は|其p|の例である。

(160) 我其遹省先王受民受疆土。（大盂鼎：集成2837）

〔我々は先王が授かり受けた民と領土を守り巡察しよう〕

(161) 公宕其貳，女宕其一。（五年召伯虎簋：集成4292）

〔公家はその（周王室から授与された土地の）2分を開拓し、そなたはその1分を開拓した〕
(72)

|其p|がいつ頃から生産され定着したのかはなお検討を要するが、西周の遅くない時期には用いられ始めたと見て相違ない。もし|其m|が|其p|から派生したものだと考えるならば、甲骨文や早期西周金文に「其」で表記される属格代名詞が無ければならないが、そこに|其p|の典型例は管見の限り、見いだせなかった。

なお副詞として機能していた「其」字がなぜ属格代名詞を表記するようになったのかについては、現在、通説めいたものはない。「厥」字と|其p|の直接的な継承関係を認め、音近による通仮を考える説もあるが、前者は見母月部、
(73)
後者は見母之部或いは群母之部であり、韻母がやや遠く、通仮可能の範囲内に
(74)

3.1.2. 上古中期

春秋時代になると、|其p|と|其m|共に「丌」形で書かれ始める。その初出は能原鎛ではないかと見られるが、断定はできない。同じ春秋時代の侯馬盟書では新旧の「其」、「丌」が並存している。

時代が下り戦国時代に到ると、「其」字の多くが「🈗」（舒盞壺：集成9734）、「丌」（上博楚簡『子羔』6号簡）、「丌」（郭店楚簡『老子・甲本』27号簡）、すなわち「丌」形に作られるようになる。

以上を要するに、「其」には「𠀠」→「其」→「丌」という字形変化が想定されるが、その過程に関し、いくつか私見を述べたい。

まず「𠀠」→「其」の変化において、下部に加えられた「丌（丌）」は何か、という問題である。『説文』は「其」字を収めておらず、その本字「箕」字のみが見えるが、

(162) 箕，簸也。从竹，𠀠象形，下其丌也。（『説文』巻五上・箕部）

　　〔箕は簸（農具の「み」）である。竹に従い、𠀠は象形で、下部はその丌（台座）である〕

と分析しており、「丌」を声符だとは認めていない。しかし、「箕」、「丌」共に見母之部に相当し、音韻論的に「丌」は「箕」字の声符である条件を十分満たしている。それゆえ、「丌」を後から加えられた声符（加声符）或いはそれに準じる要素と認める者も多い。例えば徐灝『説文解字注箋』は「其从丌聲」、饒炯『説文解字部首訂』は「从𠀠加丌聲」（共に丁福保1959巻五上）と分析し、また朱駿声『説文通訓定声』巻五・頤部は「丌亦聲」と述べる。さらに何琳儀1998も「𠀠」→「其」について、

(163) 漸演化从丌。丌亦聲。（何琳儀1998：27）

　　〔次第に「丌」に従う形に変化した。「丌」は声符でもある〕

とし、季旭昇2002も

(164) 則爲从𠀠、丌聲的兩聲字。（季旭昇2002：369）

　　〔すなわち「𠀠」と「丌」に従う両声字となった〕

として、両者とも「丌」を声符と見なしている。

　一方で「丌」を表音要素と認めない立場もあり、例えば羅振玉1914/1981は、

　　(165) 後增丌，於是改象形爲會意。（羅振玉1914/1981：卷中47葉）

　　　　〔後に「丌」を加え、そこで象形を会意に改めた〕

とし、また單周堯1989は、

　　(166) 丌聲之說，實有可商。（單周堯1989：380）

　　　　〔「丌」が声符であるという説には検討すべきところがある〕

と述べる。乃俊廷2002：291もこれを声符とは考えていない。張光裕・鄧佩玲2004もまた、

　　(167) 西周金文除繼承了甲骨文的寫法外，亦有書作 " 〔字形〕 " 者於字下增添形旁丌。
　　　　（張光裕・鄧佩玲2004：469）

　　　　〔西周金文は甲骨文の書き方を継いだほか、さらに下に形符「丌」を加えた
　　　　「〔字形〕」もある〕

と述べ、「丌」を形符と見ている。加えて王穎2005も「其」字について、

　　(168) 不是在 " 〔字形〕 " 的基础上一次性添加声符 " 丌 " 而成。……这个由饰笔
　　　　发展而来的 " 丌 " 就成为一个独立的文字，并且被赋予了与它本来所依
　　　　附的字相同的读音，即读如 " 箕 "。（王穎2005：57）

　　　　〔（「其」は）「〔字形〕」の基礎に一時的に声符「丌」を加えてできたのではない。
　　　　……飾筆から発展したこの「丌」は独立した文字となり、且つ本来付く字と
　　　　同じ字音を与えられ、「箕」の如く読まれるようになった〕

として、「丌」が固より声符ではないことを指摘する。

　本研究は王穎2005の考えに同意したい。すなわち、「𠀠（丌）」は「𠀠」字に加えられた段階において声符の役割を演じていないという理解である。理由は以下の2点による。

　第一に「丌」が「𠀠」に加えられ「其」字が誕生する以前に、「丌」が単独で、或いは何らかの文字の声符として用いられた用例がないことが挙げられる[78]。このことは戦国時代に「丌」声字が突如、出現し始めることと比較するとより際立つ（後述）。ある文字に対し筆写の労力を増やして声符を加えるということは、

文字を筆写する際の経済性を犠牲にしてまで、当該字音を明確にしたいがためであるが、翻って考えれば、加声符というのは加えられたその時点において、字音がある程度認知されたものでなければならない。そうであるにも拘わらず、「其」字以前に「丌」字が見えないということは、「丌」が「囚」に加えられた時点において声符として機能していなかったことの証左となる。

第二に、「丌」に従いながらも「丌」が声符とはなっていない文字、例えば「奠」字の構成要素下部においても、「▨」→「▨」→「▨」→「▨」に酷似した字形変化が観察できる事が挙げられる。「奠」字は甲骨文では「▨」（合集7361）、西周金文では「▨」（免尊：集成6006）、「▨」（叔向父禹簋：集成4242）、春秋時代では「▨」（秦公鐘：集成262）に作られる。この字の構成要素下部の変遷は「一」→「二」→「丌（丌）」であり、「其」字のそれと平行する。且つ、字音から見て「丌」（見母之部）は「奠」（定母真部）の声符とはなりえない。「奠」字の後起的構成要素「丌（丌）」が声符ではないということは、「其」字における「丌（丌）」もまた声符ではなかったということを示すものである。

「丌」が加声符でないとすると、「其」字や「奠」字に加えられた「一」、「二」、「丌（丌）」は加形符ということになるわけだが、では何を表している要素なのか。「▨」字の下部の「一」は、徐仲舒1998が、

(169) 甲骨文象置酒尊於一上，一即置酒之薦。（徐仲舒1998：492）

〔（「奠」は）甲骨文では酒を「一」に置くのに象る。「一」は酒を置く敷物である〕

と言い、また季旭昇2002が、

(170) 字从酉，象酒尊形，下从一，所以表示薦。（季旭昇2002：373）

〔「奠」字は「酉」に従い、酒尊の形に象る。下は一に従い、敷物を表すものである〕

と述べるように、敷物の象形と考えるのが妥当であろう。

また「丌」関連諸字の『説文』の説解は、

(171) 丌，下基也。薦物之丌。象形。（『説文』巻五上・丌部）

〔丌は下の土台である。敷物の丌である。象形〕

(172) 典，五帝之書也。从冊在丌上，尊閣之也。（『説文』巻五上・丌部）

〔典は五帝の書である。冊（簡冊）が丌の上にあるのに従う。これを高く積み

上げるのである〕

であり、「丌」が物を置く場所として分析されている。

　これに鑑みれば、「▭」に足がつき「丌」形になったということは、物を置く場所の象形が薦（敷物）や地面から、足を備えた机や台になったということだと推測される。すなわち「▦（奠）」や「▦（其）」の「丌（丌）」は机や台を表す加形符と言えるのである。

　以上のように「丌」が加声符ではなく加形符であるとなると、「𠔼」→「其」→「丌」における「其」→「丌」の簡化は、音を表さない後起的な「丌」が本字「其」の音を引き継いだということに等しい。音を持たない構成要素が簡化前の音を継承するという現象は習見ではないが、「尊」→「寸」の簡化にも観察されるものである。[79]

　「丌」字の登場を機に、今度は「丌」声字が突如として広く用いられ始める。例えば、郭店楚簡『忠信之道』4号簡「▦（异／期）」、郭店楚簡『語叢四』13号簡「▦（丞／欺）」などはいずれも、「丌」字が独立して使用された後の時代のものである。

3.2. 上古中期における非現実モダリティマーカーの |其m|

　以上、「其」の字形的変遷について概観するとともに、|其m| が |其p| に先行することを確認したが、この考察に大過なければ、|其m| の意味機能及び表現機能を検証するに当たり、さしあたりその起源を |其p| に求める必要は無い。太田1958/1981：101 も、「《其》はこれを代名詞とはするが、がんらい特殊な副用詞である」として、副詞的用法が先行することを示唆している。

　以下では |其m| に焦点を絞り、その本質的意味や多義性の原因について検討する。

3.2.1. 問題の所在

　|其m| はかねてより「推量」、「命令」、「意志」、「反語」、「仮定」などの多義語と解釈されることが多かった。しかし、王力1962-1964は、[80]

(173) 表示委婉的语气。(王力1962-1964：428)
　　　〔婉曲の語気を表す〕

と考え、さらに何乐士1984/2004は、

(174) 带有委婉、缓和的味道。(何乐士1984/2004：410)
　　　〔婉曲、緩和の趣きを帯びている〕

と述べ、|其m|に「語気を和らげる」という統一的解釈を与えている。また鈴木1991/1994は|其m|を、

(175) 話し手の不確定感をあらわしている。(鈴木1991/1994：238)

と指摘しつつ、一貫した語気を想定している。

　この他、山崎1989：38は|其m|が「仮定の語気」を加えていると想定しつつ、この語気が文脈によって|其m|に様々な解釈(意志、推測、反語)を許[81]していると考えることで多義性を説明する。杨逢彬・陈练文2008：103-104は通言語的に1つの虚詞(function word)が多くの文法的意味を担うことがないこと、及び中国語においても語気詞・語気副詞が単一機能であるという研究結果に基づき、|其m|は単一機能の語気副詞であり(|其m|が副詞に類すること[82]については後述)、その機能は文の強調であると結論付ける。

　以上の研究は|其m|の性質の一側面を捉えているものの、|其m|の本質的意味や多義性の原因を完全には解き明かしていない。また杨逢彬・陈练文：2008が|其m|を単一機能として捉えようとする試みには賛同できるものの、結論は「強調」とするのみで、|其m|の解釈としては説得力に欠ける。

　本研究は|其m|が"irrealis"モダリティマーカーであると解釈しつつ、上述の多義性は|其m|が"irrealis"＝非現実の事態を構成するマーカーであることにより生じたものと考える。

　|其m|が"irrealis"モダリティマーカーであることを最初に指摘したのは、管見の限り魏培泉1999であるが、魏氏は結論を提示するのみで細部の論証を[83]していない。また魏説を踏襲するような論考も今なお皆無であるが、魏説こそ留意されて然るべきである。

　以下はともに、|其m|の用例である。

(176)（＝(151)）對曰："(中略)<u>君其備禦三鄰，慎守寶矣</u>。"(『左伝』昭公七年)

〔答えた、「(中略)<u>君はどうか隣国三国に備え、慎んで宝をお守り下さい</u>」と〕

(177) 輿人誦之曰："取我衣冠而褚之，取我田疇而伍之。<u>孰殺子產，吾其與之</u>。"

(『左伝』襄公三十年)

〔民はこのように歌った、「子産は我々の衣冠と田地から税を徴収する。<u>子産を殺した者に私は身方しよう</u>」と〕

両例はいずれも話し手が述べた事態が未来に実現することを構想したもの、言い換えれば"irrealis"な事態を述べているものであり、3.2.4.節で再度詳論するが、|其m|を用いた文が、話し手にとっての"realis（現実）"の事態を指示することはない。さらに、|其m|が現れる文の意味分布は、Elliott 2000: 69-80の類型論的観察による"irrealis"マーカーの意味的コンテクスト——"potential（可能性）"、"conditional（仮定）"、"counterfactual（反事実）"、"epistemic and deontic modality（認識的・義務的モダリティ）"、"command（命令）"——と多くの部分で重なる。

|其m|がモダリティに属する成分であることは早くから指摘されてきた。管見の限り、Gabelentz 1881がその濫觴である。Gabelentz 1881は、その中訳本である甲柏連孜・姚小平2015を見るに、以下のように分析している。

(178) 如果"其k'î"处于主语和谓语之间，便是情态助词，赋予话语某种假设、揣测的语气。这种用法的含意很广，表示：此事尚未发生，但我希望、企盼、预见如此；我不知道此事是否会发生，但我猜想它有可能；虽然还没有发生，却很可能成为事实；也许我不应该这样，但我斗胆如何如何。(Gabelentz 1881：235、甲柏连孜・姚小平2015：336-337)

〔もし「其」が主語と述語の間にあれば、それはモダリティ助詞であり、文にある種の仮定や推測の語気を与える。この種の用法の含意は広く、以下のような意味を表す：このことはまだ起こっていないが私はそうなることを望むまたは予見する；私はこのことが起こるかどうか知らないが、そうなるであろうと推測する；まだ起こっていないが、事実となり得る；私はそうすべきでないかもしれないが、私は敢えてそうする〕

第3章　上古中国語における非現実モダリティマーカーの「其」の通時的展開　99

またMalmqvist 1981も、

(179) Certain distributional features of *non-pronominal chyi* immediately strike the investigator : *Non-pronominal chyi obtains exclusively in main clauses of representations of direct speech.* A common denominator of non-pronominal *chyi* is the expression of speaker's assessment of the potential involved in the predication : rather than reporting an event as reality, clauses containing non-pronominal *chyi* are concerned with the relation of that event to reality, in terms of its potential for realization. *Chyi* is a marker of modality.（Malmqvist1981：368）

〔非代名詞の「其」（本研究の｜其m｜：引用者注）の一定の分布的特徴によって、研究者はすぐに次のように考える。すなわち、非代名詞の「其」は専ら直接話法を表現する主節で用いられる。非代名詞の「其」の共通点は叙述に含まれる可能性に対する話し手の判断表現であって、事態を現実として報告するのではない。そして非代名詞「其」を含む節は、事態の実現の可能性について、その事態の現実に対する関わりに作用している。「其」はモダリティマーカーなのである〕

として、｜其m｜をモダリティマーカーと認め、これが"direct speech（直接話法）"の節にのみ現れることを指摘する。"direct speech"とは、結局のところ会話文であり、｜其m｜が会話文のみにて用いられているということは、裏を返せば、これがモーダルな成分であることの証左である。

このほか、Pulleyblank 1995も、

(180) Qi 其 qualifies a statement as possible or probable rather than a matter of known fact.（Pulleyblank 1995：123）

〔「其」が陳述文を修飾するとき、既知の事実ではなく、可能性や見込みを表す〕

として、｜其m｜が非事実的マーカーであることを示している。

品詞面から言えば、｜其m｜は統語的に主語の後ろ動詞の前にあることから、副詞と分析するのが妥当であろう。さらに｜其m｜は上古中国語における「能」、

「肯」、「可」といった他のモダリティ成分よりも前で用いられていることから、述部全体を包み込むよう機能するモダリティ副詞と見なすこともできる。[85][86]

以下、本章では〔其m〕が"irrealis"モダリティマーカーであるという観点から、従来分析されてきた多義性を統一的に説明できることを論じ、魏培泉1999説を補強したい。

3.2.2. "realis"と"irrealis"

ここでは、"realis(現実)"と"irrealis(非現実)"の概念について概観したい。ムードやモダリティを表す言語形式を「現実 対 非現実」との観点から捉えようとする方法であり、Mithun 1999は両者を以下のように定義する。

(181) The realis portrays situation as actualized, as having occurred or actually occurring, knowable through direct perception. The irrealis portrays situation as purely within the realm of thought, knowable only through imagination. (Mithun 1999:173)

〔"realis"とは事態を実現したこと、起こったこと、或いは実際に起こりつつあることとして描写するもので、それは直接的な知覚を通して知り得る。"irrealis"は事態を純粋に思考の領域内のものとして描写するもので、想像を通してのみ知り得る〕

Elliott 2000は"realis"と"irrealis"の対立を次のように描く。

(182) a. A REALIS proposition prototypically asserts that an event or state is an actualized or certain fact of reality ;

b. an IRREALIS proposition prototypically implies an event belongs to the realm of the imagined or hypothetical, and as such it constitutes a potential or possible event but it is not an observable fact of reality. (Elliott 2000:66-67)

〔a. "realis"の命題は典型的には事態や状態が実現された、或いは確かな事実であると断定する。b. "irrealis"の命題は典型的には想像或いは仮定の領域に属する事態を示し、それ自体、観察できる事実ではなく、潜在的な或いはあり得る事態を構成する〕

また尾上2001は古代日本語の「動詞未然形＋ム」を、非現実事態を専門に語る叙法形式と位置づけつつ、以下のように述べている。
(183)「話者の現実世界に存在していない事態（話者の立っている現実世界で話者が経験的に把握していない事態）を頭の中で一つの画面として思い描く」という述べ方である。（尾上2001：481）

尾上2004はさらに、現実領域と非現実領域を次のように区分する。
(184) 現実領域というのは話者がそこに立ってものを言っているこの世においてすでにおこってしまった領域、既実現の領域であり、
(185) 非現実領域というのは、①この世で未実現の領域、②推理・推論、仮定世界など観念上の領域、③この世で既実現ではあるが話者の経験的把握を超えた「よくわからない」領域、の三者のことである。（尾上2004：49）

以上を要すれば、"irrealis／realis"の対立は基本的に、次のように定義づけられる。
(186) "irrealis"は話し手が事態を、実現していない、或いは実体験として実現したと認定できない仮想のものとして捉えたもの。
(187) "realis"は話し手が事態を、実現したもの、実現しつつあるものとして捉えたもの。

さらに言えば、"irrealis"を表す形式が結果として表す意味は広く、必ずしも一対一の対応とはならない。例えばすでに挙げたように、Elliott 2000：70は"irrealis"マーカーによって表される意味的コンテクストは、"potential（可能性）"、"conditional（仮定）"、"counterfactual（反事実）"、"epistemic and deontic modality（認識的・義務的モダリティ）"、"command（命令）"など多岐に及ぶことを指摘する。また古典日本語の「動詞未然形＋ム」も「推量」、「意志」、「命令」、「願望」、「未実現」、「仮想」などの意味をカバーする（尾上2001：435-437）。

以上は、命題内容と現実の関わりを中心とした定義であるが、一方で、"realis"と"irrealis"の対立を、話し手の発話態度を反映したものと見なす向きもある。

例えば、ヨーロッパ言語の伝統的用語である直説法 (indicative) と接続法 (subjunctive) は、しばしば "realis" と "irrealis" の対立に相当すると言われるが (Palmer 2001：3、Givon 1994：265 など)、Lunn 1995：430 はスペイン語を例として、直説法は断定 (assertion) に、接続法は非断定 (non-assertion) に関わることを述べつつ、命題が非断定とされる理由を、以下の3点に定める。

(188) (i) the speaker has doubts about its veracity.
　　　(ii) the propositionis unrealized.
　　　(iii) the proposition is presupposed. (Lunn 1995：430)
　　　〔(i) 話し手が命題の真実性について疑いを持っている。(ii) 命題が実現されない。(iii) 命題が予測される〕

ということを指摘する。さらに、Palmer 2001 は Lunn 1995 の解釈を継承しつつ、

(189) The important thing about this analysis is that it shows quite clearly that the choice of the Irrealis marker, the subjunctive, does not depend on the distinction between what is factual and what is not (and still less on what is not true). It depends on the distinction between what is asserted and what is not asserted. (Palmer 2001：3-4)
　　　〔この分析に関する最も重要な点は、かなりはっきりと "irrealis" マーカー、すなわち接続法の選択が、何が事実で何が事実ではないかの区別によるのではない（ましてや何が真実でないかにも関わらない）ことを示していることである。それは何が断定され、何が断定されないかの区別による〕

として、"irrealis" の選択を非断定に動機づける。

また益岡2007は、

(190) 事態の現実性というのは、話し手が当該の事態を現実の事態として捉えるのか非現実の事態として捉えるのかという捉え方の対立のことである。事態を現実のものとして捉えるのか非現実のものとして捉えるのかは、当該事態が客観的に見て事実であるかどうかということとは別である。客観的には事実であっても、非現実の事態として扱われることもある。ここでいう事態の現実性とは、事態の捉え方という話し

手(表現者)の態度にかかわるものである。(益岡2007：136)

として、「現実」か「非現実」かの選択は、話し手の事態のとらえ方に関わるものとしつつ、その対立の二次的パラダイムとして、

(191) 断定というのは、現実において当該の事態が真であると認定するものである。つまり、「現実」('realis')の領域に属するという判断である。一方、非断定というのは、あり得る事態として思い描くことである。したがって、現実の外にある「非現実」('irrealis')の領域に属する判断であると言える。(中略)このように、断定——非断定という対立のパラダイムは……「現実の世界(realis)——思い描かれた非現実の世界(irrealis)」という、より抽象的な対立のパラダイムに包含することできる。(益岡2007：150)

と述べ、「断定/非断定」の対立は"realis / irrealis"の対立に起因すると理解する。

Palmer氏と益岡氏の「断定/非断定」と"realis / irrealis"に対するとらえ方には出入りがあるが、いずれにしても、"irrealis"モダリティマーカーと非断定ムードの近接性は留意すべきである。

3.2.3. コーパス

本章では、上古中期で最も {其m} の使用頻度が高い『論語』、『左伝』を中心に、同時代の歴史記述である『国語』を副次的に用いる。[87]『論語』には出土資料として定州漢簡『論語』及び平壌貞柏洞竹簡『論語』があるが[88]、本研究が引用した部分については残欠しているか、対応箇所が残っていても解釈を左右するような文字の異同がないため、伝世文献の引用を主とした。この他、同時代の出土資料として楚簡を用いた。

本研究の主眼は飽くまでも副詞 {其m} にあり、{其p} は取り扱わない。{其m} と {其p} は時に見分け難いこともあり、或いは論者によって、両者の区分の基準が異なるが、ここでは魏培泉1999が両者を分けるために定めた以下の原則に倣う(但し {其m} か {其p} か判断が困難な例については調査対象から除外した)。

(192) 代詞「其」一般只作詞組的定語或從句的主語,所以在主句動詞前的「其」一般要判斷為法相副詞。(魏培泉1999：261)

〔代名詞「其」は一般的に、フレーズの連体修飾語或いは従文の主語になるだけであるため、主要動詞の前の「其」は通常、法相副詞（本研究の |其m|：引用者注）と判断せねばならない〕

|其m| は上古中期では主語の後ろ、動詞句の前で用いるのがデフォルトである。しかし否定詞と共起した場合、「其＋否定詞」が多数を占める一方、「否定詞＋其」も稀に見られる。まず、「其＋否定詞」の例である。

(193) 君其勿許。鄭必受盟。(『左伝』僖公七年)

〔君はこのことをお許しにならないように。鄭は必ず盟を受けます。〕

(194) 叔詹曰："楚王其不沒乎。"(『左伝』僖公二十二年)

〔叔詹は言った、「楚王（成王）はまともに死ねないでしょう」と〕

以下は、「否定詞＋其」の例である。

(195) 納而不定，廢而不立，以德爲怨，秦不其然。(『左伝』僖公十五年)

〔恵公を晋に入れながら君位を安定させず、位を廃して立たせず、徳を怨みとするようなことは、秦はしないでしょう〕

「否定詞＋其」は、楊伯峻1990：366-367が"蓋古代語法之遺存者（思うに、古代の文法の残留である）"と述べるように、殷周の古い文体に良く見られ、特に甲骨文では多くがこの語順である (3.4.節にて後述)。

このほか本研究は、楊樹達1928/1986：144が"將，抑也"と解している「其」も調査の対象外とした。これは例えば、疑問文が並列された際に後節の先頭で用いられる。[89]

(196) 楚王方侈，天或者欲逞其心，以厚其毒而降之罰，未可知也。其使能終，亦未可知也。(『左伝』昭公四年)

〔楚王（霊王）は尊大です。天が楚王の心を満足させ、怨みを増した上で、罰を下そうとしているのか、それとも無事に一生を全うさせようとしているのか、わかりません〕

例（196）は「其」の用いられている節に主語がないため、その統語的位置が |其m| と同じか否か判断しがたい。しかしその類例の中には |其m| のデフォルトの統語的位置とは異なる用例が散見される。[90] 例えば、主語の前で「其」が用

いられている例（197）や、接続詞「抑」のさらに前で用いられている例（198）である。

(197) 夫今老邪？其欲干酒肉之味邪？<u>其寡人亦有社稷之福邪</u>？（『荘子』徐無鬼篇）

〔（あなたが来たのは）今老いてしまったからなのですか。それとも酒と肉の味を求めているからなのですか。<u>それとも私にも国の福がある（よう教え導いてくださる）のですか</u>〕

(198) 不知天將以爲虐乎，使翦喪吳國而封大異姓乎，<u>其抑亦將卒以祚吳乎</u>。（『左伝』昭公三十年）

〔天が暴虐をなして呉を滅ぼして異姓の国を大きくしようとしているのかもしれませんし、<u>それとも結局、呉に福を下そうとしているのかもしれません</u>〕

上記の「其」は音義共に接続詞「意」、「抑」と関係が深い。意味の方面で言えば、楊樹達1928/1986：144の述べるように「抑」と解される「其」があるほか、上博楚簡『鬼神之明』4号簡には「抑」に通仮する「噫（意）」字がある（復旦大學出土文獻與古文字研究中心研究生讀書會2008）。例えば、

(199) 其力能至焉而弗爲乎，吾弗知也。<u>噫（抑）</u>其力固不能至焉乎，吾又弗知也。（上博楚簡『鬼神之明』4号簡）

〔その（鬼神の）力は至っているが、鬼神がこれを行わないのか、私はわからない。<u>そもそも</u>その（鬼神の）力はもともと至っていないのか、私はまたこのことについてもわからない〕

字音から見れば、「意」と「抑」の上古声韻は影母職部、「其」は群母職部、共に開口で相当に接近している。(91)以上より、接続詞の「其」は「意」や「抑」と語源を同じくする単語家族である可能性もあり、従って、{其m}と同列に扱うことには、慎重にならざるを得ない。

3.2.4. {其m}の用いられる各種構文とその意味

3.2.4.1. 主語の人称から

Malmqvist 1981：372、何乐士1984/2004：396-397及び魏培泉1999：261-262は主語の人称によって{其m}の意味が異なるとしており、そこで本節では各人称と{其m}の共起状況、及びその表現機能について考察したい。

3.2.4.1.1. 二人称主語＋｛其m｝

まず、二人称主語と共起する｛其m｝について検討する。

(200) 子反曰："日云莫矣。寡君須矣。<u>吾子其入也</u>。(『左伝』成公十二年)

〔楚の子反は言った、「日が暮れました。我が君が待っております。<u>あなたはお入りになってください</u>」と〕

(201) 穆叔曰："趙孟欲一獻。<u>子其從之</u>"。(『左伝』昭公元年)

〔穆叔は言った、「趙孟は簡素な礼を欲しております。<u>あなたはこれに従ってはいかがでしょう</u>」と〕

(202) 晉爲盟主，<u>其將先之</u>。(『左伝』成公三年)

〔晋は盟主でありますから、<u>晋と先に盟を結んではいかがでしょう</u>〕

この種の｛其m｝は従来、"命令、祈使（命令）"（何乐士1984/2004：397、杨伯峻・何乐士2001：356など）、二人称主語の"necessity（必要性）"（Malmqvist1981：370-372）などを表すものと説明されてきた。例(200)(201)は共に二人称主語（「吾子」と「子」）に対し、述べられた事態の実現を要求している文であり（主語が明らかなときは例(202)のように省略される）、実現が要求される事態とは、翻って言えば、まだ実現していない、"irrealis"な事態である。

さらに、上古中期の｛其m｝は単に「命令」というだけでない。このことについては、以下の何乐士1984/2004の主張が示唆的である。

(203) (其) 特別在外交場合或君臣、上下、同輩之間表示尊敬、礼貌的場合用得更多。(何乐士1984/2004：410)

〔(「其」は) とりわけ外交場面や、君臣・上下・同輩の間で尊敬と礼を表す場面で用いられることが多い〕

謂わば、｛其m｝が「吾子」、「君」、「子」といった尊称の二人称と共起することが多いという指摘である。「吾子」、「子」の呼称は単純な上下関係によって規定されるものではないため、時に｛其m｝が用いられないこともあるが、一方で｛其m｝は尊称の「君」との共起が際だって多い。例えば、(92)

(204) 夏，衞侯既歸，晉侯使郤犫送孫林父而見之。衞侯欲辭。定姜曰："不可。(中略) 不許，將亡。雖惡之，不猶愈於亡乎。<u>君其忍之</u>。"(『左伝』成公

第 3 章　上古中国語における非現実モダリティマーカーの「其」の通時的展開　107

十四年）

〔夏、衛侯が帰った後、晋侯は郤犨に孫林父を送らせて、衛侯に会わせようとしたが、衛侯は断ろうとした。そのとき夫人の定姜は衛侯に言った、「いけません。（中略）もし面会を許さねば、我々は亡びるでしょう。この人を憎く思っても、亡びるよりましではありませんか。君はどうぞ堪え忍んで下さい」と。〕

(205) （＝(176)）對曰："（中略）君其備禦三鄰，慎守寶矣。"（『左伝』昭公七年）

〔答えた、「（中略）君はどうか隣国三国に備え、慎んで宝をお守り下さい」と〕

(206) 公使太子伐東山。里克諫曰："臣聞皋落氏將戰，君其釋申生也。"（『国語』晋語一）

〔晋の献公は太子申生に東山を討伐に行かせようとした。里克は諫めて言った、「私は皋落氏がまさに戦争をしようとしていると聞いております。君はどうぞ申生を（戦に派遣せず）ここに残すようにしてください〕

(207) 曹沫入見曰："（中略）今邦彌小而鐘愈大，君其圖之。"（上博楚簡『曹沫之陳』2号簡）

〔曹沫は入って（荘公に）見えて言った、「（中略）、今、国は徐々に小さくなり、鐘が徐々に大きくなっております。君はどうぞこのことをご考慮下さい」と〕

|其m| は以上のように目下から目上に対して用いられる。例えば例文 (204) は夫人の定姜（目下）が衛侯（目上）に、(205) は楚の大夫蘧啓疆（目下）が楚の霊王（目上）に、(206) は晋の大夫里克（目下）が献公（目上）に、(207) は魯の曹沫（目下）が荘公（目上）に部下の言った言葉である。

以上に鑑みるに、|其m| は聞き手に対する話し手の配慮・敬意を表しており、つまるところポライトネス（politeness）表現である[93]。このことは、|其m| を有する例 (200)–(202) 及び (204)–(207) と、|其m| を用いない命令文（以下の例 (208)(209)）を比較することで、より鮮明となる。

(208) 孫文子卜追之，（中略）姜氏曰："征者喪雄，禦寇之利也。大夫圖之。"（『左伝』襄公十年）

〔孫文子は鄭軍を追撃することの吉凶を占った。（中略）姜氏は孫文子に言った、「攻める者が勇者を失うとは、防御する側の利である。そなたはこのことを考

慮せよ」と〕

(209) 秋七月乙卯夜，齊商人殺舍而讓元。元曰："爾求之久矣。我能事爾。爾不可使多蓄憾。將免我乎？<u>爾爲之</u>。"（『左伝』文公十四年）
〔秋七月乙卯の日の夜、斉の公子商人は君の舍を殺し、兄の元に位を譲ろうとした。その時、元は言った、「お前はこの位を長い間求めていたのだ、（お前が位につけ）。私はお前に仕えることができる。（お前が君にならなければ怨まれることが多いのだから）お前は人々に恨みを蓄えさせてはいけない。（もし私が君となれば）お前は私を許すだろうか。いや許さないであろう。それならば、<u>お前が君となれ</u>」と。〕

例（208）は衛の定公夫人の姜氏（目上）が衛の大夫孫文子（目下）に言った言葉で、ここでは ｜其m｜ が用いられていない。(209)は兄が弟に言った言葉であるが、これも目下→目上ではないため、｜其m｜ が用いられない。

以上のように、「二人称主語＋ ｜其m｜」は聞き手に事態の実現を要求するコンテクストで用いられつつ、さらにポライトネスをも表現しているため、結果的に二人称主語に対する「丁寧な命令＝依頼」を表していると解釈できる。

それではなぜ"irrealis"モダリティマーカーの ｜其m｜ がポライトネスを獲得するに至ったのであろうか。そもそも、ポライトネス或いは丁寧さというのは、表現の間接性と密接に関わる。Leech 1983は丁寧さを得る方法として、

(210) Another way of obtaining a scale of politeness is to keep the same propositional context X and to increase the degree of politeness by using a more and more indirect kind of illocution. Indirect illocutions tend to be more polite (a) because they increase the degree of optionality, and (b) because the more indirect an illocution is, the more diminished and tentative its force tend to be.〔Leech 1983：107-108〕

〔丁寧さの程度を獲得するもうひとつの方法は、同じ命題内容Xをそのままに、さらに間接的な種類の発話行為を用いることによって、丁寧さの度合いを増加させるというものである。間接的発話行為はより丁寧になる傾向があり、

というのも、(a) それらが随意性の度合いを増加させるためであり、また (b) 発話行為は間接的になるにつれて、発話の影響力をさらに減らしあやふやなものにするからである。〕

と述べ、例として電話に出てくれることを依頼する際、

(211) ①Answer the phone.
②I want you to answer the phone.
③Will you answer the phone ?
④Can you answer the phone ?
⑤Would you mind answer the phone ?
⑥Could you possibly answer the phone ?

の順で間接性が大きくなり、結果として丁寧さの度合いが増加することを述べている。

また、ポライトネスはポジティブ・ポライトネス（positive politeness）とネガティブ・ポライトネス（negative politeness）に分かれることが知られているが、間接性は後者に関わるものである。Brown & Levinson 1978はネガティブ・ポライトネスについて、

(212) Negative politeness, thus, is essentially avoidance-based, and realizations of negative-politeness strategies consist in assurances that the speaker recognizes and respects the addressee's negative-face wants and will not (or will only minimally) interfere with the addressee's freedom of action. (Brown & Levinson 1978：70)

〔ネガティブ・ポライトネスはこのように本質的には忌避に基づくもので、ネガティブ・ポライトネス・ストラテジーは、話し手が聞き手のネガティブ・フェイスの欲求（他者に邪魔されたくないという欲求：引用者注）を認識し尊重し、聞き手の行動の自由を妨げない（或いは妨げを最小限にする）ことを保証することで実現される〕

として、聞き手を敬避することをその特徴と述べる。

以上を踏まえれば、｛其m｝は話し手が述べる事態を "irrealis" な領域に置

きつつ、発話内容を断定しないことで、聞き手の行動の自由度を保証し、間接性を実現させているのである。その結果、聞き手たる被使役者との間に心理的距離を置き、強制力を弱めるよう作用していると考えられる。

なお、類型論的にも"irrealis"はしばしば丁寧さと関わる。例えば、Palmer 2001：137はイタリア語とスペイン語を例に接続法が"polite command（丁寧な命令）"として機能している例を挙げる。さらに、

(213) A number of languages make a distinction between 'strong' and 'polite' commands (imperatives and jussives) by means of realis / irrealis marking. (Palmer 2001：181)
〔多くの言語が強い命令と丁寧な命令（差し迫った命令と穏やかな命令）を"realis / irrealis"マーカーを用いて区別している〕

として、"realis / irrealis"の対立を「強い命令」と「丁寧な命令」の対立に関係づけるが、これは |其m| の有無に対応する。言い換えれば、|其m| の有る場合は、「"irrealis"＝丁寧な命令」となり、無い場合は「"realis"＝強い命令」となるのである。

さらに付言すれば、中国語は古今を通して、"realis / irrealis"は義務的にマークしなければならない文法範疇ではなく、|其m| もまたその有無で"realis / irrealis"を明確に区別するものではない。|其m| がなくとも未実現の事態が表現されるのは、例 (208) (209)——聞き手への「命令」を表す——が如きである。これは益岡2007の言うところの有標形式と無標形式の「弱い対立」であり、「弱い対立」では無標形式が表す文法的意味はより希薄なものであると考えられる。|其m| に即して言えば、「＋|其m|」の形式は、命題を積極的に非現実領域に位置づけるが、「－|其m|」の形式は命題が必ずしも現実領域のものではないのである。このことは、以降の議論全般に当てはまる。

3.2.4.1.2. 「二人称主語＋|其m|」の例外的用例について

ポライトネスを表す |其m| が「汝」等の目下を指称する二人称代名詞と共起する例も少数ながら存在する。例えば、

(214) 寺人披請見．公使譲之．且辭焉．曰："（中略）女其行乎。"（『左伝』僖

第 3 章　上古中国語における非現実モダリティマーカーの「其」の通時的展開　　*111*

公二十四年）

〔寺人の披が謁見に来たが、公は人を使ってこれを責め、且つ会見を断って言った、「(中略) <u>そなたは立ち去るがよい</u>」と〕

これは文公（目上）から寺人の披（目下）への命令であるため、一見すると本研究の結論と矛盾するが、厳密には文公が人を介して披に言ったものであり（「公使讓之」）、直接的な命令ではなく、従って単純な目上→目下の発話とは見なせない。なぜ、人を派遣した下した命令に |其m| を用いているのか、俄に判断しがたいが、少なくとも上例は本研究の議論の反証とはならない。また、

(215) 王曰："令尹之不能，爾所知也。國將討焉，<u>爾其居乎</u>。"（『左伝』襄公二十二年）

〔王は言った、「（そなたの父）令尹子南が能なしであることは、そなたも知っているであろう。国としては令尹子南を処刑しようと思うが、それでも<u>そなたは国に留まってはくれないだろうか</u>」と〕

これは楚の康王（目上）が令尹子南の子で御者の棄疾（目下）に言った言葉で、本来なら |其m| が用いられるところではないが、王が無理を承知で、父の子南を処刑した後も棄疾に国に留まるようお願いしている場面であるため、敢えて |其m| が用いられていると考えることができる。⁽⁹⁴⁾

次の例は「吾子」と |其m| が共起しているため、一見すると問題がないように見えるが、実際は宋の穆公（目上）から臣下の大司馬孔父（目下）に対する命令であるため、例外的と言える。

(216) 宋穆公疾，召大司馬孔父而屬殤公焉。（中略）公曰："<u>吾子其無廢先君之功</u>。"（『左伝』隱公三年）

〔宋穆公は病になったとき、大司馬の孔父を召して殤公のことを託した。（中略）公は孔父に言った、「<u>そなたは先君の功績を捨ててはならない</u>」と〕

ここで宋の穆公は死に際し、死後のことを孔父に託しており、従って単純な上意下達の命令ではなく、重大な遺言である。それゆえに、目上に依頼するような形で |其m| が用いられていると思われる。

一方、以下は「君」に対する要求を表す文でありながら、|其m| が用いな

い用例である。

(217) 蒍啓彊曰："(中略)既獲姻親，又欲恥之，以召寇讎，備之若何？誰其重此？若有其人，恥之可也。若其未有，君亦圖之。"(『左伝』昭公五年)

〔蒍啓彊は言った、「(中略)すでに楚は晋と姻戚関係を結んでいるのに、君は晋から来た韓起と羊舌肸を辱め、晋の復讐を招こうとしている。それに対する備えはどのようにするおつもりでしょうか。誰がその怨みに耐えられましょうか。もし耐えられる人がいれば、彼らを辱めても結構です。もしいなければ、君は以上のこともお考えください」と〕

この一段は、晋の使者韓起と、羊舌肸を殺そうとしている楚の霊王(目上)に対し、楚の大夫の蒍啓彊(目下)が反対している場面である。ここでは副詞「亦」があることで既に間接性が表現されているために、含意が重複する｛其m｝の使用が控えられたのであろう。次に、

(218) 北戎侵鄭，鄭伯禦之。患戎師曰："彼徒我車，懼其侵軼我也。"公子突曰："(中略)君爲三覆以待之。"(『左伝』隠公九年)

〔北戎が鄭に侵入した。鄭伯は防御につくと、戎軍の進撃を心配して言った、「あちらは歩兵で(身軽で)、我らは兵車に乗っている(から動くが重い)。私は彼らが我が方に突撃してくることを恐れている」と。公子突は言った、「(中略)君は三か所の伏兵を設け彼らをお待ちください」と。〕

であるが、ここで｛其m｝が用いられないのは、外敵の侵入という危急の場面であることから、表現が直接的になったためであろう。また、

(219) 秋，齊侯盟諸侯于葵丘，曰："凡我同盟之人，既盟之後，言歸于好。"宰孔先歸，遇晉侯，曰："可無會也。齊侯不務德而勤遠略，故北伐山戎，南伐楚，西爲此會也。東略之不知，西則否矣。其在亂乎。君務靖亂，無勤於行。"晉侯乃還。(『左伝』僖公九年)

〔秋、斉侯(桓公)は葵丘で諸侯と盟を結んで言った、「およそ我らの同盟の者は、盟を結んだ以上、友好となろう」と。宰孔がまず帰ったが、途中で晋侯(献公)に出くわし、言った、「会合に参加しない方がよい。斉侯は徳に努めず、遠征に勤めている。だから、北は山戎を伐ち、南は楚を伐ち、西はこの会合を行っ

第3章 上古中国語における非現実モダリティマーカーの「其」の通時的展開　113

た。東への遠征については分からないが、西へは遠征しないだろう。晋で乱があるかもしれない。君は乱を鎮めることに努めよ。頑張って行く必要はない」と。晋侯はそこで引き返した〕

は、晋の献侯に対する周の卿士宰孔の発話である。諸侯と卿士の関係については、

(220) 鄭武公、莊公爲平王卿士，王貳于虢，鄭伯怨王。王曰：" 無之。" 故周、鄭交質。王子狐爲質於鄭，鄭公子忽爲質於周。王崩，周人將畀虢公政。(『左伝』隠公三年)

〔鄭の武公と荘公は周の平王の卿士となったが、王が虢公に政権を分け与え、鄭伯に専横させないようにしたところ、鄭伯は王を恨んだ。王は言った、「そのようなことはない」と。そのため、周と鄭は人質を交換し、王子狐は鄭で人質となり、鄭の公子忽は周で人質となった。平王が崩御すると、周の人々は政権を虢公に与え、虢公を卿士としようとした〕

とあり、また同箇所の杜注に、

(221) 卿士，王卿之執政者。(『左伝』隠公三年・杜預注)

〔卿士は王の六卿の執政官である〕

とあるように、卿士は周により諸侯の中から任命された執政官である。また、『国語』にも、

(222) 季武子爲三軍，叔孫穆子曰："不可。天子作師，公帥之，以征不德。"(『国語』魯語下)

〔季武子が三軍を作るとき、叔孫穆子が言った、「いけません。天子が軍を作り、公がこれを率いて、不徳の者を征伐します」と〕

とあり、また同箇所に対する韋昭注に、

(223) 公，謂諸侯爲王卿士者也。(『国語』魯語下・韋昭注)

〔公は、諸侯のうち王の卿士になった者を言う〕

とあるように、やはり卿士は諸侯が任命されるものである。言い換えれば、卿士と諸侯は同格なのであり、そうであるならば、晋の献侯と周の卿士宰孔も同格と見なすことができる。同格であればこそ、宰孔が献侯に対し｛其m｝を用いなくても問題とはならないのである。さらに、

(224) 君之所欲也，誰敢違君？　寡君將帥諸侯以見于城下。唯君圖之。(『左伝』僖公三十年)

〔(鄭が楚側に着いたのは) 鄭の君が望んだことであり、誰もそれに反対できないでしょう。我が晋君は諸侯を率いて貴国の城下でお目にかかることでしょう。君はどうぞお考えください。〕

は晋の知武子が使者の子員を派遣して、鄭伯に伝えた言葉である。ここに見える「唯」も {其m} と同様、目下→目上の依頼を表す文で良く用いられるものであるが、含意の重複が、{其m} の使用を回避させたのであろう。例えば、

(225) 爲人臣不忠，當死，言而不當，亦當死。雖然，臣願悉言所聞。唯大王裁其罪。(『韓非子』初見秦篇)

〔人臣でありながら不忠であるのは、死罪に当たり、何かを言って間違っているのも、死罪に当たります。とは言え、私は聞いたことを全て言いましょう。大王はその罪をご裁決くださいませ〕

(226) 恐侍御者之親左右之説，不察疏遠之行。故敢獻書以聞。唯君王之留意焉。(『史記』楽毅列伝)

〔私は君の側近が周りの者の言うことのみを聞き、遠くの行いを察しないことを恐れております。故に書を献じて申し上げます。君はどうぞご留意ください。〕

3.2.4.1.3. 一人称主語＋{其m}

次は一人称主語と共起する {其m} について検証する。

(227) (＝(177)) 輿人誦之曰："取我衣冠而褚之，取我田疇而伍之。孰殺子產，吾其與之。"(『左伝』襄公三十年)

〔民はこのように歌った、「子産は我々の衣冠と田地から税を徴収する。子産を殺した者に私は身方しよう」と〕

(228) 蒲城人欲戰，重耳不可，曰："(中略) 有人而校，罪莫大焉。吾其奔也。"(『左伝』僖公二十三年)

〔蒲城の人は戦いを望んだが、重耳は許さずこう言った、「(中略) 人を有していて抵抗すれば、これより大きな罪はない。私は逃げよう」と〕

(229) 諸大夫欲召狄。郤成子曰："(中略) 能勤，有繼。其從之也。"(『左伝』

第 3 章　上古中国語における非現実モダリティマーカーの「其」の通時的展開　115

宣公十一年)

〔諸大夫は狄を呼びつけようとしたが、郤成子は言った、「(中略) 努力できれば、成果が続く。私はそこ(狄の所)に行こう」と〕

　この種の |其 m| は従来、"主观愿望、决心(主観的願望、決心)"(何乐士 1984/2004：397)、一人称主語の "necessity（必要性）"(Malmqvist 1981：371-372) と解されてきた。例 (227) (228) は一人称(話し手)が、述べた事態の実現を構想している文であり(主語が明らかなときは (229) のように省略される)、実現が構想される事態とは、すなわち、まだ実現していない、"irrealis" な事態である。「一人称主語＋|其 m|」はこのように話し手が自らのこととして "irrealis" な事態の実現を構想しているため、結果として「願望」や「意志」を表現し得るのである。類型論的にも "irrealis" マーカーが「意志」を表すケースは散見され。例えば、Palmer 2001：109-110 はラテン語やイタリア語で接続法が "volitive（意志）" を表す例を挙げる。

　次に、前節と同様に、「一人称主語＋|其 m|」と、|其 m| を用いずに主語の「意志」を表わす文とを比較したい。|其 m| を用いていない文としては、例えば、

(230) 季武子無適子，公彌長而愛悼子，欲立之。(中略) 臧紇曰："飲我酒，吾爲子立之。"(『左伝』襄公二十三年)

〔季武子は嫡子がなく、庶子の公彌が年長であったが、年少の悼子をかわいがり、跡継ぎに立てようとしていた。(中略) 臧紇は季武子に言った、「私に酒を飲ませて下さい(酒宴に呼んで下さい)、私はあなたのために悼子を跡継ぎに立てます」と〕

(231) 叔伯曰："子若國何。" 對曰 "吾以靖國也。夫有大功而無貴仕，其人能靖者與有幾。"(『左伝』僖公二十三年)

〔叔伯は言った、「あなたは国をどうなさるつもりか」と。子文は答えた、「私はこのようにすること(楚の成得臣を令尹にすること)で国を安定させる。大功がありながら高位につけなければ、その人は国を治めるのが難しい」と〕

(232) 僖公之母弟曰夷仲年，生公孫無知，有寵於僖公，衣服禮秩如適。襄公絀之。二人因之以作亂。連稱有從妹在公宮，無寵，使間公。曰："捷，

吾以女爲夫人。"(『左伝』荘公八年)
〔先君僖公の母弟は夷仲年と言うが、公孫無知を生んだ。公孫無知は僖公に目をかけられ、衣服や礼、順序が嫡子のようになった。しかし襄公はその地位を剝奪した。連称、管至父の2人は公孫無知をたのみに乱をなした。連称には公宮に入っている従妹がいるが、寵愛を受けていないので、(公孫無知は)この女に公を探らせようとして言った、「うまくいけば、私はそなたを夫人にする」と〕

前出の例（228）は重耳が蒲城の人の言葉に反対した言葉で、（229）は郤成子が大夫に反対した言葉であるが、共に周囲に反対された事態の実現を構想している。「反対された事態」というのは、反対された当人（話し手）から見た場合、実現可能性が低い。また同じく「一人称主語＋|其m|」である例（227）は、詩歌であるため（228）（229）のように反対する相手はいないが、「子産を殺すものに身方する」という事態、特に「子産を殺す」という事態の生起は、話し手の「輿人」から見れば、自ら実現できるものでもなく、やはり実現可能性は必ずしも高くはない。

一方、|其m|を用いていない（230）は跡継ぎに年少の悼子を立てたい季武子に対して臧紇が述べた言葉であるが、臧紇は聞き手（季武子）の意向に沿うよう行動することを構想しているため、その実現可能性は低くない。同じく（231）は「最も功績を挙げた成得臣を高位につけることで国を安定させる」という至極全うな事態の構想を描いており、これも実現可能性は低くない。（232）「公宮の女を自分の夫人にする」という事態もまた、公孫無知にとっては自らの意志で容易に完遂できるものであるため、それほど実現の困難なものではないであろう。

これらの比較から、「一人称主語＋|其m|」は、実現可能性の低い事態の実現を構想しているものだということが分かる。[95] 実現可能性の低い事態に対して、話し手はその実現に多かれ少なかれ疑いを抱いており、確信が欠如している。ここで|其m|は話し手のそのような非断定的ムードを表現していると考えられる。

3.2.4.1.4. 三人称（時に一人称／二人称）主語＋｛其m｝

次に、三人称主語と共起する｛其m｝について検証する。

(233) 城上有烏，齊師其遁。(『左伝』襄公十八年)

〔城の上に烏がいるから、斉軍は逃げたのであろう〕

(234) 孔子曰："舜其可謂受命之民矣。"(上博楚簡『子羔』7号簡)

〔孔子は言った、「(古代の帝王となった)舜は天命を受けた民と言えるでしょう」と〕

この種の｛其m｝は従来、"推度、推測(推量、推測)"、"時間副詞　將也"(何乐士1984/2004：397、楊樹達1928/1986：142-145等)、"possibility or certainty(可能性或いは確定性)"(Malmqvist 1981：371-372)を表していると考えられてきた。例(233)(234)はそのコンテクストから、現実に見聞きした事態を言語化したものではなく、話し手が命題を思考の領域内で想像したものであると分かる。そして、想像された事態とは、言い換えれば自ら知覚していない事態であり、それはすなわち"irrealis"な事態である。｛其m｝がこのような意味に解されるのは大多数が三人称主語と共起する時ではあるが、稀に一人称主語、二人称主語をとることもある。

(235) 劉子曰："美哉禹功。明德遠矣。微禹，吾其魚乎。"(『左伝』昭公元年)

〔劉子が言った、「禹の功績はすばらしい。明徳も大きい。禹がおらねば、私は魚であったでしょう」と〕

(236) 謂穆子曰："子其不得死乎。"(『左伝』襄公二十九年)

〔穆子に言った、「あなたはまともには死ねないでしょう」と〕

但しこのような場合、｛其m｝は「推量」を表す文末助詞「乎」と共起することが多い。従来、指摘を見なかったが、「乎」が加えられるのは「二人称主語＋｛其m｝」(依頼)及び「一人称主語＋｛其m｝」(意志)との混同を回避するためであるとも推測できる。

次は｛其m｝を用いない三人称主語の文である。

(237) 宵諜曰："齊人遁。"冉有請從之三，季孫弗許。(『左伝』哀公十一年)

〔夜に間諜が言った、「斉人は逃げました」と。魯の冉有は追撃を三度請うたが、

季孫は許さなかった〕

(238) 子曰:"父在觀其志, 父沒觀其行。<u>三年無改於父之道, 可謂孝矣。</u>"(『論語』学而篇)

〔先生はおっしゃった、「父が健在のうちはその人の志を見、父が没すればその人の行いを見る。<u>父が没して三年以内に父の道を改めないのは、孝と言える</u>」と〕

(233)-(236)の下線部と(237)(238)の下線部を比較すると、|其m|の有無は、断定（assertion）対非断定（non-assertion）の対立を構成している。非断定とは、言い換えれば、命題に対し100パーセント真であると判断できないという話し手の態度である。

例(237)は|其m|を用いないことで、話し手が直接知覚した「斉人が逃げた」という命題を断定していると解釈できる。また(238)で|其m|が用いられないのは、自らの価値判断「父が没して三年以内に父の道を改めないのは、孝と言える」を否定しようがない事実として断定しようとする話し手の意図によるものであろう。

一方、(233)は「城の上に烏がいる」という状況証拠から「斉軍が逃げたこと」を思考領域で推測しているものである。ここで|其m|が用いられているのは、話し手が当該命題を直接知覚しておらず、それを断定的に提示できないためであろう。(234)は|其m|によって「舜は天命を受けた民と言える」を直接知覚したものではないと提示しつつ、発話に含みを持たせ断定的に伝えない意図を含んでいると思われる。[96]

また、|其m|が直接知覚し得ない事態を述べるときに用いられるということは、これが「未来」のことを表すことができるということも意味する。例(236)「子其不得死乎」がその一例である。この場合の|其m|は、従来の"時間副詞　將也"の意味解釈に該当するうえ、次節で述べる「実現されていない事態に関する疑問文」の|其m|とも共通する。

なお類型論的にも、"irrealis"マーカーは「推量」や「未来」といったコンテクストで用いられることが知られている。例えばPalmer 2001は、パプア（Papuan）諸語で"future（未来）"が常に"irrealis"でマークされている例

や (Palmer 2001：168)、ブルマ (Burmese) 語で "irrealis (future)" マーカーが "speculative (推量)" を表している例を挙げる (Palmer 2001：171)。

3.2.4.1.5. 古典日本語「動詞の未然形＋ム」との関わりから

上で検討した ｛其 m｝ の意味分布は古典日本語の「動詞の未然形＋ム」とも、多くの部分で重なる。「動詞の未然形＋ム」は従来、「命令」、「意志」、「推量」等の多義性を示すことが指摘されてきた。しかし、尾上2001は、

(239) 未然形＋ム固有の述べ方（＝述語が未然形＋ムで述べられた文の事態認識のスキーマ）は「非現実事態を仮構する」という述べ方（＝設想）である。
(尾上2001：436)

と解しつつ、「ム」は本来「命令」、「意志」、「推量」などの意味を持っているものではないと述べる。同時に、「推量」を「いつかどこかでその事態が存在することを想像する」用法（人称制限なし）、「意志」を一人称領域で事態の「実現を構想」する用法、「命令」を二人称領域で事態の「実現を構想」する用法と考える（尾上2001：457）。

翻って ｛其 m｝ もまた「依頼」、「意志」、「推量」の意味を固より内在しているのではなく、単に非現実領域の事態を表現するための成分でしかない、と見なすことができる。話し手がある事態の実現を自らのこととして構想するときは、「意志」という意味となり、聞き手のこととして構想するときは「依頼」という意味となり、それ以外のこととして構想するときは、「推量」の意味となる。

3.2.4.2. 文形式から

以下、人称を離れ、文形式ごとの ｛其 m｝ について考察する。以下のうち、「疑問文の ｛其 m｝」以外の ｛其 m｝ を、Malmqvist 1981：366-368は ｛其 p｝ と分析しているが、本研究ではいずれも "irrealis" モダリティマーカーであると考える。

3.2.4.2.1. 疑問文の ｛其 m｝

(240) 大子曰："吾其廢乎？" 對曰："告之以臨民，教之以軍旅。不供是懼。何故廢乎？"（『左伝』閔公二年）

〔太子は言った、「私は太子を廃されるだろうか」と。（里克は）答えて言った、

「晉公は民を治めることであなたを教え導き、軍隊を統御することであなたを教えて導いている。任務を十分に果たせていないことこそを心配しなさい。どうして太子を廃されることなどありましょうか」と〕

(241) 王曰:"諸侯其來乎？"對曰:"必來。"(『左伝』昭公四年)

〔王は言った、「諸侯は来るだろうか」と。答えた、「必ず来ます」と〕

(242) 文子曰:"然。吾不先告子、是吾罪也。君既許我矣。其若之何？"(『左伝』定公十三年)

〔文子は言った、「そうか。私が先にあなたに告げなかったのは、私の誤りだった。我が君はすでに許しておられる。どうしようか」と〕

(243) 其御曰:"(中略), 季孫若死, 其若之何？"(『左伝』襄公二十三年)

〔(臧孫に) 御者が言った、「もし季孫が死んだら、あなたはどうなさいますか」と〕

従来指摘を見なかったが、|其m| を用いた疑問文はいずれも実現されていない事態に関する疑問（以下、「未然疑問」と称する）を表す。言い換えれば、話し手・聞き手双方にとっての "irrealis" な事態を問うものと言える。形式としては「乎」を用いた諾否疑問文、「若(如)…何」を用いた疑問詞疑問文などがある。なお、(240) - (243) の |其m| は従来の分類で言えば、"時間副詞將也" に該当する。

次に (240) - (243) と |其m| を用いない疑問文を比較したい。比較する対象は以下のように、副詞や助動詞をとらない裸動詞の諾否疑問文である。

(244) 子路從而後, 遇丈人以杖荷蓧。子路問曰:"子見夫子乎？"(『論語』微子篇)

〔子路が先生に付いて行って遅れた時、杖で竹籠を荷っている老人に会った。子路は質問した、「あなたは先生を見ましたか」と〕

(245) 晉陰飴甥會秦伯, 盟于王城。秦伯曰:"晉國和乎？" 對曰:"不和。"(『左伝』僖公十五年)

〔晋の陰飴甥は秦伯と会し、王城で盟約を結んだ。秦伯は言った、「晋は国内が穏やかになっているでしょうか」と。陰飴甥は答えた、「穏やかではありません」と〕

裸の動詞の諾否疑問文はこのように実体験を問う "realis" な事態を表す傾向

が強い。言い換えれば、実体験を問う疑問であるからこそ、それは発話者から見て非現実な事態という認識にはなりえず、従って"irrealis"モダリティマーカーである｜其m｜が用いられる余地がないのである。

　但し、裸動詞が必ず"realis"な事態を表すというわけではない、という点には注意を要する。裸動詞は飽くまでも"realis"な事態も表せるというだけのことである。一方で、｜其m｜を持つ疑問文は"realis"な事態を表せない。｜其m｜の有標無標の対立の一端はここにある。以下は、裸動詞でこれから起こることを問うている疑問文である。

(246) 楚子登巣車，以望晋軍。子重使大宰伯州犂侍于王後。王曰：(中略)"戰乎？"，曰："未可知也。"(『左伝』成公十六年)
　　　〔楚子は巣車に登り、晋軍を見渡した。子重は大宰伯州犂に王の後ろに付き従えさせた。王は言った、(中略)「戰うことになるか」と。伯州犂は言った、「わかりません」と〕

この一段は晋の侵攻を受けた鄭を救援するべく楚軍が晋軍と対峙している場面である。上で｜其m｜が用いられていないのは、両軍が戦闘間近であると認識したためであり、言い換えれば戦争がおこるという事態を非現実領域に置くことができなかったという認識に起因していると推測できる（事実この後すぐに晋軍と楚軍は戦うこととなる）。

　以上より｜其m｜の使用基準は次のように解釈できる。すなわち、話し手が述べる事態の実現が差し迫っていると判断したとき、これを"irrealis"領域のものと見なさず、｜其m｜を用いない；一方、話し手が述べる事態の実現を断定できないとき、これを"irrealis"と捉え、｜其m｜を用いる。これに関して、Elliott 2000：69は"imminent（切迫した）"な事態に"realis"マーカーが、"potential（可能性のある）"な事態には"irrealisマーカーが用いられる言語を例示しつつ、以下のように述べる。

(247) Future events which are thought of as certain to occur tend to attract realis marking, while events about which there is some element of doubt are perceived as potential and are marked irrealis.

(Elliott 2000：71)

〔確実に起こると考えられている未来の事態は "realis" によるマークを求める傾向があり、一方、疑いの要素がある事態は可能性として知覚され、"irrealis" でマークされる〕

{其m} の有無もまた、この種の対立と理解しうる。

この他、「何」と共起する {其m} もある。

(248) 大宰問於子貢曰："夫子聖者與？何其多能也？"（『論語』子罕篇）

〔大宰は子貢に質問した、「先生は聖人ですか。なぜそうも多才なのですか」と〕

(249) 謂苦成家父曰："爲此世也從事，何以如是其疾與哉？"（上博楚簡『姑成家父』6号簡）

〔(欒書は)苦成家父に以下のように言った、「あなたは厲公のために仕えるのに、なぜそんなにも一生懸命なのですか」と。〕

例 (248) は話し手の大宰が現実をありのまま受け入れられずに理由をたずねた文であり、(249) は聞き手の苦成家父の働きぶりが話し手の欒書の想像以上であったために、その理由をたずねた文であるが、これらは厳密には非現実の事態ではない。ここで「何＋其」は、現実の事態が自らの想像を超えるものであることに対する「訝り」を表している。「訝り」とは話し手が命題を現実のものと認めたくないという感情であり、言い換えれば、命題に対する疑いの感情である。それゆえ、"irrealis" モダリティマーカーが用いられるのだと推察できる。

3.2.4.2.2. 反語文の {其m}

(250) 君何患焉？若闕地及泉，隧而相見，其誰曰不然？（『左伝』隠公元年）

〔君は何を憂えているのですか。もし地下水の出るところまで土を掘り、地下道を掘って相見えれば、誰がいけないと言うでしょうか。誰もそうは言いません〕

(251) 一人爲亡道，百姓其何辜？（上博楚簡『容成氏』48号簡）

〔君主一人が無道の政治を行っている時、民に何の罪があろうか。何の罪もない〕

以上は、{其m} と疑問詞が共起する反語文であるが、多くが「其＋疑問詞」の形で表される。
(97)

(252) 天而既厭周德矣，吾其能與許爭乎？（『左伝』隠公十一年）

〔天が周の徳をすでに捨てているのであれば、私は許と争うことができようか、いやできないであろう〕

これは文末に語気助詞「乎」を用いた反語文である。この他、以下のような「其況」も反語の ｛其 m｝ と解せよう。

(253) 寡人有弟，不能和協，而使餬其口于四方，其況能久有許乎？（『左伝』隠公十一年）

〔私には弟がおりますが、親しくすることができず、食を四方に頼らせてしまっております。ましてどうして長く許国を保有することができましょうか、いやできません〕

「反語」とは真ではない事態を疑問形式で強調して、現実を述べる修辞法であり、そこで述べられている事態は現実の外にある"irrealis"の領域に属する。

無論、｛其 m｝ を用いない反語文も存在する。

(254) 我實不德。齊師何罪？罪我之由。（『左伝』荘公八年）

〔我が方が本当に不徳だったのだ。斉軍に何の罪があろうか、いや何の罪もない。罪は我が方によるのだ〕

(255) 賈人曰："吾無其功，敢有其實乎？"（『左伝』成公三年）

〔商人は言った、「私にはそのような功績はありませんのに、なぜそのような成果があるようにできましょうか、いやできません」と〕

(254)は疑問詞を用いた反語文で、(255)は「乎」を用いた反語文であり、｛其 m｝がなくとも反語文として読める。

従って、疑問詞や「乎」を用いた反語文の場合、｛其 m｝ の有無で、表面上は強い意味的差を見いだせない。この時、｛其 m｝ は義務的なものではなく、疑問詞と共起して、語られる事態を積極的に非現実領域に位置づけ、それが真でないことを強調するものと考えられる。

なお、「推量」の「三人称（一人称／二人称）＋其＋乎」（例(235)と(236)）と、未然疑問文の「其＋乎」（例(241)）や反語文の「其＋乎」（例(252)）は構文上、見分けがつかない。これはコンテクストから判断するしかなく、問答が展開さ

れているか否かが鍵となる。より具体的には、「問曰」や「對曰」というフレーズがある場合は疑問となり、そうでない場合は「推量」や「反語」となる。

3.2.4.2.3. 条件節内の {其m}[98]

(256) 士蒍稽首而對曰："君其修德而固宗子，何城如之？"（『左伝』僖公五年）

〔士蒍は稽首して答えて言った、「もし君（晋の献公）が徳を修めて宗子を固めて城を守れば、どんな城もかないません」と〕

(257) 若從君之惠而免之，以賜君之外臣首，<u>首其請於寡君而以戮於宗</u>，亦死且不朽。（『左伝』成公三年）

〔もし貴君（楚王）の恵により私を許し、貴君の外臣たる父・荀首に預け、<u>荀首が我が君（晋公）に請うて宗廟で私を処刑すれば</u>、私は死しても朽ちない〕

この種の {其m} は「仮定」を表す条件節で用いられる。「仮定」とは最も典型的な非現実領域に属する事態であり、述べる事態を想像の世界に位置づけるものである。事実、類型論的にも、仮定文に"irrealis"マーカーを用いる言語は多い（Palmer 2001：177-178）

仮定文に常に {其m} が用いられるわけではない。明示的なマークを持たずして文と文を繋げる意合法（parataxis）による仮定文も存在する。例えば、

(258) <u>欲與大叔</u>，臣請事之。（『左伝』隠公元年）

〔大叔に国を与えることを望むのであれば、私はそちらに仕えたい〕

(259) 故秦伯伐晉。卜徒父筮之，吉："<u>涉河，侯車敗</u>。"詰之，對曰："乃大吉也。三敗，必獲晉君。"（『左伝』僖公十五年）

〔それゆえ、秦伯は晋を討とうとした。卜徒父がこのことについて占うと、吉であり、「<u>黄河を渡れば、晋侯の車が壊れる</u>」と出た。秦伯がその理由を問うと、卜徒父は答えて言った、「大吉である。晋は三度敗れ、秦は必ず晋君を捕えることができます」〕

{其m} を有する例（256）（257）は {其m} のない（258）（259）よりも、主節（「何城如之」と「亦死且不朽前者」）がより誇張的である。反事実的と言ってもよい。主節で反事実的事態を述べる動機は、翻って条件節によって提示された事態が現状において全く実現されていない／されそうにないことを聞き手

に示すことにある。

　例えば、(256) については、その前後にて晋の献公とその宗子達の不和が記載されており、晋の献公が太子申生を自害に追い込み、さらに重耳と夷吾を国外へ逃亡させてしまった記述が見られる。(256) の話し手（士蔿）は、献公とその宗子のこのような不仲について「君其修德而固宗子」という現実とは正反対の事態を提示することによって、献公を諫めているのである。

　例 (257) は、楚の捕虜となっていた知罃が晋に返還される際、帰国後に父の荀首と晋の成公によって処刑されることを仮定した文であるが、知罃とその父荀首及び成公の関係については、

(260) 知罃之父，成公之嬖也，而中行伯之季弟也。新佐中軍，而善鄭皇戌，甚愛此子。（『左伝』成公二年）
　　　〔知罃の父（荀首）は成公の寵愛を受けており、中行伯の末弟である。新たに中軍の佐となり、鄭の皇戌ともよい関係を築き、また子（知罃）を可愛がっている〕

とあるように、知罃は父荀首及び成公から相当な寵愛を受けており、知罃が容易に処刑されるような事態の実現は考えにくい。また事実、処刑されず、襄公九年で再登場している。従って、「首其請於寡君而以戮於宗」という事態もまた、実現されそうにないことだと考えられる。

　一方、例 (258) は鄭の荘公が既に弟・大叔に対し国土を分けている過程にある中で公子呂が荘公に対し発した言葉であるが、その中において「欲與大叔」は実現されつつある事態である。例 (259) は秦が晋に侵攻する途上の会話であるが、その中において「涉河」は晋に攻め行く中で実現しようとしている事態である。いずれの場合も、仮定として述べられている事態は、事実に反するものではない。

　以上から、{其m} を取る条件節は、単なる仮定と言うよりも、反事実的、反実仮想的であると言えよう。仮定文の {其m} は義務的なものではないけれども、語られる事態をより積極的に現実と接触しないものとして位置づけ、それが現時点的・現場的なものでないことを強調することで、反事実的な事態で

あることをより明確にするものと考えられる。

3.2.4.2.4. 比較を表す「與其…」

(261) 且予與其死於臣之手也，無寧死於二三子之手乎。(『論語』子罕篇)

〔それに私は臣下の手によって死ぬよりも、おまえ達の手によって死のう〕

(262) 禮與其奢也，寧儉。(『論語』八佾篇)

〔礼は奢るよりも、へりくだった方がよい〕

(263) 人謂叔向曰："子離於罪，其爲不知乎？"叔向曰："與其死亡若何？"(『左伝』襄公二十一年)

〔ある人が叔向に言った、「あなたが罪を受けるとは、聡明とは言えないでしょう」と。叔向は言った、「死ぬよりましでしょう」と。〕

(264) 鎜(盥)銘曰："與其溺於人，寧溺淵。溺於淵猶可游，溺於人不可救。"(上博楚簡『武王踐阼』8号簡)

〔盥の銘には「人に溺れるより、淵に溺れた方がよい。淵に溺れれば泳ぐことができるが、人に溺れれば助けることができない」と記してある〕

例 (261)(262) にはそれぞれ主語「予」、「禮」があることから、後続する「其」は主語を表す {其p} ではなく {其m} だと言える。上記の比較文中の {其m} はこれまでの {其m} とは異なり、対応する「與…，寧」構文が『論語』、『左伝』には見られない[99]。従って単純に {其m} の有無による表現機能差を比較できないが、『左伝』には以下のように仮定の接続詞「若」を用いた比較文がある。

(265) 若絶君好，寧歸死焉。(『左伝』宣公十七年)

〔もし君とのよしみを絶つくらいなら、むしろ死にに帰る方がよい〕

ここでは仮定の接続詞「若」を用いて、実現の可能性のある事態を想像しつつ、それを比較の選択肢の一つとしている。翻って、これに平行する表現である (261) – (264) の前節もまた、想像された事態であると考えられ、従ってそこの {其m} もまた、「若」と同様、仮定表現に類するマーカーと見なすことができる。

例 (261) – (264) を見るに、「若」にせよ {其m} にせよ、それがマークしている節は、いずれも話し手にとって選択を望まない事態を表している。つまりは選択を望まない事態を仮定世界或いは非現実世界のものとして捉えている

ということに等しい。これは、話し手がその実現に対し疑いの感情を持っていて断定的に表現できないということに動機づけられていると推測される。或いは実現を望まないものは、差し迫った実現を構想しにくく、現実領域に置きにくい、とも解釈できる。

なお、Palmer 2001：133-134 は接続法（≒"irrealis"）が"fear（恐れ）"を表すコンテクストで用いられるケースがあることを報告している。一例として、「恐れる」を意味する動詞と接続法が共起するスペイン語の例を挙げる。

(266) Temo que haya muerto
I.fear that have + 3SG + PRES + SUBJ died　(100)
〔私は彼が死んだことを恐れている〕

また古典ギリシア（Classical Greek）語について、

(267) There is, however, an interesting usage in Classical Greek where an expression of fear can be indicated without a verb of fearing, simply by the subjunctive preceded by negative mé:. Often, however, this expresses little more than an unwelcome possibility, like English 'I'm afraid that' as in : (Parlmer 2001：133)
〔古典ギリシア語には興味深い用例がある。そこでは「恐れ」の表現は恐れることを意味する動詞なしに、単に否定詞 mé: が先行した接続法によって表される。しかし、多くの場合、これはやや望ましくない見込みを表し、以下の例の如く英語の「私は〜を恐れている」のように用いる〕

と述べつつ、

(268) mé: dé: né:as hélo:si
lest indeed ships take + 3PL + AOR + SUBJ　(101)
〔彼らが船を漕ぎだそうとしている（ことを恐れている）〕

という用例を引く。"irrealis"マーカーが話し手の不安を表現するという類型論的観察は、{其 m} が望ましくない選択肢を表現するという機能との関連を想起させる。

以上述べてきたように、上古中期の |其m| は"irrealis"モダリティマーカーである、というのが本章の主たる結論であるが、これは、「話し手の不確定感をあらわしている」とする鈴木 1991/1994：238 と重複するところが多い。しかし「不確定感」だけでは解釈しがたい例も存在する。例えば、

(269) 衛君其必歸乎。(『左伝』襄公十四年)
　　　〔衛の君はきっと帰るであろう〕

では確定的な語気を表す「必」と |其m| が共起している。これに関して鈴木 1991/1994：251-255 は |其m| の不確定感に程度の高低を認め、「其必」の |其m| は不確定の程度がかなり低いもの、言い換えれば確定的なものとして読み取っているが、些か難解な解釈である。やはり |其m| は話し手にとっての"irrealis"な事態を表すものと考えるべきであり、そうすることで上例は「衛の君がきっと帰る」をこれから起こりうる未来の事態として思い描いているものとの理解が可能となる。また、不確定感では反語や未然疑問もうまく説明できないであろう。

3.2.5. 小結

3.2.2.節ですでに指摘したように、多くの言語で、"realis/irrealis"の対立が明示的に表現されていることが報告されている（Mithun 1999：173-180、Palmer 2001：145-184 等）。またヨーロッパ言語等の叙法体系を有した言語では、接続法が"irrealis"表現に相当する。

翻って、明示的な形態変化が乏しい中国語では、ヨーロッパ言語における接続法に相当する役割を、屈折などの文法的手段ではなく、|其m| という語彙的手段で実現させていたと言える。これに関して Palmer 2001 は、

(270) Mood in the languages where it is characterized as 'realis' and 'irrealis' is often marked by single words or individual affixes and clitics. (Palmer 2001：185)
　　　〔"realis"と"irrealis"と見なされる言語におけるムードはしばしば単独の語や個々の接辞、接語によってマークされる〕

と述べるが、これは上古中国語にも当てはまる指摘である。

なお、山崎1989：38は ｛其m｝ が文に「「仮定の語気」を加える」と解釈しているが、｛其m｝ が接続法に類する"irrealis"モダリティマーカーであるとすれば、これは確実に問題の一側面を捉えていたものと言える。

3.3. 西周時代における非現実モダリティマーカーの ｛其m｝
3.3.1. 問題の所在

本節では、時代を遡って西周時代における ｛其m｝ の個々の用例を調査し、やはりいずれも"irrealis"モダリティマーカーであるということを明らかにする。同時に、春秋時代の ｛其m｝ との表現機能の違いについても検証する。

西周時代の ｛其m｝ については用例の少なさや資料の難解さゆえか、研究的蓄積は必ずしも多くはない。その中にあって陳永正1992は、

(271) 一．用在祈使句中，表示祈使、希望的語氣，二．用在陳述句中，只表示委婉的語氣，三．用在形容詞或不及物動詞之前，以調整語氣。（陳永正1992：569-571）

〔一、命令文中で命令・希望の語気を表す。二、叙述文中で、単に婉曲の語気を表す。三、形容詞或いは自動詞の前で用いられ、語気を調整する〕

として、｛其m｝ を多義・多機能語として分析する。崔永東1994は、

(272) 時間副詞 猶「將」也。／語氣副詞 表示祈使語氣。（崔永東1994：31-35）

〔時間副詞、「將」の如きものである。／語気副詞、命令の語気を表す〕

の2種の意味を挙げ、张玉金2001も、

(273) 將要的意思 ／ 祈使、希望语气。（张玉金2001：19）

〔「まもなく…しようとする」の意味／命令・希望の語気〕

の2種の意味を想定し、また陳英傑2008も、

(274) 一是相當於"將"，一是表希望或願望。（陳英傑2008：659）

〔一つは「將」に相当し、一つは希望或いは願望である〕

としているが、三者とも ｛其m｝ にモダリティ的な意味だけでなく、時間的な意味を認めている。"祈使、希望"にせよ、"委婉"にせよ、"將要"にせよ、

3.2.節で述べたように、いずれも｛其m｝が"irrealis"モダリティマーカーであることに由来すると考えられる。

この他、骆锤炼・马贝加2007は、

(275) 起强调作用的语气副词。(骆锤炼・马贝加2007：12)

〔強調の作用を起こす語気副詞〕

と述べ、武振玉2010もまた、

(276) "其"主要是句中語氣詞。／ 就功能言，兩者都是單功能的語氣詞，即只起提示強調的作用。／ 比較二詞，可以看出，兩類句子都是言將來之事的。(武振玉2010：291-292)

〔「其」は主に文中の語気詞である。／機能について言えば、両者(「唯」と「其」：引用者注)は単一機能の語気詞である、すなわち単に強調を提示する作用を起こすだけである。／2語(「唯」と「其」：引用者注)を比較することで、2種の文(「唯」を用いた文と「其」を用いた文：引用者注)はいずれも未来のことを言うものであるということが見いだせる〕

として「強調」と「未来」を｛其m｝の意味するところと見なしている。「強調」というのは、具体的に言えば、

(277) 所表示的主要是對其後各種成分的提示強調。(武振玉2010：289)

〔(「其」が)表すのは主に後ろの各種成分に対し提示する強調である〕

というものだが、定義が曖昧であるうえ、なぜ後ろの成分を強調していると見なせるのか、具体的な論拠が挙げられておらず、従いがたい。しかし「未来」を表すというのは、結局のところ、｛其m｝が"irrealis"モダリティマーカーであることに他ならない。

なお、骆锤炼・马贝加2007：12-13や陳英傑2008：654-662は｛其m｝を｛其p｝が文法化した結果——指示機能が弱化して——生産されたものと考えているが、3.1.節及び3.4.4.節で述べるように、古文字資料から見れば｛其p｝→｛其m｝という変化は想定しがたい。

さらに、『毛詩』における「其」の意味を分析した論考も散見される。いずれも｛其p｝、｛其m｝、形容詞・副詞接尾辞及び文末助詞の「其」を包括的に扱っ[102]

たものである。

　例えば、毛毓松1994：28-30は「將」の意味の時間副詞、推測の語気副詞、命令副詞を認め、周崇謙1995：51-52は語気副詞、時間副詞、モダリティ副詞、程度副詞の四種を認め、胡憲麗2005：50は時間副詞、命令及び疑問の語気を表す語気副詞の用法を認め、陈丽敏2009：42-43は程度副詞、語気副詞、時間副詞を認めている。

　この他、丁邦新2001：42は衛風・伯兮「其雨其雨」を取り上げ、「其」に"祈求（切に願う）"の意味があると述べている。以上の『毛詩』の言語研究は、飽くまでも『毛詩』という個別文献中における言語を材料にしているのであって、それを以て西周期の言語を代表しているとは言いがたく、共時的言語研究としてはなお、不足の感を否めない。⁽¹⁰³⁾

　加えて、上記先行研究のほとんどは |其m| の意味が西周から上古中期に至るまで均質のものであるかのような論調であるが、後述するように、両時代間で |其m| の含意に変化が見られるというのが、本節の主張である。

　以下、|其m| が "irrealis" モダリティマーカーであるという理解を出発点として、各種用例を検証する。

3.3.2. コーパス

　この時代の言語調査に当たり、最も基本的な資料となるのは、西周甲骨文及び西周金文であるが、共に用例数に限りがあるうえ、字釈も定まっていないものもあり、定量的な分析にはなお不十分である。そこで、二次的資料として伝世文献の『尚書』と『毛詩』を用いる。

　但し、『尚書』、『毛詩』ともに後世の書き換えなどの影響からか、代名詞「厥」と |其p| が混在しており、後者が |其m| と見分け難いことも少なくない。加えて『毛詩』は韻文という特性上、語順が異例なものも多く、それゆえ「其」が代名詞か副詞か見分けがつかない用例も散見される。また論者によって、「其」が代名詞か副詞かの基準が異なることもある。それゆえここでは |其m| と確実に分かる用例のみを収集、代名詞か判断が困難な例は調査対象から除外した。

3.3.3. {其m} の用いられる各種構文とその意味
3.3.3.1. 主語の人称から
3.3.3.1.1. 一人称主語＋{其m}

3.2.4.節では、{其m} が一人称と共起した場合、「実現可能性の低い事態」の実現を表わしているとの推定が得られたが、時代を遡って西周時代の {其m} の用例を精査すると、これに適合しないものが散見される。

まずは西周金文の用例であるが、

(278) 在四月丙戌，王誥宗小子于京室，曰："昔在爾考公氏，克逨玟（文）王，肆玟（文）王受茲［大命］。唯武王既克大邑商，則廷告于天："余其宅茲中或（域）⁽¹⁰⁴⁾，自之辥民。"（何尊：集成6014）

〔四月丙戌の日、成王は宗の小子に京室で告げた、「昔おまえの父はよく文王を補佐したので、文王はこの天命を受けることができた。武王は商に勝った後、天に告げた、『私は中域に居宅し、ここより民を治めよう』と」〕

(279) 余其用各（格）我宗子雩（于）百生（姓），余用匃屯（純）魯雩（于）萬年。（善鼎：集成2820）

〔私は我々の大宗の子弟と一族を至らせ（宗廟の祭祀に参加させ）⁽¹⁰⁵⁾よう、私は大いなる福と長寿を求めよう〕

例（278）の「中或（域）」は白川1964-1984巻六：178、馬承源1986-1999（三）：20-21によると「成周」を指すものであり、「成周」は周の洛邑、殷の遺民を監視する東方経略の拠点にあたる。何尊は成王が新しい拠点として成周を造り、そこに移動して祭祀を執り行ったことを記録した銘文であるが、引用部分は、曾て武王が成周で殷の遺民を治めることを天に向かって宣言したということを、作器者の「何」に述べているくだりである。その中の「私は中域（成周）に居宅し、自ら民を治めよう」という事態の実現可能性は、この説話が武王の克殷後のものであること、実現を阻害するような具体的な記述がないことから、話し手（武王）にとって必ずしも低いものとは言えない。

例（279）は作器の目的を述べた文であるが、未来に対する単純な意志表現であり、やはり実現を阻害する事態の発生は確認できない。

第3章　上古中国語における非現実モダリティマーカーの「其」の通時的展開　　133

以上は一次資料たる金文の用例であるが、同様の例は『書』、『詩』にも見え る。例えば、
(280) 嗚呼，孺子王矣。繼自今，<u>我其立政</u>。(『尚書』立政篇)
　　　〔ああ、孺子王（成王）よ。今よりのち、<u>我々は大臣を立てましょう</u>〕

立政篇は周公東征以降、天下が安定した後、周公が成王に官吏を立てる必要性を説いた一編であるが、周が官吏を立てることに対し、何らかの阻害要因や反対勢力があることは文中、明記されておらず、また官吏を立てて政を行うことを周囲が反対するという事態も、常理に照らせば、想定しにくい。

次は『毛詩』の例である。
(281) 維天之命，於穆不已。於乎不顯，文王之德之純。<u>假以溢我，我其收之</u>。
　　　(『毛詩』周頌・維天之命)
　　　〔天命は深遠で止むことがない。なんと高貴なことか、文王の德の純粋さは。<u>文王の徳は我々の元に溢れており、我々はこれを受け継ごう</u>〕
(282) 我將我享，維羊維牛。維天其右之。儀式刑文王之典，日靖四方。伊嘏文王，既右饗之。<u>我其夙夜，畏天之威，于時保之</u>。(『毛詩』周頌・我將)
　　　〔私が生贄とするのは、羊であり、牛である。天よ、私を助けよ。私は文王の常法に則って、日々四方を安定させている。善美なる文王は、既に私を助けて生贄を受けている。<u>私は日夜天の威厳を畏れ謹んで、ここにおいて天の佑を失わぬよう保とう</u>〕

いずれの下線部の事態も、明確に反対されているという描写や、事態の実現を阻害する要素が見当たらない。

上古中期の「一人称主語＋｜其m｜」は、周囲に反対される、実現困難な事態を想定しているなど、不利な条件のもと、話し手が自らの意志を実現させようとすることを表すものであった。しかし、例 (278) - (282) を見るに西周期の「一人称主語＋｜其m｜」は、上古中期とは異なり、実現しにくさをもたらすような要素が読み取れない。従って、一人称主語と共起する｜其m｜には西周時代と上古中期とで、含意に違いが想定できる。この問題を考えるに当たり、上の例文を｜其m｜を用いない一人称主語の意志文と比較してみたい。

(283) 周公拜手稽首曰：“朕復子明辟。”（『尚書』洛誥篇）

〔周公は拜手稽首して言った、「私はあなたに明君の政をお返しします」と〕

例（283）に関して、以下の孔安国伝は周公から成王への政の返還が必定であったことを示している。

(284) 子，成王，年二十成人，故必歸政而退老。（『尚書』洛誥篇・孔安国伝）

〔子は成王のことで、年齢二十歳の成人であり、それ故に周公は必ず王に政を返して隠居せねばならない〕

すなわち、|其m| を用いない一人称主語の意志文は事態の実現が確定的なものと考えられる。

一方、例（274）-（278）の「一人称主語＋|其m|」は、いずれも実現が差し迫っていない、或いは確定していない事態を構想しているものと見なせる。すなわち、実現が疑わしいという話し手の判断が、"irrealis"モダリティマーカーの |其m| の使用を促していると考えられる。

具体的に言えば、(278)「余其宅茲中或（域），自之辥民」は国家経営の長期的目標とした宣言したもので、差し迫った実現を構想したものではない。事実、成周への拠点の移転は、子の成王世代に実現されている。例（279）「余其用各（格）我宗子雩（于）百生（姓）」は一族の宗廟祭司への参加とそれによる福と長寿の希求を表した箇所であるが、実現が急務なものとは解し得ない。

また（280）「繼自今，我其立政」の |其m| については以下の孔穎達疏が示唆的である。

(285) 自此已下四言"繼自今"者，凡人"靡不有初，鮮克有終。"恐王不能終之戒。（『尚書』立政篇・孔穎達疏）

〔これ以降、四度「繼自今」と言うのは、人というものが「初めのないものはないが、終わりのあるものは少ない」からである。王がやり遂げられないのを恐れた戒めである〕

「王がやり遂げられない」事態とは、裏を返せば、実現が不確かな事態である。すなわち「繼自今，我其立政」とは、発話時においては実現が確定できない事態であったと言える。

以上を要するに、実現が確定的ではない或いは遠いと判断された事態には｜其m｜が用いられ、実現が確定している或いは差し迫っていると判断された事態には｜其m｜が用いられないものと解釈できる。そして、実現が確定的ではない或いは遠い事態は、断定できない事態でもある。
　次の一文も一人称の「意志」を表すものである。
(286) 爾不克敬，爾不啻不有爾土，<u>予亦致天之罰于爾躬</u>。(『尚書』多士篇)
　　　〔お前たちが従うことができないなら、お前たちは自分の土地に帰れないばかりか、<u>私もまた天の罰をお前たちの身に下すぞ</u>〕
同じく成王が服属する国々に罰を降す描写として、以下の一文もある。
(287) 乃有不用我降爾命，<u>我乃其大罰殛之</u>。(『尚書』多方篇)
　　　〔もしお前たちが我々の降した命に従わねば、<u>我々はお前たちを大いに罰し誅しよう</u>〕
両例の命題内容は共に成王が罰を下すというものだが、｜其m｜の有無に違いがあり、前者が－｜其m｜、後者が＋｜其m｜である。では、｜其m｜の有無を動機づけるものは何か。それは(287)に対する孔穎達疏から理解できる。
(288) 此章反覆殷勤者，恐其更有叛逆，故丁寧戒之。(『尚書』多方篇・孔穎達疏)
　　　〔この一段が繰り返しくどくどしいのは、さらに叛乱があることを恐れたためであり、それゆえ丁寧に戒めたのである〕
　例(287)は孔穎達疏にある通り、丁寧に戒めた言葉なのであろう。飽くまでも「戒め」としての発話であるため、成王には「我乃其大罰殛之」をすぐにでも実現ようとする意志がなかったと考えられる。成王は｜其m｜を言うことで、述べる事態の実現が確定的ではないことを示したのであろう。
　一方、例(286)は｜其m｜を用いず直接的に述べたもので、話し手は自らが提示した事態をすぐにでも実現しようという意志を暗示するものである。これは、同箇所に対する孔安国伝「言刑殺(刑罰で殺すことを言う)」からも窺い知れる。言い換えれば、王が臣下を罰するということであり、王から臣下への刑罰は、王の意志次第で簡単に遂行できる。
　なお、｜其m｜を用いた(287)は、表面的に見れば、成王が臣下を罰するという、

実現が容易な事態を述べていることから、「実現可能性の低い事態」とは言えず、この点において西周時代と上古中期の ｢其 m｣ の顕著な相違が指摘できる。
　また、次も一人称の「意志」を表している。話し手の聞き手への授与である。
(289) 余易（賜）女譻鄙卣、金車……。（彔伯戜簋蓋：集成4302）
　　　〔私はお前に酒と銅の車等を与えよう〕
　以下は同じ授与を表すコンテクストだが、上と異なり ｢其 m｣ を用いている。
(290) 王曰："令眾奮，乃克至，<u>余其舍（予）女臣卅家</u>。（令鼎：集成2803）
　　　〔王は言った、「令と奮よ、もしそなたらが目的地に着くことができたら、<u>私はお前に奴隷三十家を与えよう</u>」と〕

例 (289) の「易（賜）」は上から下への恩賞である。恩賞というのは、功績のあった者に褒美を与えるというもので、規則に則った行為であり、それゆえ実現が確定しているものと読み取れる。一方、例 (290) の「余其舍（予）女臣卅家」は、直前で「もしそなたらが目的地に着くことができたら」という条件が述べられているように、実現することが確定しているものではない。上記における ｢其 m｣ の有無も、やはり述べる事態の実現が確定的であるか否かの対立として捉えられよう。

　以上見たように、西周時代の「一人称主語＋｢其 m｣」は実現を確定できない事態を構想するものである。これは言い換えれば、"irrealis"モダリティマーカーをより実現可能性の低い未来の事態に用い、一方実現可能性の高い未来の事態は "realis" として扱うということに他ならないが、同様の事例は他言語にも見られる。例えば、Mithun 1995：379 は、ネイティブアメリカンの言語の1つであるセントラル・ポモ（Central Pomo）語を例にとって、起こることが確実であると描かれる事態を "realis" として示し、一方確定できない事態には "irrealis" マーカーを用いるというケースについて言及している。また、(247) で引用した Elliott 2000 の指摘もこれに類するものである。

　では、｢其 m｣ はなぜ上古中期に至って、実現可能性の低い事態の実現を構想するようになったか。｢其 m｣ が表す「実現の遠さ」は、語用論的に「実現の困難さ」という意味として、時に推論されることもあったと推測できる。時

代を経ると共に、この語用論的意味が慣習化・強化されたため、意味として固定し、その結果、｛其m｝は実現可能性の低い事態を構想するマーカーとなったのであろう。

3.3.3.1.2. 二人称主語＋｛其m｝

3.2.4.1.1.節では｛其m｝が尊称の二人称「君」や「子」などとの共起が多いことによって、これがポライトネス（politeness）に属する表現であることを論じたが、一方で西周時代の｛其m｝にはこのような共起制限が見られず、目上にも目下にも用いられる、謂わば聞き手に対する単純な命令や要求に近い。例えば、

(291) 叔䟒父曰："余老，不克御事。唯女燮朕（其）敬辥（乂）乃身。(叔䟒父卣蓋器：集成5428)

〔叔䟒父は言った、「私は老いて、事に当たることができない。お前燮は自分の身を謹んで修めよ」と〕

「叔䟒父」と「燮」の関係については、李学勤・唐云明1979：57は兄弟、刘桓2003：83は父子と見なすが、いずれにせよ「叔䟒父」が上、「燮」が下である。ところが、ここでは目上から目下に対し｛其m｝が用いられている。また、

(292) 曶廼誨于䣄："女其舍夨矢五秉。"(曶鼎：集成2838)

〔曶はそこで䣄に教え導いて言った、「おまえは夨に矢五秉を与えよ」と〕

曶鼎は裁判の記録である。「曶」に対し「限」なる人物が「夫」5人の代価を支払っていないことを争点に、「曶」が「限」を告訴した内容である。この器の登場人物の所属や階級については諸説あるが、「䣄」なる人物は凡そ家臣に相当する階級と考えられており、貴族階級の「曶」よりその身分が低いことは疑いない（「夨」もまた「曶」の家臣と考えられている）。にも拘わらず、例 (292) では身分の高い「曶」が身分の低い「䣄」を｛其m｝を用いて命令しており、その含意は上古中期のそれと一致しない。[107]

次の (293) では「王」から家臣「䇂」への命令文に｛其m｝が用いられている。｛其m｝の上古中期との差異がより明確な一例である。

(293)（＝(152)）王令䇂曰："馭，淮尸（夷）敢伐内國。女其以成周師氏戍

于古師。"(彔㦰卣：集成5419)

〔王は㦰に命令して言った、「ああ、淮夷は大胆にも内地を討とうしている。おまえは成周の師氏を率いて古師を守護せよ」と〕

なお、西周時代の中国語においては「女（汝）」で指示する対象は話し手より身分が低いとは限らない。上古中期では、王力1945/1984：273-274や周法高1959/1972：4が述べるように、二人称代名詞は聞き手に対し礼を失した呼び方で、同輩か或は自分より身分の低い対象を指示する語である。しかし、西周時代の二人称代名詞は身分の上の者にも用いることができることが知られている（张玉金 2006：112-114)。

次の例は反対に、身分が低い者（克）から高い者（天子）への依頼を表した文である。ここで「天子」は純粋な二人称代名詞ではないが、呼格の如く機能していることから、二人称に準ずるものと見なせる。

(294) 克曰："(中略）丕顯天子，天子其萬年無疆。保辥周邦，畯尹四方。"（大克鼎：集成2836)

〔克は言った、「高貴なる天子、天子よ、繁栄万年限りなからんことを。そして永遠に周を治め、長く四方を治めてください」と〕

以上は一次資料たる金文の用例であるが[(108)]、{其m} が目上→目下の命令文に用いられる用例は『書』、『詩』にも見える。

(295) 庶士有正越庶伯君子，其爾典聽朕教。(『尚書』酒誥篇)[(109)]

〔衛国の群臣たる庶士、有正、及び庶伯、君子よ、お前たちは常に私の教えに従いなさい〕

(296) 念茲戎功，繼序，其皇之。(『毛詩』周頌・烈文)

〔諸侯は先祖の大功を思い、先祖の大業を継いで、これを大きくせよ〕

例（295）は成王から群臣に対する命令であり、目上→目下と言える。例（296）も王から諸侯への命令で、目上→目下である。『書』、『詩』においても、{其m}は必ずしも聞き手への配慮や敬意を表現していない。

このように、{其m} のポライトネス機能は西周期には必ずしも見いだせない。ポライトネスは西周から上古中期にかけて派生的に生じた意味と理解できる。

では、二人称主語と共起する西周時代の |其m| は何を表すものであろうか。「一人称主語＋|其m|」の解釈から類推するに、二人称領域の事態においても、|其m| の有無は、実現が確定しているか否か、或いは差し迫っているか否かの対立を構成していると考えられる。話し手が当該自体の実現を断定し得ないとき、|其m| が用いられる。

とは言え、『書』、『詩』には |其m| の有無による意味的差異を見出しにくい用例も散見される。例えば、(295)「其爾典聽朕教」と類似の文が同じ酒誥篇に見えるが、そこでは |其m| が見られない。[110]

(297) 王曰："封，汝典聽朕毖。"（『尚書』酒誥篇）

〔成王は言った、「封（康叔）よ、あなたは私の告げたことに従ってください」と〕

次の例も |其m| が用いられていない。ここでは具体的な国の施策が提起されており、直近の実現を求めているのかもしれない。

(298) 王曰："外事，汝陳時臬司，師茲殷罰有倫。"（『尚書』康誥篇）

〔成王は言った、「朝廷外の司法には、あなたはこの法律を開陳し、殷の刑罰が論理を具えているのに従いなさい」と〕

以下の金文の例もまた同様に、すぐに実現し得る政務に関する態度について、聞き手に具体的に提言しているため、|其m| が用いられないのであろう。

(299) 女母敢妄寧，虔夙夕惠我一人，雍我邦小大猷，母折緘。（毛公鼎：集成2841）

〔あなたは怠らず、朝夕を謹んで私に従い、我が国の大小の国事を守り、国事に口をつぐんではいけない〕

次の例では「烏乎」という金文にはあまり見られない感嘆詞が現れているが、これは聞き手が無知であることに対する話し手の不満を暗示している。[111] 話し手のこの種の感情が、聞き手に対し直接的物言いとなる「−|其m|」表現を選択させたものと推測できる。

(300) 烏乎，爾有（舊）唯小子，亡識，視于公氏有爵（？）于天，徹命敬享哉。（何尊：集成6014）

〔ああ、お前は古くより宗廟の小子の官であるが、知識がないので、父が天に

対し功労が有ったのを見て、命を理解し天を祭ることを重んじよ〕(112)

　一方「二人称主語+|其m|」の場合、例えば例（291）「唯女惔朏（其）敬辥（父）乃身」は、聞き手に対して今後長きにわたる努力を求めているのが、|其m|を用いる動機となっていると理解される。(292)の「習廼誨于聒："汝其舍黻矢五秉"」では「聒」は「習」に隷属する配下ではないことから、「習」から「聒」に対する要求には強制力が働きにくく、直ぐに実現し得ないという話し手の判断が、|其m|の使用を促したと考えられる。また、(293)の「女其以成周師氏戍于古師」も戦という大事の結果に関わるもので、なしえるか否かは確定的とは言えないという判断が、|其m|に反映されているのであろう。(294)の「天子其萬年無疆保辥周邦畯尹四方」も「萬年」という長寿を祈願する語句があるように、長い期間を経た実現が含意されている。斯様に |其m| は当該命題を非現実領域に位置づけることで、それの実現が確定的ではないことをマークしていると考えられる。

　以上見たように、西周時代の「二人称主語+|其m|」は聞き手に対し近い実現を確定し得ない事態の実現を要求するものであった。しかし、時代が下ると、|其m| の表す「実現の遠さ」が「間接性」、すなわち聞き手に対する敬避性として推論され、聞き手の行動の自由を阻害しない表現として解釈されるようになったのであろう。この語用論的意味が習慣化・強化された結果、ポライトネス或いは丁寧さという意味が定着したと考えられる。

3.3.3.1.3. 三人称主語+|其m|

　西周時代の |其m| も、上古中期の |其m| と同様、話し手が直接知覚できないことに対して確信できないため、それを断定的に述べられないというムードを示しているものと思われる。例えば、

　　(301) 盠曰："天子不叚不其萬年保我萬邦。"（盠方尊：集成6013）
　　　　〔盠は言った、「天子は我が国々を永らく守らないはずはないでしょう」と〕

「不叚不其」は従来、解釈できぬところであったが、沈培2010は「叚」を"情態助動詞（モダリティ助動詞）"と見なしつつ、「不叚不」を"「不可能不」或「不會不」的意思（「でないはずがない」或いは「しないはずがない」の意味）"としてい

るが、これに従えば、後続する ｛其 m｝ も話者の判断を表す成分と見なして大過ない。さらに下線部の事態は、話し手が現時点で直接知覚し得ない非現実事態であり、｛其 m｝はこれを非断定的に伝えるよう作用しているものと理解できる。また、

(302) 先王其嚴在上，彙彙歎歎，降余多福。(㝬鐘/宗周鐘：集成260)

　〔先王は恭しく上帝のところにいて、力強く、私に多くの福を下すであろう〕[114]

ここで亡父たる「先王」は天上にいて直接知覚できる対象ではない。上例は ｛其 m｝によって「先王」を思考の領域内で想像していることを述べていると理解できる。また、以下の西周金文の ｛其 m｝ も「推量」を表していると解釈できる。[115]

(303) 八月辛卯卜曰："其夢啓。"(周原H31：3)[116]

　〔八月の辛卯の日に卜って言った、「(悪い予兆の) 夢があるかもしれない」と〕

以上は出土資料の用例であるが、同様の現象は『詩』、『書』にも見える。

(304) 天休于寧王，興我小邦周。寧王惟卜用，克綏受茲命。今天其相民。矧亦惟卜用。(『尚書』大誥篇)

　〔天が文王を賞賛し、我が小国周を興した。文王は占卜を用いて安らかに天命を受けることができた。今、天は民を助けてくれるであろう。これもまた占卜を用いることで分かるのだ〕

(305) 享多儀，儀不及物，惟曰不享。惟不役志於享，凡民惟曰不享。惟事其爽侮。(『尚書』洛誥篇)

　〔享 (貢物) には多くの儀礼があり、儀礼が物と釣り合っていないことを「不享」と言います。志を享 (貢物) に尽くしていないことを、民も「不享」と言います。このようなことでは政が間違いを犯してしまうでしょう〕

(306) 無競維人，四方其訓之。不顯維德，百辟其刑之。(『毛詩』周頌・烈文)[117]

　〔限りない徳を持つ人、四方諸国はこれに従うであろう。高貴なる徳、諸侯はこれに則るであろう〕

いずれも話し手が、直接知覚し得ない事態に対して断定できない、というムードを表現している。

以上、一人称、二人称、三人称主語と共起する｛其m｝について検討したが、いずれにせよ西周時代の｛其m｝も上古中期と同様、"irrealis"モダリティマーカーとして機能しているという推測が成り立つ。すなわち、｛其m｝は固より「命令」、「意志」、「推量」の各種意味を有した多義語ではなく、非現実領域の事態を語るものである。

但し、西周時代の｛其m｝は、ポライトネスなどの派生義を帯びていないなど上古中期の｛其m｝との顕著な違いが認められる。

3.3.3.2. 文形式から

3.3.3.2.1. 疑問文の｛其m｝

疑問文における｛其m｝は管見の及ぶ限り、金文、西周甲骨文では見られない。以下は伝世文献からの引用であるが、その用例数は多くはない。

(307) 王再拝興荅曰："眇眇予末小子其能而亂四方，以敬忌天威？"(『尚書』顧命篇)

〔康王は再拝し、立ち上がって答えた、「微々たるわたくし末小子は四方諸国を治め、天威を慎み敬うことができるでしょうか」と〕

(307)はその文構造からは、疑問文かどうか判然としない。しかし孔安国伝に、

(308) 言"微微我淺末小子，其能如父祖治四方，以敬忌天威德乎？"託不能。(『尚書』顧命篇・孔安国伝)

〔浅はかな私は父祖のように四方諸国を治め、天威を敬うことができるだろうか、を言う。できないことにかこつけているのである〕

とあるように、疑問文と解し得るものである。なお、『尚書』には語気助詞「乎」がほとんど見られない。

例(307)は実現されていない事態に対する問いかけを表している。

3.3.3.2.2. 反語文の｛其m｝

反語文における｛其m｝も、金文や西周甲骨文には見られないようであるが、伝世文献中に散見される。

(309) 今惟殷墜厥命。我其可不大監撫于時？(『尚書』酒誥篇)[118]

〔今、殷はその天命を失った。我々は大いにこれを戒めとして鑑みて、天下を

安撫しないでよかろうか。いや、これを戒めとして、天下を安撫すべきである〕

(310) 秋日淒淒，百卉具腓。亂離瘼矣，爰其適歸？（『毛詩』小雅・四月）

〔秋は寒く、草木は萎んで枯れている。国は乱れ、人民は疲弊した。どこに頼ればよいのだろうか。どこにも頼れない〕

(311) 彼人之心，于何其臻？（『毛詩』小雅・菀柳）

〔彼の人の心、どこに至るだろうか、どこにも至らない〕

繰り返しになるが、「反語」とは真ではない事態を疑問形式で強調して、現実を述べる修辞法である。「真ではない」事態とは現実の外にある"irrealis"の領域に属するものである。

3.3.3.2.3. 条件節内の {其m}

仮定文における {其m} として、金文からは以下の如き例が挙げられる。[119]

(312) 仲諓父作尊簋，用從德公。其或貿易，則明殛。（仲諓父簋：董珊2008）

〔仲諓父は尊簋を作り、それによって徳公に従う。もし変わることがあれば、大いに罰せられる〕

(313) 其有敢亂茲命，曰女事召人，公則明殛。（珊生簋：寶雞市考古隊・扶風縣博物館2007）

〔もしこの命を乱そうとする者がいれば、お前の事を召氏一族に告げ、祖先神は大いにその者を罰する〕[120]

伝世文献にも以下の如き用例がある。

(314) 馬牛其風，臣妾逋逃，勿敢越逐。（『尚書』費誓篇）

〔もし馬牛が疾走し、奴隷が逃げたら、追って行ってはいけない〕

なお、上の {其m} は直前に主語「馬牛」があることから、代名詞ではなく、副詞であることが確認できる。

繰り返しになるが、「仮定」とは最も典型的な非現実領域に属する事態であり、述べる事態を想像の世界に位置づけるものである。

3.3.3.2.4. 比較を表す {其m}

西周時代には比較を表す「與其」はない。これは春秋以降の新しいフレーズであると言える。なお、出土資料における「與其」の初出は例（264）に挙げ

た上博楚簡『武王踐阼』、或いは以下の中山王嚳鼎（戦国時代後期）辺りと見られる。

(315) 寡人聞之，雩（與）其溺於人施（也），寧溺於淵。(中山王嚳鼎：集成2840)

〔私はこのように聞いている、人に溺れるより、淵に溺れた方がよい〕

3.3.4.「子子孫孫其永寶用」について

そもそも西周金文は、

(316) 王ないし王室側の人物が、その臣下に對して、寶具や官職車服等を賜與し、これを受けた臣下が、その事を記念するために、自らの祖先を祭る祭器を作った、ということを記すのを、骨子とする。(松丸1980：13)

ものと理解される。このような枠組みのもと、中期より「子子孫孫永寶用」という定型句を銘文末尾につけるものが急増する（以下、本研究ではこれを「寶用文」と呼ぶ）。「寶用文」にはしばしば {其m} が用いられる。例えば、

(317) 衛其子子孫孫永寶用。(衛簋：集成4256)

(318) 克其萬年無疆，子子孫孫永寶用。(大克鼎：集成2836)

(319) 瘨其萬年，孫孫子子其永寶用，亯于宗室。(師瘨簋蓋：集成4283)

本研究はここまでの議論で、{其m} の用例を検証する際、「寶用文」の引用を敢えて避けてきた。というのも、「寶用文」については今なお解釈に一致を見ていないからである。それは、結局のところ「寶用文」がどの立場にある者によって発話されたかについての対立であり、すなわち発話者が作器者（臣下）であるのか、それとも、王室側の人物であるのかの対立である。

前者の場合、「寶用文」は作器者の意志を表していると解釈でき、後者の場合は、王室側から臣下に対する要求、命令を表していると解釈できる。今試みに (317) の衛簋を訓読することでその対立を示すのであれば、「衛は其れ永く寶として用いん」と「衛よ、其れ永く寶として用いよ」となる。この対立は無論、{其m} の解釈にも影響する。即ち、「寶用文」の {其m} は、話し手が自身のこととして事態の実現を構想するよう作用しているのか、それとも聞き手

第 3 章　上古中国語における非現実モダリティマーカーの「其」の通時的展開　145

に対し事態の実現を要求するよう作用しているのか、である。

「寶用文」の解釈上の対立は、元をただせば、銘文がどのような立場の人間によって起草されたのか、果ては青銅器がどのような立場の人間によって製造されたのかに関する学説の対立に由来する。曾ては、

(320) 王（ないし王側）＝賜者、臣下＝受賜者＝作器者、という關係が成り立っている。ここにいう作器者とは、銘文中に常に、
……用某○○寶障彝。
のごとくに、受賜者が、王の恩寵にこたえるために、某がその當該青銅器を「作」したことを明記しているところから、そのような立場に在るものとして銘文中に出てくる人物を指して、研究者が呼ぶところの謂いである。（松丸 1980：14）

として、青銅器は臣下側・諸侯側で作られたものと、漠然と理解されてきた。例えば貝塚 1961 は、

(321) 作器者が天子、あるいは主君の策命恩賜にこたえてたてまつったことほぎの言葉。（貝塚 1961：958）

(322) 天子、主君の恩賞策命にこたえてつくった銅器の銘文が、本質的には天子、主君の『のりと』である策命にこたえて服従を誓った臣下たちの寿詞である。（貝塚 1961：959）

と「寶用文」を位置づけている。

これに対し、松丸 1980 は西周青銅器に周室製作器と諸侯製作器の双方が混在していることを指摘した上で、その多くは周室製作器であり、銘文は諸侯側で作文したという建前のもと、王室側の作文したものであると考察している。例えば、先の例 (319)「瘨其萬年，孫孫子子其永寶用，享于宗室」について、

(323) 從來、この部分は、作器者・瘨が、自らの長壽を念じ、また自らの子孫が、この"師瘨殷"を大切に代々使いつづけていくように、すなわち、この一族が永く存續するように、と祈願した文章のように考えられてきた。しかし、作文者が王室側の人物であったとするなら、それはおそらくそうではあるまい。これは、王室側の作文者が、この銘文

を介して君臣關係を再確認したこの機會に、王室として瘨が長壽であ
　　　り、その子孫が永續していくことを、形としては瘨のために念じつつ、
　　　王室側の意圖としては、支配下に屬する瘨一族が安泰であることを通
　　　して、周室の支配體制全體が不動永劫であるべきことをも合せて祈願
　　　していると讀みとるべきではなかろうか。（松丸1980：125）
と述べ、當該文については、「瘨は、それ、萬年、孫ゝ子ゝ、それ、永く寶と
して用い、宗室に享せよ」（松丸1980：60）と訓読し、王を話し手として、聞き
手（作器者）瘨への命令文と解釈する。
　松丸説の影響力は本邦ではとりわけ強く、角道2014：234や馬越2014：108-
126も同様の訓読で各種冊命金文を解釈している。
　一方、伊藤1987は松丸説を批判しつつ、
（324）西周金文というものは、恩賞を与えられた者、官職に叙任された者が
　　　自らその事実を青銅器に記録することによって、王或いは君主の恩寵
　　　に対して忠誠を誓うことを示すためのものであったということである。
　　　自らその銘文を作ることがその眼目をなしていたのであって、王或い
　　　は君主が作った文を強制的に使用させられたものではないのである。
　　　（伊藤1987：71）
として、銘文の起草を作器者側に属さしめたうえで、
（325）金文の末尾にある「某万年、子ゝ孫ゝ永宝用」という語は、その語に
　　　担わされた働きに変化はありながら、作器者自らが発する語であった
　　　ことがわかる。（伊藤1987：68）
との解釈を述べている。謂わば「寶用文」を、発話者＝作器者が自らの意志を
表すものと見なしているのであり、そのため「永く寶として用いよ」と訓読する。
　この他、小林2008は「寶用文」について、
（326）自分も含めて子子孫孫まで永く大切に用いていこう、という作器者の
　　　意志や意識が子孫に継承され、また自分の職責や地位の安定と継続を
　　　願う気持ちを表現したものと言えよう。（小林2008：279）
　　　　　　　　　　　　　　　　　　　　　　　　　　(121)
と位置づけつつ、嫁ぐ娘の嫁入り道具としての「媵器」以外は、

(327) 某（私は）其れ子子孫孫まで万年永く（この器を）宝として用いん。（小林2008：279）

と作器者の意志として読み解く。

　西周青銅器がどこで作られたかについては、歴史学・考古学に跨る問題であり、筆者に解決できる問題ではないが、角道2014：228は西周王朝の中心的地域で鋳造関連遺構・遺物の報告がなされていること、一方、王朝中心地区以外における青銅器工房に関して確実な遺跡・遺物の発見がないことから、王朝による青銅彝器生産の工房が存在していたことを推定し、在地生産・使用が西周前期の段階から広く一般的に行われていたことについて疑義を呈している。この分析を前提とするなら、臣下＝作器者は王室に青銅器の製作を発注することで、青銅器は出来上がると考えられるわけだが、問題はその銘文を発注元（作器者）が自ら起草するのか、それとも発注先（王室側）が起草した上で発注元（作器者）に押しつけるのか、である。この点について、以下少し私見を述べ、それによって「寶用文」の ｛其m｝ の帰属を決めたい。

　まずいくつか関連する用例を挙げる。

(328) 盠曰："余其敢對揚天子之休，余用作朕文考大仲寶隣彝。" 盠曰："其萬年世子孫孫永寶之。"（盠駒尊：集成6011）

〔盠は言った、「私は王の美徳を褒め称えよう。それによって私の父・大仲の器を作る」と。盠は言った、「万年栄えんことを言祝ぎ、世々子子孫孫に至るまで永くこれを宝として用いよう」と〕[122]

これは伊藤1987：56が松丸1980を批判すべく挙げた用例である。「曰」以下、作器者・盠が一人称代名詞「余」を用いつつ、自らの意志として青銅器を作り、それを代々受け継ぐことを述べており、この場合「寶用文」を王室側からの命令文とは読み取ることはできない。｛其m｝ は話し手の「意志」を表していると理解できる。また、

(329) 余其永邁年寶用，子子孫孫其帥刑受茲休。（彔伯𣄰簋蓋：集成4302）

ここで前半部分の主語が一人称代名詞「余」であることに注目されたい。これにより「其永邁年宝用」は、王側から臣下への要求や命令ではなく、作器者自

身の意志だと言え、さらには「寶用文」が作器者の意志を表していると解釈できる。この場合、|其m|については、一人称主語と共起することで、話し手(作器者)が自らのことについての事態の実現を構想していると見て相違ない。従って、前半部分は「余其れ永く邁年、寶として用いん」と訓読でき、「私は万年栄えんことを言祝ぎ、(この器を)宝として用いましょう」と訳せるのである。

しかし、例(329)の後半部分「子子孫孫其帥刑受茲休」には2種の解釈が有り得る。それは、①「私はこの器を宝として用いて、子子孫孫にわたり王より受けたこの美徳に従い則りましょう」と、②「私はこの器を宝として用いましょう。そして我が子孫は王より受けたこの美徳に従い則りなさい」というものである。①は主語「余」が文を最後まで支配し、「子子孫孫」は動詞「帥刑」の連用修飾語であるという解釈で、②は「余」が「寶用」の主語でしかなく、以降は「子子孫孫」を呼格と見て、これを「帥刑受茲休」の主語と見る解釈である。もし②の解釈が成り立つのであれば、同じように後半部分に「子子孫孫」を持つ例(318)(319)は、いずれも作器者から子孫への要求や命令を表す文であるという分析も可能であろう。

伊藤1987や小林2008は①の解釈であるが、一方で陳英傑2008：663-664は②の解釈である。筆者は、文構造によって①②双方の解釈が可能であると考える。例えば、

(330)(＝(317))衛其子子孫孫永寶用。(衛簋：集成4256)

〔(わたくし)衛は(この器を)子子孫孫に至るまで永く宝として用いましょう〕は、主語「衛」の後ろに動詞がなく、直ぐに「其子子孫孫」が後続することから、①の解釈しか適用できない。

一方、「子子孫孫」(及びその変体)[123]が名詞としか解釈し得ない例も存在する。

(331)走其眔厥子子孫孫萬年永寶用。(走簋：集成4244)

〔(わたくし)走はこの(わたくし走の)子孫と共に万年栄えんことを言祝ぎ、(この器を)永く宝として用いましょう〕

(332)萬年以厥孫子寶用。(緐簋：集成4192)

〔万年栄えんことを言祝ぎ、この(私の)孫子ともども(この器を)宝として

用いましょう〕

これに鑑みれば前出の、

(333)(=(318))克其萬年無疆，<u>子子孫孫永寶用</u>。（大克鼎：集成2836）

の「子子孫孫」は述語「永寶用」の名詞主語と解釈することも可能であろう。即ち、「（わたくし）克は繁栄が万年限りなからんことを言祝ごう。我が子孫は（この器を）永く宝として用いなさい」と訳せるのである。また、

(334)(=(319))瘨其₁萬年，孫孫子子其₂永寶用，享于宗室。（師瘨簋蓋：集成4283）

は「其」が2度にわたって用いられている（便宜的にここでは1～2の数字を加え区別する）。「其₁」は述語「萬年」を修飾していると見て、「（わたくし）瘨は万年栄えんことを言祝ごう」というように、話し手が自身のこととして事態の実現を構想している（＝意志）との読みが妥当であろう。続く「其₂」は「孫孫子子」を聞き手として、事態の実現を要求している（＝命令）と理解できる。すなわち、「我が子孫はこの器を永く宝として用い、宗室に祭りなさい」である。

以上をまとめれば、「寶用文」は基本的には作器者を話し手とした文であり、決して王室側からの命令とは言えない。但し、「子子孫孫」以下は、作器者から自らの子孫への要求・命令を表していると見なし得るものも存在する。

3.3.5. 小結

以上見たように、西周期の｜其m｜もまた、"irrealis"モダリティマーカーと見なして大過ない。概ね、話し手が実現を断定できない事態に対し、｜其m｜が用いられている。但し、その表現機能には上古中期のものと違いが見られる。例えば、｜其m｜は上古中期には聞き手に対するポライトネスや、実現可能性の低い事態への実現構想といった含意が見られるが、西周期にはこのような含意が読み取れない。これは謂わば｜其m｜が、西周→上古中期にかけて、拡張したということに他ならない。

3.4. 殷代における非現実モダリティマーカーの |其m|
3.4.1. 問題の所在——セロイスの法則をめぐって——

甲骨文の「其」は主語の後ろ、動詞の前に用いられることが一般的で、その統語的位置は、これまで議論した |其m| と一致するものであり、西周時代から上古中期の |其m| と同一組上で議論できるものである。加えて、後段で指摘するように、意味分布も概して西周時代から上古中期と一致することからも、やはり "irrealis" モダリティマーカーと見なすのが妥当である。例えば、

【意志】

(335) 壬卜，在龘：“丁曰：'余其啓子臣。'”（花東410）

〔壬の日にトい、龘で（検証した）、「武丁は『私はお前に臣を与えよう』と言っている」と〕(124)

【推量】

(336) 貞："及今二月霽。"（丙編65 = 合集14129正）

王固曰："帝隹今二月令霽，其隹丙不令雪。隹庚其吉。（丙編66 = 合集14129反）(125)

〔検証した、「この二月までに晴れる」と。王が占って言った、「帝は二月に天気を晴れさせ、丙の日に雪を降らせないであろう。庚の日が吉であろう」と〕

【仮定】

(337) 王固曰："丙戌其雨，不吉。"（合集559反）

〔王が占って言った、「丙戌の日に雨が降れば、不吉である」と〕

但し語順についてはやや注意を要する。甲骨文において、|其m| は専ら否定詞の後ろに置かれる（例えば後段の (345)「我弗其受黍年」（合集9950正）や (349)「奚來不其白馬」（合集9177）など）。これは上古中国語の基本的語順とは一致しないが、一部、『左伝』や西周金文に見える。(126)

殷代の |其m| は、西周時代の |其m| とは異なり、これまで多くの研究がなされてきた。特に欧米において顕著で、中でもSerruysの一連の研究は今なお強い影響力を持つ。本研究では、Serruysの学説とそれに対する批判を中心に、|其m| についての検証を進めたい。

第3章 上古中国語における非現実モダリティマーカーの「其」の通時的展開　　151

　甲骨文の「其」の機能について、大陸では疑問副詞との理解が広く受容されていた。しかし、欧米ではNivison(127)が早くからこれを退け、さらにSerruys(128) 1974は主節における「其」と従属節における「其」を分け、前者の機能について以下のように考察する。

(338) We find that the presence or absence of ch'i is a sign of very clear contrasts between two different kinds of oracular propositions : presence of ch'i marks the proposition or the alternative among possible courses of action, which is considered less desirable, less preferred, often positively feared and resorted to only if really unavoidable.（Serruys 1974：25）

〔「其」の有無が2種の卜辞の間の非常にはっきりとした差を示しているということがわかる。すなわち、「其」の存在は、起こりうる行為のうち、より望まれず、より好まれず、しばしばはっきりと恐れられると考えられる命題や選択肢をマークし、それは本当に避けることができない場合のみ用いられる〕

　対貞(129)の中で望ましくない選択肢に「其」を用いるというSerruys氏の学説は、その後広く受け入れられ、現在、「セロイスの法則（Serruys's rule）」や「其の法則（the rule of qi）」として知られている。以下はSerruys 1974が挙げる例文の1つである。

(339) 我其⛌（有）𡆥（憂）。
　　　 我亡𡆥（憂）。（丙編2＝合集7352）(130)
　　〔我々に憂いが有るかもしれない。我々に憂いがない〕

　上の例では、殷王側にとって望ましくない「有𡆥（憂）」に「其」が付されている一方で、望ましい事態である「亡𡆥（憂）」に「其」が付されていない。これが、「其」が"less desirable / undesirable"を表すと言われる所以である。従ってSerruys 1974：58は「其」を単に"uncertainty"のマーカーと見なしたり、"perhaps, may be"との訳を与えることに批判的立場をとる。

　この他、Serruys 1974は「其」に"subordination marker（従属関係マーカー）"機能も認める。例えば、

(340) □未貞："王其令望乘歸, 其告［于］祖［乙］一牛父丁一［牛］。"（粹編506＝補編10484）

の「王其令望乘歸」をSerruys氏は従属節と解釈し、以下のように訳する。

(341) At divination of day X-wei, test [the proposition]: the king, *if* he commands Wang Ch'eng to return, and *when* making an announcement to Tsu-yi (about it), there be one ox, and to Fu-ting also there be one ox (offered in sacrifice). (Serruys 1974：51)

〔□未の日の占いで、検証した：王がもし望乘に帰るよう命じ、そして祖乙に対しそれを告げるとき、犠牲として一頭の牛が差し出され、また父丁にも一頭の牛が差し出される〕

この時、Serruys 1974は「其」が仮定の従属節を示していると推測する。

但し、Serruys氏は "less desirable" の「其」と "subordination marker" の「其」がいかなる関係にあるかについては、断定を避けている。そもそも「其」の本質的意味について、

(342) Since the "less desirable alternatives" are mentioned in the divinatory texts, they were quite definite and factual, though undesirable, possibilities, and obviously they were so by the will of the gods or the ancestral spirits. If so, ch'i would simply stand for an adverbial term: "if (the gods) do wish so," i.e., "by divine fiat". (Serruys 1974：58)

〔「より望ましくない選択肢」は、卜辞の中で示されていることから、かなり明確で現実的で、望まないとは言え、起こる見込みがあり、明らかにそれらは神や先祖の霊の意志によってそうなっているのである。もしそうなら、「其」は単に「もし（神が）そう望むなら」すなわち「神霊の命令によって」という副詞的表現を表しているのかもしれない〕

として、神の視点を導入して説明する。そして、この意味が「其」の従属関係マーカー機能をももたらしていると推測する。

のちSerruys 1981：342-343は「其」が副詞であるという曾ての自説を否定

しつつ、これを"to anticipate（予期する）"を意味する動詞と見なし、「望ましくない」というコンテクストの時に、"be prepared for, be ready for（準備・用意ができている）"の意味にシフトすると考える。[131]

Serruys氏に対する反論としてはTakashima（高嶋謙一）氏の一連の研究がある。Takashima 1977は「其」が"uncertainty"の意味を表すと述べるとともに（Takashima 1977：46）、これが従属節を導く機能はないとしてSerruys 1974を批判する（Takashima 1977：41-51）。

Takashima 1994もまた、"less desirable, undesirable"は「其」固有の意味ではないとしつつ（Takashima 1994：517）、「其」は人の意志を表現しない動詞と関わるとき"possibility/certainty"のモーダルスケール上を動き、人の意志を表現する動詞と関わるとき"intention/wish"のスケール上を動くと想定し、そこに二重のモーダルスケールを認める。さらに、このモーダルスケールは、王や貞人が発問した卜辞に対してそもそも有していた予測によっても左右すると高嶋氏は考える。同時に「其」は「起こりつつある」ことを表す"anticipative"や"prospective"といったアスペクト特性を備えているとも結論付ける（Takashima 1994：519）。

さらにTakashima氏はTakashima 1996で、「其」は前方照応の代名詞でもあり（Takashima 1996：13-17）、さらにもモーダルマーカーとしては一部、"subjunctive mood"にも関わることを指摘する（Takashima 1996：24-28）。

Chow 1982：144は「其」がもともと"undesirable"の意味を持つというSerruys説を退け、[132]「其」は本来、"uncertainty"を表すものであると述べ、これがしばしば望ましくない選択肢を示すのは、不幸を拒絶したい、不幸に対しては疑ってかかりたい、不幸を信じたくないという人間の本性によるものと結論付けている（Chow 1982：154）。[133]

さらに、「其」が仮定の従属節で用いられる場合については、「其」が"uncertainty"の意味をもたらすことから、従属節を仮定的にするというだけで、「其」が純粋に仮定のマーカーではないとしてSerruys 1974に反駁する（Chow 1982：143）。

ところで、亀甲上の対貞卜辞では、右に配されたものは占卜主体が望む選択肢で、左側に配されたものは占卜主体が望まない選択肢であるということがしばしば指摘される。例えば、

(343) When one response was preferred, however, the desired alternative, whether couched in the positive or negative mode, appears to have been placed on the right, the undesired alternative on the left. (Keightley 1978：51)

〔しかし、ある答えが好まれるとき、望ましい選択肢は、肯定否定のムードに拘わらず、右に位置し、望ましくない選択肢は左に位置したようである〕

沈培2005は対貞卜辞の左右どちらが先に占われたのかという問題について、董作賓1931/1962：312が「先右後左」としたことや、右の前辞が左の前辞より内容が整っているものが多いこと、左の前辞中の「卜」字の横画の向きが右の「卜」字の横画の向きをそのまま書き写した卜辞が一部見えることなどから、一般に右側が先に占われた卜辞であると結論づける（沈培2005：93-201）。

沈培2005は、この解釈を踏まえつつ、占卜主体が望まない選択肢も右に配されることがあることを確認した上で、以下のように結論を下す。

(344) 在正反對貞中，先卜問的一方代表著占卜主體當時的先設。人們在正常情況下，先設總是傾向於好的一面，因此先卜問的一般都是好的一面。但是，當人們真的處於不好的境地時，也不能無視這一事實。這時候，貞人把實際的情況先提出來進行貞問，也是很正常的。這種不好的事情，當然不是占卜主體所希望的。但是，它卻是當時貞人真實的先設。可見"先設"是隨當時占卜的實際情況而定的，實際情本來就有好及壞，因此，正反對貞中先卜的那條卜辭就有可能是好的情況，也可能是壞的情況。不過，一般來說，人們日常生活中，好的情況總比壞的情況多，因此，先卜問的那條卜辭往往反映的是好的情況。（沈培2005：218）

〔正反対貞において、先に占われる方が占卜主体の当時の予測を表している。通常の状況下では、人の予測は常に良い方に惹かれる。従って先に占われたものが普通は良い方である。しかし、人々が本当に悪い立場にあるときも、

この事実を無視できない。このとき、貞人は実際の状況を先に提出して占いを行うのが通常である。この種の良くないことは、当然占卜主体が望むものではない。しかしそれは当時の貞人の本当の予測であった。つまり「予測」は当時の占いの実際の状況によって決まるもので、実際の状況にはもとより良いときも悪いときもある。つまり、正反対貞において先に占われた卜辞は良い状況である可能性も、悪い状況である可能性もある。しかし、一般的には、人々の日常生活では、良い状況が悪い状況より多く、従って先に占われた卜辞が反映している多くは良い状況である〕

すなわち、人は通常、まず良いことを仮定するため、対貞の右には多くの場合、占卜主体が望む選択肢が配されるが、時に悪いことが先に予測されることがあり、その場合、占卜主体が望まないことが右に配されるという理解である。同時に沈氏は、対貞に現れる「其」は、「未来」を表すのはもとより、占卜主体の「不確定」のムードを前景化する働きを持っていると考える。そして「其」がしばしば占卜主体が望まない選択肢に用いられるのは、占卜主体が当該卜辞に持つ「不確定」という態度を示すことで、その実現に疑いを持っていること、言い換えれば、「ありえない」という意味を暗に示すためであると推測する（一方で、望む選択肢に対しては態度を明確にするため、「不確定」な態度を表す「其」は使いにくいとする。沈培 2005：223-225）。

以上見たように、問題の焦点は「｜其 m｜ = undesirable」とするセロイスの法則は成り立つか否かであり、さらに、もしセロイスの法則が是認しうるなら、なぜの「｜其 m｜ = undesirable」と解されるのか、である。[134]

以下、さしあたり「其」に従属関係マーカーとしての機能の存否に鑑み、「其」が主節に現れるか否かを区別する。また、夙に指摘されているように、命辞と占辞の「其」[135]にもその意味するところに違いが見られることから、両者を分けて考察を加える。主節に現れるものについては、命辞の対貞における「其」の振る舞いを中心に検証を進めることとする。[136]

3.4.2. {其m} が主節に現れる場合
3.4.2.1. 命辞対貞中の {其m}
3.4.2.1.1. R＝－其、L＝＋其の場合
　対貞の一般的状況は、周知の通り、占卜主体にとって望ましい選択肢が右に配され、先に発話・占卜される。これは、沈培2005が述べるように、一般的状況下では先によいことを予測するという人間の本性によるところが大きい。この時、しばしば左側に {其m} が用いられる。例えば、

(345) 甲辰卜㱿貞："我受黍年。"【R】
　　　甲辰卜㱿貞："我弗其受黍年。【L】（合集9950正）
　　　〔甲辰の日に卜い㱿が検証した、「我々は黍の豊作を受ける」と。甲辰の日に卜い㱿が検証した、「我々は黍の豊作を受けないかもしれない」と〕

(346) 己巳卜王貞："亡田（憂）。"【R】
　　　己巳卜王貞："其有田（憂）。"【L】（合集24664）
　　　〔己巳の日に卜い王が検証した、「（我々に）憂いがない」と。己巳の日に卜い王が検証した、「（我々に）憂いがあるかもしれない」と〕

(347) 甲申卜賓貞："雩丁亡貝（敗）。"【R】
　　　貞："雩丁其有貝（敗）。"【L】（合集11423）
　　　〔甲申の日に卜い賓が検証した、「雩地の戦士は敗北することがない／不幸がない」と。検証した、「雩地の戦士は敗北するかもしれない／不幸があるかもしれない」と〕[137]

(348) 㞢（有）疾目不延。【R】
　　　㞢（有）疾目其延。【L】（合集13620）
　　　〔目を病んだが、病は長引かない。目を病んだが、病は長引くかもしれない〕

(349) 甲辰卜㱿貞："奚來白馬。【R】
　　　甲辰卜㱿貞："奚來不其白馬。"【L】（丙編157＝合集9177）
　　　〔甲辰の日に卜い㱿が検証した、「奚（人名）は白馬をもたらす」と。甲辰の日に卜い㱿が検証した、「奚は白馬をもたらしていないかもしれない」と〕

上の例文はいずれも占卜主体が望まない左側の卜辞に {其m} が用いられて

おり、現象としてはセロイスの法則に一致する。

　それではなぜ、「|其m| = undesirable」という意味分布が広く観察されるのであろうか。

　甲骨卜辞の対貞は多くの場合、1つの占卜事項について肯定否定の両面を帝（神霊）に告げ、その意志を甲骨のひび割れを通して得るものと考えられる。このとき2つの事態に対する占卜主体の主観的態度が均等であるということは想定しにくく、多くの場合、どちらかが起こりやすいという予測や、どちらかに起こって欲しいという願望、謂わば、主観のバイアスがあったはずである。

　|其m| が望ましくない選択肢に用いられるということは、翻って、占卜主体のこの種のバイアスが |其m| に反映されているのであろうし、加えて |其m| が "irrealis" モダリティマーカーであるという解釈に大過なければ、|其m| は、占卜主体が当該事態の実現に多かれ少なかれ疑いを持っているという主観を非断定的に帝に提示するマーカーであったと考えられる。これは帝の側から見れば、含みのある発話として受け取られたはずである。

　上段で、「推量」として機能する |其m| について検討したが、その |其m| は話し手の判断に含みを持たせるものであった。甲骨文の命辞の |其m| もこれに類するものと考えるべきであり、従って例えば、(345)「受黍年」と言えば、占卜主体は断定的に命題を帝に伝えているが、「弗其受黍年」と言えば、占卜主体は「黍の豊作を受けない」という発話に含みをも持たせ、「黍の豊作を受ける」という事態が生起する可能性を残している、と見なすこともできよう。

　このほか、接続法（≒irrealis）が "fear（恐れ）" を表すコンテクストで用いられること（3.4.2.節）を根拠に、|其m| が望ましくない結果を表す卜辞に用いられていることを説明することも可能であろう。すなわち選択を望まないものは、話し手がその実現に対し疑いの感情を持っていて断定的に表現できない、という解釈である。

　いずれにしても、望まない事態に対する占卜主体の主観的態度が、「|其m| = undesirable」という意味分布をもたらしていると言える。要するに、「undesirable」は |其m| が固有に担うところの本質ではない。

事実、「R＝−其、L＝＋其」の対立が望ましさに関わらない場合もある。例えば、
(350) 戊子卜賓貞："皋酒在疾，不从王古。"【R】
　　　貞："其从王古。"【L】（合集9560）
　　〔戊子の日にトい賓が検証した、「皋（人名）は飲酒のために病気となり、王に従って任務に従事できない」と。検証した、「（皋は）王に従って任務に従事できるかもしれない」と〕(138)

セロイスの法則に従えば、占卜主体は「皋」が病のために、任務に従事しないことを望んでおり、一方で任務に従事することを望んでいないということになるが、このような状況は条理的に理解しがたい。ここは、「皋」が「酒在疾」である、すなわち病気であるという前提があり、このために占卜主体は「从王古」という事態が実現するか否かに疑いを持っていたのであろう。この疑いの主観を帝に伝えるという意図が、|其m|の使用を動機づけたと考えられる。

　さらに、多くの研究者が解釈に苦慮しているのは、上古中期中国語において「意志」、「願望」、「命令」、「可能性」などを表す|其m|がなぜ殷代中国語では"undesirable"を表しているのか、という問題である。一般的には、「意志」、「願望」という意味は"undesirable"と矛盾する。

　例えばSerruys 1974：58は|其m|が"if (the gods) do wish so"という神意を表していることから、"if (they) do wish so"という意味に拡張したことで、上古中期に"optative（願望）"、"exhortative（勧告）"、"probability（可能性）"を表するようになったと推論するも、神の視点をわざわざ導入したこの種の解釈は従いがたい。そもそもなぜ|其m|という語にのみ神意が反映されているのか、Serruys 1974は明確に説明していない。さらにSerruys 1985：205は自説を改め、「其」を"to anticipate"の意味を表す動詞と見なした上で、これが対貞の片一方に立ち現れた時"to be ready for, to take in consideration, to allow for (a possible less desirable outcome)（より望まない結果に準備する、より望まない結果を考慮する、見込む）"の意味に理解されると推定し、ここから上古中期中国語の|其m|の各種意味——"optative"や"probability"——が派生したと考える。Takashima 1994：514-515は"intention / wish"のモーダルスケー

ル上の"wish"モーダルを表す ｜其m｜ によってそれを説明する。

　しかしこれまでも繰り返し述べてきたように、上古中期中国語の ｜其m｜ は、実のところ単に「願望」、「意志」、「命令」、「可能性」を表す多義語ではなく、これらは"irrealis"モダリティマーカーである ｜其m｜ が結果としてもたらした意味である。

　なお上に挙げた例はいずれも、占卜主体がコントロールできない事態——豊作になる、憂い・不幸がある、病が長引く、某が馬をもたらす等——を表している。これらはいずれも殷側の意志を反映できる事態ではない。「R＝－其、L＝＋其」の対貞は常にこのような事態を表す。

　一方、これまで指摘を見なかったが、主節が占卜主体のコントロールできる事態——祭祀など意図的な動作行為——を表すものが、「R＝－其、L＝＋其」の対貞をとる例は見られない。占卜主体がコントロールできる事態の対貞においては、左に ｜其m｜ を用いることはない。例えば、

(351)　貞："王比沚䖒。"【R】
　　　　"王弜比沚䖒。"【L】（合集6484正）
　　　〔検証した、「我が王は沚䖒と連合する」と。「我が王は沚䖒と連合すまい」と〕

(352)　癸卯卜敵："翌甲辰壱大甲。"【R】
　　　　"翌甲辰弜壱大甲。"【L】（合集672）
　　　〔癸卯の日にトい、敵（が検証した）、「（我々は）次の甲辰の日に大甲に彡祭を行う」と。「（我々は）次の甲辰の日に大甲に彡祭を行うまい」と。〕

以下は、一見すると、占卜主体がコントロールできる事態が「R＝－其、L＝＋其」の対貞を構成しているように見える。

(353)　勿从取。【R】
　　　　王其从取。【L】（丙編156＝合集667反）
　　　〔我が王は人を率いて囚人を捕えまい。我が王は人を率いて囚人を捕えよう〕

しかし、背甲の対貞は腹甲（オモテ面）のものとは位置関係が逆になることが知られており、従って（353）も例外とはならない。

　以上を要するに、「R＝－其、L＝＋其」は、占卜主体がコントロールでき

ない事態に限られる。

ところで、|其 m| の有無の対立に関して付言すれば、以下のような複文の前節と後節の関係については、研究者の間で解釈が一致していない。

(354) 辛酉卜敵貞："今早王比望乘伐下危，受业（有）又（佑）。"【R】

辛酉卜敵貞："今早王勿比望乘伐下危，弗其受业（有）又（佑）。"【L】（丙編20＝合集6482）[143]

Chow 1982：80-95 は【R】を、

(355) This season the king should follow Wang Ch'eng to attack Hsia Wei, (for) he will receive abundant assistance.
〔今期、王は望乘を率いて下危を討つべきだ、（というのも）王は天の佑を受けるだろうから〕

【L】を、

(356) This season the king should not follow Wang Ch'eng to attack Hsia Wei, (for) he will not perhaps receive abundant assistance.
〔今期、王は望乘を率いて下危を討つべきではない、（というのも）王は天の佑を受けないだろうから〕

と解釈する。同時に Chow 1982 はこれらの構造を "main clause + subordinate clause" と見なしつつ、"subordinate clause" が理由を表していると捉える。

一方、裘锡圭1988：15-16は【L】について

(357) 王不要跟望乘一起去伐"下危"，(如果跟望乘一起去伐"下危"），将不能得到保佑。
〔王は望乘と共に下危を伐ってはいけない、（もし一緒に下危を伐てば）天の助けを得られないだろう〕

と訳し、前節の後に意味が反対の仮定文が隠されていると見なす。これは、文構造としては "subordinate clause + main clause" との理解である。

例（354）の後節における「望ましさ」と |其 m| の関係は正に、「R = + desirable/ − 其、L = − desirable/ + 其」——「受有佑」と「弗其受有佑」——であるが、「R = + desirable/ − 其、L = − desirable/ + 其」の分布が占卜主体がコ

ントロールできない事態に限られる以上、(354)の主眼も占卜主体がコントロールできない事態、すなわち「受有佑」と「弗其受有佑」にあると考えられ、そうである以上、(354)の主節は「受有佑」と「弗其受有佑」であり、翻って、従属節は「今早王比望乗伐下危」と「今早王勿比望乗伐下危」であると推測される。これは裘錫圭1988の理解に一致する。

但し、裘錫圭1988は例(354)の肯定文の解釈を明示していないが、筆者は以下のように解釈する。

(358) 朝、我が王は望乗と連合して下危を討つ。そうすれば、天の佑を受ける。【R】

朝、我が王は望乗と連合して下危を討つまい。もし討てば天の佑を受けないかもしれない。【L】

このほか、以下も同じ構造である。

(359) 貞:"王叀沚戛比伐巴方,帝受我又(佑)。"【R】

"王勿隹沚戛比伐巴方,帝不我其受又(佑)。"【L】(合集6473正)

〔検証した。「我が王は沚戛と連合して巴方を討つべきである。そうすれば帝は我々に天の佑を授ける」と。「我が王は沚戛と連合して巴方を討つべきではない。もし沚戛を率いて討てば、帝は我々に天の佑を授けないかもしれない」と〕

3.4.2.1.2. R=＋其、L=－其の場合

次は |其m| が右にあり、左にない例を検証する。表す事態が占卜主体のコントロールできないものである場合、概ね占卜主体が望まない結果を表す卜辞が |其m| と共に右に、望む卜辞が |其m| を伴わず左に配される。例えば、

(360) (=(339)) 貞:"我其㞢(有)田(憂)。"【R】

貞:"我亡田(憂)。"【L】(丙編2=合集7352正)

〔検証した、「我々に憂いが有るかもしれない」と。検証した、「我々に憂いがない」と〕

(361) 乙巳卜敵貞:"有疾身,不其瘳。"【R】

乙巳卜敵貞:"有［疾］身,瘳。"【L】(合集376正)

〔乙巳の日に卜い、敵が検証した、「体が病気になったが、治らないかもしれない」

と。乙巳の日にトい、敵が検証した、「体が病気になったが、治る」と〕

これらは右に望ましい選択肢が配されるとするKeightley 1978の反例に当たるが、この種の現象に対し、沈培2005は、

(362) 如果先卜問不好的一面，後占好的一面，一定是有不好的事情發生了，要不然就是占卜者有"不好"的預感。(沈培2005：209)

〔もし先に良くない面が占われ、後によい面が占われるのならば、必ずよくない事柄が発生したということであり、さもなくば、占卜者には「良くない」予感があったのである〕

と述べつつ、例えば例(360)で「我其㞢(有)旧(憂)」が先に占われていることに関しては、同版に、

(363) 己未卜争貞："王亥祟我。"

己未卜争貞："王亥不我祟。"（合集7352正）

〔己未の日にトい、争が検証した、「(祖先神の)王亥は我々を祟る」と。己未の日にトい、争が検証した、「王亥は我々を祟っていない」と〕

とあり、占卜時、王亥が祟りを下すという事態が事実として殷側に認識されていたことによると考える（沈培2005：211)。

また例(361)で「不其瘳」が先に占われている原因としては、同版に、

(364) 貞：王其疾囚（禍？）。（合集376正）

〔検証した、「我が王は病に苦しむかもしれない」と〕

とあり、またその他の甲骨片にも王が「疾囚（禍？）」に苦しむ内容がしばしば見えることから、王の疾病が治らないことが常に心配されたためだと推測する（沈培2005：213)。

この他、次の例も「R＝＋其、L＝－其」に当る。これについては、従来、適切な解釈が与えられていない。

(365) 壬午卜敵貞："亘允其戋（翦）鼓。"【R】

壬午卜敵貞："亘弗戋（翦）鼓。"【L】（丙編177＝合集6945)

〔壬午の日にトい、敵が検証した、「亘(敵)は本当に鼓（味方）を討ち滅ぼすかもしれない」と。壬午卜の日にトい、敵が検証した、「亘は鼓を討ち滅ぼ

第 3 章　上古中国語における非現実モダリティマーカーの「其」の通時的展開　　163

さない」と〕

同版に以下の卜辞が見える。

(366)　兄丁蚩（害）王。【R】

　　　〔兄〕丁〔弗〕蚩（害）〔王〕。【L】

　　　兄丁蚩（害）亘。【R】

　　　兄〔丁〕弗蚩（害）王。【L】（丙編177＝合集6945）

　　　〔（祖先神の）兄丁は王を苦しめる。兄丁は王を苦しめない。兄丁は亘（敵）を苦しめる。兄丁は亘（敵）を苦しめない〕

例（366）では「王」と「亘」に「兄丁」からの不幸があるかどうかが占われているが、結果として、「王」に不幸があり、「亘（敵）」に不幸がないという占卜結果が出たのではなかろうか。このような前提が、その後行なわれた例（365）の占卜において「亘允其㞢（戋）鼓」という、殷側にとって望ましくない選択肢が先に発話されるという異例な順序をもたらしたと推察される。

　以上のように、右に占卜主体が望ましくない選択肢を配するのは、何らかの前提なり予測なりがあることが条件となる。そして、望ましくない卜辞に"irrealis"モダリティマーカーの｜其m｜が用いられる動機は、前節でも述べたとおり、話し手がその実現に疑いを抱いており、発話に含みを持たせるためだと考えられる。

　以上は、占卜主体がコントロールできない事態の例であるが、「R＝＋其、L＝－其」には、「R＝－其、L＝＋其」とは異なり、占卜主体がコントロールできる事態の例も見られる。例えば、

(367)　庚寅卜賓貞："今早王其步伐夷。"【R】

　　　庚寅卜賓貞："今早王勿步伐夷。"【L】（合集6461正）

　　　王固曰："吉。余其伐。其弗伐，不吉。"（合集6461反）

　　　〔庚寅の日に卜い、賓が検証した、「朝、我が王は夷を討ちに行軍しよう」と。庚寅の日に卜い、賓が検証した、「朝、我が王は夷を討ちに行軍すまい」と。王が占って言った、「吉である。私は討とう。もし討たねば、不吉なことがある」と〕

(368) 翌癸卯其焚禽。癸卯允焚，獲兕十一、豕十五。【R】

翌癸卯勿焚。【L】（合集10408正）

〔次の癸卯の日に（我々は）火を燃やして獲物を捕らえよう。癸卯の日、本当に火を燃やして、水牛11頭と豕15頭を捕らえた。次の癸卯の日、（我々は）火を燃やすまい〕
(144)

(369) 甲申卜："子其見帚（婦）好☐。"【R】

甲申卜："子叀豕殁罘魚見丁。"【L】（花束26）

〔甲申の日に卜った、「（我が方の）子は婦好に☐を献納しよう」と。甲申の日に卜った、「（我が方の）子は武丁に豕殁（？）と魚を献納しなければならない」と〕
(145)

　このような例は、セロイスの法則に則れば、|其m| を持つ選択肢が占卜主体にとって望ましくないものと位置づけられる。しかし、筆者はこの解釈に極めて懐疑的である。例（367）はセロイスの法則に従えば、「R＝＋其」の卜辞が望ましくないものとなり、殷王が敵である「夷」を討つことを望んでいなかったことになるが、占辞「吉。余其伐。其弗伐，不吉」を見る限りにおいては、こうした前提は極めて考えにくい。やはり「伐」するのが、王にとって「吉」、すなわち望ましい選択肢であったとの理解が条理に適う。

　また例（368）はセロイスの法則によれば、「R＝＋其」の卜辞が望ましくないものとなり、殷王が獲物を捕らえることを望んでいなかったことになるが、験辞として「癸卯允焚，獲兕十一、豕十五」という、獲物を捕らえたことを記録していることから見れば、このような前提は考えにくい。やはり「獲」することが望まれていると見なすべきである。

　以上の解釈に大過なければ、占卜主体がコントロールできる事態を表すコンテクストで用いられる |其m| は、"desirability" という価値基準に関係ないばかりか、「R＝－其、L＝＋其」とは異なり、命題に対する疑いを帝に伝えるものでもない。ここの |其m| は、占卜主体――「王」や「子」――の「意志」を表していると推定される。つまり、後の時代の「一人称主語＋|其m|」に類するもので、話し手が自らのこととして当該事態の実現を構想するものだということである。この点、Takashima 1994：499が（367）の |其m| を "intention"
(146)

と解したのは充分首肯できるものである。[147]

3.4.2.1.3. R＝＋其、L＝＋其の場合

対貞において｛其m｝は必ずしも片方に付されるわけではなく、時に双方に現れ得る。Serruys 1974はこの場合について、"exceptional pattern"と位置づけつつ、

(370) It might be proposed that this exceptional pattern here could be used when such a decision or opinion concerning preference or desirability was not expressed or could not be formed.（Serruys 1974：36）

〔好ましさや願望に関わる決定や意見が表現されなかった、またははっきりと言えなかった場合にこの例外型が用いられるということが言えるかもしれない〕

として、"desirability"という評価基準が介在していないものと推測する。さらにSerruys 1985では、

(371) Where ch'i occurs in non-contrasted sentence, or in both alternative sentences, it imparts a sense of uncertainty and indicates a weakening of the statement or a mere probability.（Serruys 1985：205）

〔「其」は非対立的文、或いは選択肢的文に現れるところでは、不確実さという意味を伝え、判断の弱まりや、或いは単なる可能性を示す〕

として、"uncertainty"や"probability"を表しているものと理解する。以下はその例である。

(372) 我使其𢦏（翦）方。

我使弗其𢦏（翦）方。（丙編76＝合集6771）

〔我が方の武官は方国を討ち滅ぼすかもしれない。我が方の武官は方国を討ち滅ぼせないかもしれない〕

Chow 1982は、「R＝＋其、L＝＋其」が常に殷王がコントロールできない事態において生起することを根拠に、双方に対する殷王の不確定感を表しているものと見なす（Chow 1982：148-154）。例えば、

(373) 今日其雨。【R】

今日不其雨。【L】（丙編63 = 合集12051）

〔今日は雨が降るかもしれない。今日は雨が降らないかもしれない〕

ここで「雨が降る」か否かは、殷王がコントロールできるものではない。Chow 1982のこの見解は大変示唆的であり、「其」が肯定否定双方に用いられている（342）「我使其𢦏（翦）方。我使弗其𢦏（翦）方」も殷王側がコントロールできない事態である。以下の例も同様である。

(374) 缶其來見王。

缶不其來見王。（丙編124 = 合集1027）

〔缶（人名）は王に謁見に来るかもしれない。缶は王に謁見に来ていないかもしれない〕

本研究も基本的にSerruys氏及びChow氏の見解に近い。2つの |其m| は、2つの選択肢の実現に対し占卜主体の前提や予測がなく、実現するか否かが占卜主体にとって不明瞭であるため、それらの間に占卜主体の大きな主観的バイアスがないことを表しているものと理解される。

さらに、「R = +其、L = +其」は多くの場合、肯定文が右（先）に、否定文が左（後）に配される。主観によるバイアスがないからこそ、発話の順番は肯定文が否定文に優先されるという形になったのかもしれない。

3.4.2.2. 命辞非対貞中の |其m|

以下は、対貞以外のコンテクストに見える |其m| である。

① 一人称主語 + |其m|

(375) (= (355)) 壬卜，在𠭴："丁曰：'余其啓子臣。'"（花東410）

〔壬の日にトい、𠭴（で検証した）、「武丁は『私はお前に臣を与えよう』と言う」と〕

(376) 戊子卜㕞貞："王曰：'余其曰多尹，其□二侯上絲眔倉侯。'"（合集23560）

〔戊子の日にトい、㕞が検証した、「我が王は、「余は多尹に、上絲と倉侯の二侯に…せよ、と言おう」と言っている」と〕

いずれも一人称代名詞主語と |其m| が共起する例であるが、話し手が自分のこととして当該事態の実現を構想するもの（= 意志）と言える。

② 二人称主語+｛其m｝

二人称代名詞と｛其m｝が共起していると断じ得る例は見られないが、以下の例は人名「侯豹」が呼格の如く機能しているかもしれない。

(377) 戊戌卜敵貞："王曰：'侯豹，逸余不爾，其合以乃使歸。(合集3297正)

〔戊戌の日に卜い、敵が検証した、「我が王は『侯豹よ、逸余不爾(?)、(某々を)合わせてお前の使者を連れて戻れ』と言う〕

これは話し手が聞き手に対し実現が確定していない事態の実現を構想するもの(＝命令)である。

3.4.2.3. 占辞中の｛其m｝

(378) 癸丑卜，爭貞："自今至于丁巳我戋(翦)宙。"

王固曰："丁巳我母其戋(翦)。于來甲子戋(翦)。"(合集6834)

〔癸丑の日に卜い、爭が検証した、「今から丁巳の日まで我々は宙国を討ち滅ぼすことができる」と。王が占って言った、「丁巳の日には我々は討ち滅ぼすことができないだろう。次の甲子の日になって討ち滅ぼすことができる〕

(379) 甲辰卜敵貞："奚來白馬。"

甲辰卜敵貞："奚不其來白馬。"王固曰："吉。其來。"(丙編157＝合集9177)

〔甲辰の日に卜い、敵が検証した、「奚は白馬をもたらす」と。甲辰の日に卜い、敵が検証した、「奚は白馬をもたらさないかもしれない」と。王が占って言った、「吉である。白馬をもたらすであろう」と〕

(380) (＝(336)) 貞："及今二月霽。"(丙編65＝合集14129正)

王固曰："帝隹今二月令霽。其隹丙不令雪。隹庚其吉。(丙編66＝合集14129反)

〔検証した、「この二月までに晴れる」と。王が占って言った、「帝は二月に天気を晴れさせ、丙の日に雪を降らせないであろう。庚の日が吉であろう」と〕

占辞中の｛其m｝にセロイスの法則が適さないのは夙に、Chow 1982：144-148、Takashima 1994：500-501、張玉金2001：13によって指摘されている。加えて、占辞の｛其m｝をChow 1982：146は"uncertainty"と、Takashima

1994：501は"optative"と解する。

占辞の |其 m| が"undesirable"を表すものではないことは疑いない。それは例（379）で「吉」と共起していることからも明らかである。占辞は王が甲骨のひび割れを見て吉凶を占ったものと考えられており、述べられているのは「王の判断」である。従って占辞に見える |其 m| は、王がひび割れから今後の吉凶を非断定的に述べている、謂わば「推量」を意味するものと理解できよう。

なお、Takashima 1994：501が占辞中の |其 m| を"optative"と解したのは、例（380）の「王固曰："吉。其來"」を王の願望と捉えたためであり、この時、|其 m| は"wish"のムードを帯びていると見る（Takashima訳は注（139）参照）。しかし、占辞そのものに王の願望を読み取るのは難しい。というのも、占辞が常に王が望む事態を予言するものではないためである。例えば、

(381) ［王］固曰："出（有）求（咎）。"（合集11484）

〔王が占って言った、「祟がある」と〕

(382) 王固曰："上下祟（害）余。"（合集13675）

〔王が占って言った、「上下の神は私を苦しめる」と〕

森賀2000もTakashima氏の占辞への理解について、

(383) 甲骨占いが加持祈禱のようなもので、占辭が呪文だとすれば、災いが起こることを豫言する占辭が多數存在する事實を説明することは難しいだろう。（森賀2000：625）

として反駁する。

以上から、例（379）は王の判断として解釈するのが妥当であろう。本研究が「白馬をもたらすであろう」との訳を付したのは、まさにこのような理由による。

3.4.3. |其 m| が複文の従属節に現れる場合

(384) （＝(340)）□未貞："王其令望乘歸, 其告［于］祖［乙］一牛父丁一［牛］。"

（粋編506 = 補編10484）

〔…未の日に検証した、「王がもし望乗に帰るよう命じるのなら、（我が王は）一頭の牛を犠牲として祖乙に告げ、一頭の牛を犠牲として父丁に告げよう」と〕

(385) 癸酉貞:"其又(侑)伐自上甲,汎(皆)叀辛巳伐。"(屯南1104)⁽¹⁴⁹⁾
〔癸酉の日に検証した、「(我々が)もし上甲以降の祖先神に侑祭と伐祭を行うなら、すべて辛巳の日に伐祭を行うべきである」と〕

(386) 甲午卜在鼎:"子其射,若。"(花東37)
〔甲午の日に鼎で卜った、「子が射つのなら、帝の賛意を得られる」と〕

(387) 貞:"王其往觀河,不若。"(合集5158乙)
〔検証した、「王が河を見に行けば、帝の意思に反する」と〕

(388) 王固曰:"其隹丁娩,嘉。其隹庚娩,弘吉。"(合集14002)
〔王が占って言った、「もし丁の日の出産なら、喜ばしい。もし庚の日の出産なら、弘吉である」と〕

(389) (=(337)) 王固曰:"丙戌其雨,不吉。"(合集559反)
〔王が占って言った、「丙戌の日に雨が降れば、不吉である」と〕

以上、条件節内の「其m」の例文の一部である。「仮定」が最も典型的な"irrealis"な事態であるというのは、これまで繰り返し述べた通りである。

なお上の例はSerruys 1974が"subordination maker"として分析した「其」であるが、「其」を"irrealis"モダリティマーカーと見なす以上、敢えてこれを仮定の接続詞と見なす必要はない。

3.4.4.「V其X」について

3.4.4.1. V＝亡

「其」は時に動詞に後続することもある。例えば、

(390) 亡其雨。(丙編199＝合集4207)

この種の「其」については論者によって意見が分かれる。Serruys 1974は「其」を"subordination marker"と解しつつ、この文を「亡」＝動詞、「其雨」＝目的語節として分析する。但しChow 1982:164-170はこの種の分析を、中国語の文法に即していないとして否定する。⁽¹⁵⁰⁾

一方、Takashima 1996:13-17は次の例を挙げ、当該の「其」を代名詞或いは属格 - 代名詞機能 (genitive-pronominal function) と考える。例えば、

(391) 貞:"有虎。"【R】

貞："亡其虎。"【L】（丙編366＝合集671）

Takashima氏は「其虎」を「|其p| ＋ NP」と分析し、且つ |其p| が先に発話された右側の「虎」を照応（anaphora）していると解釈している。

しかし、甲骨文の「其」には |其p| であると俄に判断できない現象も見られる。第一に、甲骨文では「有」と「亡」はしばしば対義語として対貞で用いられるが、「有」に「其」が付く場合、語順は「其有X」となり、その否定文「亡其X」と統語上、平行しない。「有X」の前の「其」を |其p| と分析することは難しい。例えば、

(392) 己酉卜敵貞："危方其有囨（憂）。" 貞："危方亡其囨（憂）。"（合集8492）

〔検証した、「危方に憂いがあるかもしれない」と。検証した、「危方に憂いがないかもしれない」と〕

(393) 貞："其㞢（有）來。"【R】

貞："亡其來。"【L】（合集17079正）

〔検証した、「来ることがあるかもしれない」と。検証した、「来ることがないかもしれない」と〕

第二に、甲骨文の副詞、「亦」や「蠚」は「亡」の後ろに置かれることがあり、その統語的位置は「其」と一致する（沈培1992：168-169）。例えば、

(394) 辛丑卜貞："疾花（？）亡亦疾。"（合集22258）

〔辛丑の日に卜い検証した、「疾花（？）、また病気にかかることはない」と〕

(395) 己酉貞："王亡蠚禽土方。"（屯南994）

〔己酉の日に検証した、「王は土方を捉えることがない」と〕

「其」が「亦」や「蠚」の副詞と同じ統語的位置に立ち現れると言うことは、「其」が |其p| ではない可能性を窺わせる。沈培1992：168は、甲骨文で |其m| がしばしば否定詞の後ろに置かれることから（「弗其」、「不其」）、「亡其」という語順もその類推によると推測する。

筆者は基本的に沈培1992に同意する。すなわち、甲骨文に |其p| は存在せず、いずれも |其m| であるという理解である（沈培1992：164-165）。

もし甲骨文に |其p| が存在するなら、以下の例文において、（発話が後となる）

第3章　上古中国語における非現実モダリティマーカーの「其」の通時的展開　　171

対貞の左側に位置する「亡」と「㞢（憂）」の間に、（先に発話された）右側の「㞢（憂）」を照応する「其」があってしかるべきだが、実際は存在しない。

(396)（=（360））貞："我其㞢（有）㞢（憂）"【R】
　　　　　　　　貞："我亡㞢（憂）。"【L】（丙編2＝合集7352正）
　　　　〔検証した、「我々に憂いが有るかもしれない」と。検証した、「我々に憂いがない」と〕

以上の解釈に大過なければ、「其」はいずれの場合も ｛其p｝ ではなく、｛其m｝ であると言える。してみれば、前出の（391）は、

(397)（=（391））貞："有虎。"【R】
　　　　　　　　貞："亡其虎。"【L】（丙編366＝合集671）
　　　　〔検証した、「虎がいる」と。検証した、「虎はいないかもしれない」と〕

との理解が適切であろう。

3.4.4.2.　V＝告

(398) 己未貞："王其告其从亞侯。"（粹編367＝合集32807)

(399) 辛未貞："今日告其步于父丁一牛。"（合集32677)

Takashima 1996：19-20は上の「其X」を動詞「告」の目的語と解した上で、「其」を注（69）のような上古中国語の「S＋之＋VP＋也」に平行する構造と見なす。加えてTakashima 1996：19-24は（398）（399）の「告其」の「其」を主語「王」（或いは占卜主体）を照応する属格代名詞と分析しつつ、これが「其」以下の節を名詞化しているものと解釈する。今、仮初めにTakashima氏の分析に従えば、上の例文は以下のように訳される。

(400)（=（398））己未貞："王其告其从亞侯。"（粹編367＝合集32807)
　　　　〔己未の日に検証した、「我が王は自分が亞侯を率いることを告げる」と〕

(401)（=（399））辛未貞："今日告其步于父丁一牛。"（合集32677)
　　　　〔辛未の日に検証した、「今日（王は）父丁に一頭の牛を用いて自分が歩いて行くことを告げる儀式をする」と〕

一方、次の例は構造上、例（399）と深い関係があることを窺わせるが、「其」を、主語を照応する属格代名詞と見なすことは難しい。というのも、直前の「妻」（人名）

が「步」の動作主と見なされるためである。言い換えれば、「告」の目的語「妛其步」の「其」を「S＋之＋VP＋也」の「S＋之」に相当する代名詞と見ることはできない。

　(402) 甲午貞："于父丁告妛其步。""弜告妛其步。"（合集32856）
　(403) 癸〈甲〉午貞："告妛其步祖乙。"（屯南866）[153]

これらの「其」は目的語節内においてなお主語（妛）と動詞（步）の間に位置していることから見ても、やはり |其m| との理解が適切であり、そうであるならば、「告其X」は、今後実現するであろうこと――言い換えれば現時点から見て未実現な事態――を動詞目的語の位置に置いて、「告」という行為を遂行しているものと解釈すべきである。すなわち、[154]

　(404)（＝(398)）己未貞："王其告其从亞侯。"（粹編367＝合集32807）
　　　〔己未の日に検証した、「王は亜侯を率いんことを告げる」と〕
　(405)（＝(399)）辛未貞："今日告其步于父丁一牛。"（合集32677）
　　　〔辛未の日に検証した、「今日（我々は）父丁に一頭の牛を用いて歩いて行かんことを告げる儀式をする」と〕
　(406)（＝(402)）甲午貞："于父丁告妛其步。""弜告妛其步。"（合集32856）
　　　〔甲午の日に検証した、「父丁に対し妛が歩いて行かんことを告げる」と。「妛が歩いて行かんことを告げまい」と〕
　(407)（＝(403)）癸〈甲〉午貞："告妛其步祖乙。"（屯南866）
　　　〔甲午の日に検証した、「妛が歩いて行かんことを祖乙に告げる」と〕

以上から甲骨文において、一見、従属関係マーカーや |其p| に見える「其」も、やはり |其m| と解するのが妥当と言える。一方で、以下の統語構造がなぜ「亡其X」ではなく、「其亡X」となっているのかについては、説明が難しい。

　(408) 王固曰："吉。隹其亡工（攻）。言叀其徝。"（丙篇77＝合集6771反）[155]
　　　〔王が占って言った、「吉である。(方国は我が武官を) 攻めようとすることはない。言（人名）が征伐（？）すべきである」と〕

Takashima 1996：24-28は「亡其X」と「其亡X」を異なる構造と見なす。すなわち、前者は「其X」が名詞化され「亡」の目的語となっている一方で、

後者は「其亡X」が名詞化されコピュラ（copula）「隹」の目的語となっているというものである。しかし、「其」が｜其p｜ではないならば、この解釈も再考の余地がある。或いは後文「叀其㞢」において｜其m｜がコピュラ「叀」に後続していることの類推から、「隹其亡工（攻）」も｜其m｜がコピュラ「隹」に後続するようになり、「其亡」という例外的語順をもたらしたのかもしれない。⁽¹⁵⁶⁾

また、次の例の「㞢（有）其X」も異例の語順である。「其」は通常、「有」の前で用いられる。

(409) 戊戌卜貞："㞢（有）其疾。"（合集21045）

〔戊戌の日に検証した、「病気にかかるだろう（？）」と〕

これは「亡其疾」（合集13799）の語順の類推の結果であろうか。⁽¹⁵⁷⁾

3.4.5. 小結

以上の検証から、セロイスの法則——｜其m｜ = undesirable——が適用できるのは極めて限定された文脈においてのみ、と言うことができる。占卜主体のコントロールできる事態に対し｜其m｜が用いられた場合、"undesirable"ではなく、話し手の「意志」として解釈できる。また、占辞における｜其m｜も話し手の「意志」や「推量」として解釈されるものであり、これもセロイスの法則が当てはまらない。

いずれにせよ、最も古い言語層における｜其m｜も、とりもなおさず"irrealis"モダリティマーカーであり、また｜其m｜が占卜主体の望まない選択肢に用いられることが多いのも、結局は｜其m｜が"irrealis"モダリティマーカーであることに由来するのであって、"undesirable"は｜其m｜が固有に持つ意味ではないと考えるべきである。

但し、甲骨文の｜其m｜に対する本研究の分析は極めて文脈を限定したものであり、全面的研究にはなお至っていない。加えて、例えば、殷側の意志を表す文脈で｜其m｜の有無がどのような表現論的差をもたらすのか、についても本研究では考察していない。これらは今後の課題とした。

3.5. 上古における {其m} の通時的展開

ここまで見てきたように、{其m} は上古前期から上古中期に至るまで変わることなく、"irrealis"モダリティマーカーであったと考えられる。但し、時代が下るとともに、ポライトネスなどの各種派生的意味機能が生じている。以下、時代を追って確認したい。

① 殷

{其m} は、特に対貞において、占卜主体が当該事態の実現に多かれ少なかれ疑いを持っているという主観を非断定的に帝に提示するマーカーであったと考えられる。帝に対しこのような含みのある発話をすることで、それが占卜主体がストレートに受け入れたくない未来であるということを示しているのであろう。{其m} がしばしば望ましくない卜辞に用いられるのは、以上のような動機に基づいていると推論できる。

但し、{其m} は常に選択を望まない事態をマークするものではない。それは主に占卜主体がコントロールできない事態に関わるときのみであり、占卜主体がコントロールできる事態の場合、{其m} は占卜主体の「意志」を表すものと推測される。また、対貞の双方に {其m} が用いられる場合もあるが、このとき {其m} は当該自体が実現するか否か占卜主体にとって不明瞭であることを示していると思われる。いずれにせよ、セロイスの法則は、特定のコンテクストに支えられたときのみに適用される、状況依存的な解釈と言える。

② 西周

{其m} は基本的に、話し手が実現を断定できない事態に対し用いられる。この点、殷代の {其m} と本質的には大差はない。これは言い換えれば、客観的には未来の出来事であっても、「実現が遠い」と判断された場合には {其m} が用いられ、実現が差し迫っていると認識された事態には {其m} が用いられない。

"irrealis"モダリティマーカーとしての {其m} のこのような機能が、結果として「意志」、「命令」、「推量」、「仮定」などの意味を生じさせたものと理解できる。

③ 上古中期

この時代に至ると、|其m| は様々な派生義を獲得する。

例えば、「一人称主語+|其m|」は話し手の「意志」を表すのに加え、当該事態が話し手にとって「実現可能性の低い事態の実現」であるという含意が表現される。これは |其m| が表す「実現の遠さ」が、時に「実現の困難さ」という意味として推論されることがあり、この推論が時代を経ると共に習慣化されたためであり、結果として、|其m| は「実現可能性の低い事態」、「実現が困難な事態」を示すマーカーとなったのである。

「二人称主語+|其m|」はそもそも聞き手への「命令」を表すが、|其m| の非現実的側面から来る「実現の遠さ」が「間接性」、すなわち聞き手に対する敬避性として推論され、時代を経ると共にこの語用論的意味が習慣化・強化された結果、上古中期には、聞き手に対する強制力を弱めるポライトネスとなったと考えられる。

さらに、|其m| は「未来」の事態や「仮定」、「反語」の他、「訝り」を表しもするが、いずれも、|其m| が "irrealis" モダリティマーカーであることから生じた意味である。さらに「比較」の「與其」では話し手が望まない選択肢に |其m| が用いられているが、人は選択を望まないものに、疑いの感情を持っているもので、そのような事態は断定的に表現できない。「與其」の |其m| は、このような話し手の感情に動機づけられていると推論される。

なお、以上の |其m| の拡張の過程は、顕著な統語的変化や、動詞＞介詞のような脱範疇化など文法化に伴う諸現象が見られず、典型的な文法化とは言えない。しかし |其m| がポライトネスのような対人表現となったり、「実現の困難さ」を示すマーカーになったのは、|其m| が "irrealis" モダリティマーカーであることによって生まれる「実現の遠さ」という意味が語用論的に「実現の困難さ」や「聞き手への敬避性」として解釈され、これが時間と共に意味として定着するという語用論的強化に当たると考えられる。序章で言及したように、語用論的強化が文法化に付随する現象であることに鑑みれば、|其m| のこうした拡張は「広義の文法化」と言うことができ、従来指摘を見なかったが、|其

m| もまた文法化という枠組みの中で語ることができるものと言える。

注

(67) 本章第3.1.節は戸内2007aの一部分を、第3.2.節は戸内2011を加筆・修正したものである。

(68) 藤堂1953/1987：195-199、山崎1989：40、鈴木1991/1994：230、Takashima 1996：28、骆锤炼・马贝加2007：12-13、陳英傑2008：654-662、Takashima & Serruys 2010 vol Ⅱ：24など。

(69) |其m|と|其p|の区分の基準については、3.2.3.節を参照。なお上古中期の|其p|は基本的に属格（genetive）を表し、「名詞＋之」に代用されるものであることが知られている（Pulleyblank 1995：64及びPulleyblank 1995：80など）。例えば、

　　　君欲楚也夫，故作其宮。(『左伝』襄公三十一年)
　　　〔君は楚を望んでいた。故にその（楚の）宮殿を作った〕

この|其p|は「楚」を指し示す属格代名詞である。さらに、

　　　北戎侵鄭。鄭伯禦之，患戎師，曰："彼徒我車，懼其侵軼我也。"(『左伝』隠公九年)
　　　〔北戎が鄭に侵入した。鄭伯は防御につくと、戎軍の進撃を心配して言った、「あちらは歩兵で（身軽で）、我らは兵車に乗っている（から動きが重い）。私は彼らが我が方に突撃してくることを恐れている」〕

上古中国語において、主述構造が主語或いは目的語になるとき、謂わば埋め込み文（embedded sentence）のとき、「名詞＋之＋動詞」構造で表されるが、「名詞＋之」は|其p|で代示（substitution）できる。上の例に則せば「其」は「戎師之」を代示したもので、謂わば、「懼其侵軼我」＝「懼戎師之侵軼我」という関係である。

なお、上古中期中国語の|其p|は基本的に単独で文の主語・目的語にならない。

(70) さらに殷代文字資料には|其p|と近い用法の「氒（厥）」字も見られない。属格代名詞として「氒（厥）」字→|其p|に直接的な継承関係を認める研究もあるため（唐钰明1990）、「氒（厥）」字についてここで少し触れておきたい。従来、甲骨文や殷金文の「氒（厥）」字の存在を肯定する研究者も多く、例えば、中國社會科學院考古研究所1965：488や徐中舒1998：1356といった甲骨文字の字典類は佚存119中の「氒」字を「氒（厥）」字と分析している。このほか、张玉金1994：133-134も虚詞の一項目としてこの文字を挙げている。しかし、

第3章　上古中国語における非現実モダリティマーカーの「其」の通時的展開　　*177*

张玉金2006：202は前言を翻し、その存在を否定するようになった。さて、実際に「叀（厥）」として挙げられている文字を見ると、それが「叀（厥）」であるかは極めて疑わしいと言わざるを得ない。以下は中國社會科學院考古研究所1965や徐中舒1998の挙げる「叀（厥）」字の代表的用例である。

　　　□▨（厥？）賓□。（佚存119＝合集15196）
　　〔文意不詳〕
　　　辛卯卜敵貞："我勿▨（巳）賓，不若。"（佚存119＝合集15196）
　　〔辛卯の日の卜い、敵が検証した、「我々は祀の祭祀と賓の祭祀を行うまい。
　　（行えば、）帝の意思に反する」と。〕

共に「賓」字を有することから、この2文は内容的に関連のある卜辞であると言える。そうであるならば、前者「▨賓」は後者「▨（巳）賓」とパラレルな表現であり、これにより従来「厥」と隷定されてきた「▨」字は実際には「巳」字であったと考えるべきである。同様に、徐中舒1998：1356の引く《菁華》3.1にも「▨」字があるが（徐中舒1998は引用元を《菁華》1と誤記する）、これもまた「巳」の異体字であろう。なお、「巳」字の釈読は未だ定まっていない。李学勤2002/2005：17は「改」に、Takashima & Serruys 2010 vol II：566-567は「始」や「祀」に読める可能性を挙げる。

　この他、中國社會科學院考古研究所1965：488は「叀（厥）」字として「▨」に類する形の文字を多く引いているが、それらは現在では「斗」に隷定されるものである。さらに、张玉金1994：133-144は殷代の青銅器銘文より「叀（厥）」字を引いているが、张玉金2006：202が自身で指摘しているように、挙げた用例はいずれも殷金文のものではなく西周金文のものである。いずれにせよ、「叀（厥）」字も |其p| も殷代には存在していない見込みが高いと言えるが、「叀（厥）」字が果たして |其p| の直接的な祖先に当たるかどうかについては、これ以上ここでは深く立ち入らないこととする。

(71)　このほか、より繁化した「▨（諆）」（叔䟏父卣：集成5428）や「▨（䛒）」（叔䟏父卣：集成5428）もまれに見える。

(72)　本銘文の解釈は研究者によって出入りがあるが、ここでは王輝2006：193に従う。

(73)　唐钰明1990：294は"二字音理相通，完全具备了通假的条件（「其」と「厥」は音的特徴が通じ、完全に通仮の条件を備えている）"と述べる。

(74)　『広韻』で「其」は群母であるが、その初文と言われる「箕」は見母である。「其」の声母の音価について、鈴木1991/1994は、
　　　「其」は、(中略)、もともと、「箕」(kɪəg) の音であったものと考えられる。

しかし、後漢の頃には、すでに、その声母が濁音gのものになって来ていたように考えられる。(鈴木1991/1994：243)

として、上中古間において*k->g-の変化を想定している。

(75) 能原鎛（集成155）の「丌」字の原文は右図のようである。これが「丌」字の初出だというのは張光裕・鄧佩玲2004：469による。この他、「丌」字は西周中期の牧簋（牧敦とも称される）にもその姿を見ることができる。この器は宋の薛尚功『歴代鐘鼎彝器款識』が初出であるが、器も拓本も早くに失われており、模本が残されているのみで、これについて郭沫若1958：巻六75葉は"此銘僅見宋人著彔，傳世已久，摹刻失真，字有未能識者（この銘文はわずか宋代の著録にのみ見え、世に伝わること長かったため、模本は元のままではなく、読めない文字がある）"と述べる。従ってそこに「丌」字が書かれていたかどうかについては実際のところ疑念を抱くに足るものであるため、ここでは調査対象外とした。また西周中期の丌戟にも族徽として「丌」が見えるが、固有名詞を表すものであるため、「其」に該当するかなお不明瞭であり、これも調査対象外とした。

(76) 但し、秦系文字だけは古い形の「其」字を使用し続ける。睡虎地秦簡では「丌」形が『日書』といった民間俗書に数例見える程度で、その他の法律系文書ではほぼ「其」形に作る。

(77) 本研究では「亦声」も音を表しているという点で表音要素の一種であると考え、「丌」声符説として処理した。乃俊廷2002：286-287はこれを区別して論じている。

(78) 注（75）でも述べたように、族徽の「丌」は除く。

(79) 戸内2006を参照。

(80) 楊樹達1928/1986：142-145は"副詞　殆也"、"時間副詞　將也"、"反詰副詞　豈也"、"命令副詞"、"假設連詞　若也、如也"と分析し、また楊伯峻1981：111-114や何乐士1984/2004：397、楊伯峻・何乐士2001：237/340/345/356等は"推度、推測（推量、推測）"、"未来（未来）"、"反诘（反語）"、"命令、祈使（命令）"の意味項目を挙げる。この他、Malmqvist 1981：369-373も"Necessity（必要性），Permission（許可），Volition（意志），Ability（能力）"と、"Certainty（確定性），Possibility（可能性），Future（未来）"のモダリティ的意味を表し得ると述べる。

(81) 山崎氏は同時に、|其m| に「主語の焦点化」という機能も認めている。これは |其m| を代名詞由来のものと見なし、主語を照応（anaphora）しているとの考えによるものであるが、筆者は3.1.節及び3.4.4.節で言及するように |其

第 3 章　上古中国語における非現実モダリティマーカーの「其」の通時的展開　　*179*

　　　 m|が代名詞より成立したという説に極めて懐疑的である。
(82)　王力1944-1945：229-230は中国語において副詞と語気詞の境界が曖昧であることを、また郭錫良1988/2005：64-65は全ての語気詞は特定の単一語気のみを表すことを論じている。
(83)　魏培泉1999：261は"「其」主要的功能是表示「非真實」（irrealis）（「其」の主要機能は非現実（irrealis）を表すことである）"と述べる。
(84)　なお、|其 m|は『左伝』に頻出するが、これはバートンワトソン1957：1も述べるように、「左傳では大體の見當を付ければ直接話法が三分の二か、四分の三位を占めている」ことによるところが大きい。
(85)　例えば、魏培泉1999：263は「其將」はあってもその逆はないことを指摘している。但し、語順については上古前期と上古中期の|其 m|にはやや違いが見られる（3.3.節以降参照）。
(86)　魏培泉1999：261はこれを"法相副詞（modal adverb）"と呼称する。
(87)　『孟子』、『韓非子』にも|其 m|は散見されるが、これらの文献では衰退傾向にあり、その使用頻度は『論語』、『左伝』と比べ大幅に低下するため、今回は調査範囲に含めない。
(88)　定州漢簡は河北省文物研究所定州漢墓竹簡整理小組1997、平壤貞柏洞竹簡は李成市等2010による。
(89)　楊樹達1928/1986：144はこの種の「其」を"轉接連詞（逆接接続詞）"と称しているが、鈴木1991/1994：234が夙に指摘したように、"選擇連詞（選択接続詞）"の誤りであろう。
(90)　但し、主語が「誰」、「孰」の疑問文の時、|其 m|は主語と動詞の間ではなく、文頭で用いられることがある（例（250）「其誰」）。これについて魏培泉1999：270-271は、「誰」、「孰」は名詞主語ではなく連用修飾語的なものであるためだと説明する。
(91)　「抑」字の上古韻部の帰属については問題も多い。「抑」は中古音韻地位では影母職韻開口三等入声曾摂であることから、遡ると上古声韻は影母職部（*-k）であることが予想されるが、『毛詩』において「抑」/「怭」/「秩」/「匹」といった質部との押韻が散見されることから*-t韻尾の質部字と見なされることもある。この議論については戸内2010：84-85にて詳論している。
(92)　例えば、
　　　　將行，謂叔向："<u>吾子勉之</u>。"（『左伝』襄公二十九年）
　　　　〔（孫文子は）まさに出発しようとしている際に、叔向に言った、「<u>頑張っ

　　　　　て下さい」と〕
　　　これは衛の大夫孫文子が晋の大夫叔向に言った言葉であるが、互いに同輩同士
　　　であるため、｜其 m｜ が用いられないと解される。
(93)　例文の訳において ｜其 m｜ による丁寧さは「～してください」という表現で
　　　反映させる。
(94)　このほか二人称代名詞と ｜其 m｜ の共起は以下の例のように春秋時代の金文
　　　にも見ることができる。本書の序章でも述べたように上古中期の金文は西周金
　　　文の文体を模倣したものが多く、さらに西周の「女（汝）」は目下・目上を問
　　　わず指示できるものであるため、以下のような「女其」という統語構造は、必
　　　ずしも本論の反例とはならない。なお、二人称代名詞と共起する西周時代の ｜其
　　　m｜ については3.3.3.1.2.節にて検証する
　　　　　女其用茲。(者沪鐘：集成122)
　　　　　〔そなたはこれを用いよ〕
(95)　例文の訳は、｜其 m｜ がないものは断定表現で、｜其 m｜ があるものは「～よ
　　　う」にて反映させた。
(96)　例文の訳は、｜其 m｜ がないものは断定表現で、｜其 m｜ があるものは「～だ
　　　ろう、でしょう」の推量表現で反映させた。
(97)　少数ながら「疑問詞＋其」の語順も見られる。例えば、(84)「誰其嗣之」。
(98)　以下のような「若其」の ｜其 m｜ が「仮定」を表す語か、代名詞かは、研究
　　　者により解釈が異なる。
　　　　　若其不還，君退臣犯。(『左伝』僖公二十八年)
　　　　　〔もし退かなければ、君が退いているのに臣下が攻め入ることになる〕
　　　杨伯峻・何乐士2001：129は上の「其」を代名詞と認めているが、一方で何乐
　　　士1984/2004：405は「若其」の「其」を副詞（本研究の言うところの ｜其 m｜）
　　　と見なしている。筆者は、「若」を用いた仮定文に以下のような「若SゝV」
　　　の構文があり、「若其」の「其」が「S＋之」の代示である可能性を考慮して（注
　　　(69) を参照)、これを ｜其 p｜ と考え、例 (256)(257) の如き「S其V」の構
　　　文のみ ｜其 m｜ と認定する。
　　　　　若楚之遂亡，君之土也。(『左伝』定公四年)
　　　　　〔もし楚がそのまま亡びれば、君の土地となる〕
(99)　『孟子』、『韓非子』、『戦国策』、『史記』など時代が下った文献には ｜其 m｜
　　　を用いない「與…, 寧/不如」構文がある。これらの文献は ｜其 m｜ が衰退傾
　　　向にある時代で、『論語』、『左伝』の「與其」と単純に比較はできないが、参

考のために、以下『戦国策』における「＋|其m|」と「－|其m|」の用例を挙げる。

【＋|其m|】

　我與其處而待之見攻，不如先伐之。(『戦国策』秦五・楼𦽀約秦魏)

　〔我々は留まって魏を待って攻められるよりも、先に魏を討つ方が良い〕

【－|其m|】

　齊宣王見顏斶，曰："斶前。"斶亦曰："王前。"宣王不悅。左右曰："王，人君也。斶，人臣也。王曰：'斶前'，亦曰：'王前'，可乎？"斶對曰："夫斶前為慕勢，王前為趨士。與使斶為趨勢，不如使王為趨士。"(『戦国策』斉四・斉宣王見顏斶)

　〔斉の宣王が顏斶と会って言った、「斶よ、前へ」と。斶も言った、「王様、前へ」と。宣王は気分を害した。側近が「王様は人君である。そなたは人臣である。王様が『斶よ、前へ』とおっしゃり、そなたも『王様、前へ』と言ったが、それでよいのか」と尋ねると、斶はこう答えた、「そもそも私が王の前に行けば権勢にすり寄る者となり、王が私の前に行けば士に自ら近づく者となります。私を権勢にすり寄る者とするよりは、王をして士に近づく者とする方が良いでしょう」と。〕

(100)　"3SG"は三人称単数を、"PRES"は現在を、"SUBJ"は接続法を示す。

(101)　"3PL"は三人称複数を、"AOR"はアオリストを、"SUBJ"は接続法を示す。

(102)　文末助詞の例は、例えば、

　夜如何其？夜未央。(『毛詩』小雅・庭燎)

　〔夜は何時になったであろうか、夜はいまだ真夜中を過ぎていない〕

この種の「其」は用例が少ない上、本研究が中心として取り上げる|其m|とは統語的位置が全く異なる。また、

　有頍者弁，實維何期？(『毛詩』小雅・頍弁)

　〔頭上に高く立っているものは皮冠であるが、これは本当に何なのか〕

ともあるが、「期」字に対し、『経典釈文』は「本亦作其，音基，辞也」と注を付している。これにより文末で用いられる「期」が時に「其」で表記されていたことが分かるが、一方で|其m|にこの種の統語的位置で用いられる例はない。従って本研究では文末の「其」を|其m|には含めない。

(103)　この他、Schuessler 1987：471-472は「其」を"to anticipate, expect（予想する、予期する）"の意味を持った動詞と解釈している。これは恐らくSerruys 1981：342-343が甲骨文の「其」を"to anticipate"という意味の動詞であると解釈し

た影響であろう。甲骨文の「其」については 3.4. 節で詳論する。
(104)「中或」については「中國」と解されることも多いが、ここでは大西 2002b：448-451 によって「中域」と読む。
(105)「各（格）」字の解釈については、「宗廟の祭祀に参加させるの意」とする白川 1964-1984 巻三上：99 に従った。
(106) なお「一人称主語＋|其m|」は西周甲骨文には見られない。
(107) 各家の解釈については張経 2002：52-53 が列挙している。
(108) なお、西周甲骨文に「二人称主語＋|其m|」の用例はない。
(109)『尚書』には時に主語の前の |其m| が見えるが、春秋時代の |其m| が主語の後ろであることがデフォルトであることと比すれば、やや奇妙な語順である。斯様に西周時代の |其m| の語順は後の時代に比べ自由度が高い。
(110) 無論、命令対象の尊卑の差――群臣か康叔か――が |其m| の使用に影響を与えたと考えられないわけではない。しかし、康叔は成王の叔父に当ることから、寧ろ (297) にこそ |其m| の使用が期待されるが、事実は反対で、群臣に対する命令を表す (295) に |其m| が用いられている。
(111) 金文の中で感嘆詞「烏乎」がネガティブな感情を表す例として、以下の銘文が挙げられる。

烏摩，哀哉。用天降大喪于下或（域）。（禹鼎：集成 2855）
〔ああ、哀しいことだ。天は大いなる災いを下界に降された〕

(112)「𤞷（爾）」字については、白川 1964-1984 巻六：179 は「爾」と隷定せず、氏族名とするも、張政烺 1980/2004：532 など諸家が指摘しているように、師獸簋などに「女有佳小子」という構造の平行した文があることから、二人称代名詞との理解が妥当と思われる。「有」を「舊」と讀むのは張政烺 1980/2004：532 による。また「小子」については、孫斌来 1984：47 によって、「幼子」ではなく官名と解した。
(113) |其m| が否定詞に後続する「不其」は一見すると異例な語順のように見えるが、後述するように、甲骨文ではこの語順がデフォルトであるうえ、『左伝』にも一部見られる。例えば (195)「秦不其然」(『左伝』僖公十五年)。
(114)「嚴」字の意味については諸説あるが、ここでは陳劍 2007c：253 による。
(115) 但し先祖が上帝のところにいることを述べる場合、|其m| が常に用いられるわけではない。例えば、

皇考嚴在上，翼在下。（虢叔旅鐘：集成 241）
〔亡父は恭しく天帝のところにおり、また地上にいる〕

これは話し手が、先祖が天上にいることを断定的に提示しているのであろう。
(116) 本例の解釈は朱歧祥1997：71による。
(117)「無競」について、林義光『毛詩通解』が「無疆」と読んでいるのに従う（石川2000：316）。
(118)「撫」字の解釈には諸説ある。孔安国伝や孔穎達疏は「撫安」で読むも、孫星衍は「鄭注曲禮云：″猶據也″」と解し、加藤常賢1983：209-211は「貌」に読む。ここでは孔安国伝及び孔穎達疏に従う。
(119) 西周金文に見える次の例が仮定文か否かは判断が難しい。
　　　辛未王其逐虞（獹）兕（？），亡省。（周原H11：113）
　　　〔①もし辛未の日に王が豚と水牛を追えば、災いがない／②辛未の日に我が王は豚と水牛を追おう。そうすれば災いがない〕
　　一見すると①の仮定文としての解釈が成り立ちそうではあるが、後段3.4.2.1節で取りあげる甲骨文の |其m| には王や貞人といった殷側の「意志」を表す |其m| があり、もし上例も同じ表現であるならば、②の解釈も成り立ち得る。
(120) 董珊2008は琱生簋の「其」を″′其′是表示假設、將然語氣的助詞（「其」は仮定を表し、将然の語気の助詞である）″と解する。
(121)「媵器」については、「（某よ＝贈与される者への呼びかけ）子子孫孫まで万年永く（この器を）宝として用いんことを」というように、聞き手（器を贈与された娘）への命令・要求として解釈する。
(122)「萬年」の解釈については、陳英傑2008：668の如く単に″時間狀語（時間の連用修飾語）″との解釈がある一方で、陳初生・曾憲通2004：1142のように″祝頌之辭，猶言′萬歲′（祝いの言葉であり、「万歳」と言うのと同じである）″との意見もある。本研究では後者に従い、「万年栄えんことを言祝ぐ」という動詞的意味で解した。家井2004：40-41は、後者の解釈で、春秋期に位置づけられる邾公釛鐘（集成102）の「君以萬年」を「（先）君（の霊力）以て（わが家の）萬年（の繁榮）ならんことを（祈る）」と訳す。
(123)「子子孫孫」の表記は銘文中、「子孫、子子孫孫、子子孫、子孫孫、孫子、孫子子、孫子子、孫孫子、孫孫孫孫、子子子子、子子、孫孫、子子」というように多くのバリエーションがある（陳英傑2008：662）。以下、「子子孫孫」で以て他のバリエーションを代用する。
(124)「丁」を「武丁」に解するのは陳劍2007d：82-83による。
(125)「霽」字の解釈はTakashima & Serruys 2010 vol Ⅱ：138-140による。
(126) 例えば（195）「秦<u>不其然</u>」（『左伝』僖公十五年）や（301）「天子不叚<u>不其</u>

萬年保我萬邦」（盠方尊：集成6013）など。
(127) 例えば、管燮初1953：37-38や陳夢家1956：88など。
(128) David S. Nivisonの1974年の発表原稿"Modal ch'i 其 and related expressions in Chinese of the Chou and early empire"が指摘しているようだが、筆者は遺憾ながら未見である。ここではTakashima 1994：483を参照した。
(129) 「対貞」については、注（30）を参照。
(130) 釈文はSerruys 1974の表記から一部改めた。また「旧」を「憂」と読むのは裘錫圭1992/2012による。
(131) Serruys 1985：342-343 "(to anticipate), which according to circumstance can be shifted to pejorative aspect: 'be prepared for, be ready for' (something undesirable and dreaded)."（「予期する」という意味は、状況により、「（望ましくなく恐ろしい何かに）準備・用意ができている」といった非難の意味を帯びたアスペクトにシフトしうる）
(132) Chow 1982：144-146はその1つの証拠に占辞内で「吉」と共起する「其」を引く。例えば、
　　　丙辰卜賓貞："卲（禦）"。王固曰："吉。其卲（禦）"。（殷契63＝合集15098反）
　　　〔丙辰の日に卜い、賓が検証した、「（我々は）禦祭を行う」と。王が占って言った、「吉である。禦祭を行おう」と〕
(133) 例として、Chow 1982：154は"On first learning he has a malignant cancer, many a patient is apt to doubt the physician's diagnosis（初めて悪性腫瘍を患っていることを知ったとき、おおくの患者は医者の診断を疑いがちである）"という現象を挙げる。
(134) Serruys 1981：342-343は「其」を"to anticipate"を意味する動詞と見なしているが、Takashima & Serruys 2010 vol Ⅱ：14は、「其」が"to anticipate"を表す動詞なら、それは殷王側がコントロールできる動詞であるため、「勿」によって否定されるはずだが（否定詞「勿」については注（140）を参照）、甲骨文に「勿其」という統語構造が見えないことから、「其」が動詞である可能性を否定する。Takashima & Serruys 2010の批判は極めて妥当である。
(135) 「命辞」及び「占辞」については、注（32）を参照。
(136) なお、本研究が調査する対貞は沈培 2005：201-203に従い、腹甲上（甲骨片のオモテ面）に書かれ、且つ左右対照にあるものとする。同内容で肯定否定を構成しているものでも、時に高さが甚だ一致しない場合があり、これは対貞としてカウントしない。

(137)「雀丁」については解釈が分かれるところであるが、Takashima & Serruys 2010 vol I：194及びTakashima & Serruys 2010 vol II：221は、「雀」は甲骨文中、しばしば亀甲を用意する人物として描かれていることから、ここでは殷の同盟国のリーダーであり、加えて「丁」は戦闘に従事している人物であるとの理解を提示する。ここではTakashima & Serruys 2010に従う。

(138) 本例文の解釈は、沈培2005：216による。

(139) "wish"モーダルを表す |其 m| としてTakashima 1994は以下の例を挙げる。

甲辰卜敵貞："奚來白馬。"王固曰："吉。其來。"（丙編157＝合集9177）

〔甲辰の日にト占、敵が検証した、「奚は白馬をもたらす」と。王が占って言った、「吉である。白馬をもたらさんことを願う／白馬をもたらすであろう」と〕

「白馬をもたらさんことを願う」は "May（Xi）be going to bring（them）" とするTakashima 1994：500の解釈である。

(140) 甲骨文において、ある動詞がコントロールできるかできないかは、否定詞によって判断できる。Takashima 1988は「不、弗」は殷側の意志でコントロールできない動詞を否定し、「勿、母」は殷側の意志でコントロールできる動詞を否定することを指摘する。また「弜」は「勿」と同義の否定詞であり、違いは時代の前後にある（「勿」：第1期～第2期、「弜」：第2期～第5期。裘錫圭1979/2012より）。

(141)「比」字については未だ議論があり、「从」と隷定する研究者も多いが、本例文については林澐1981：69-74により、「比」に隷定し、「連合する」という意味に解釈する。例（354）の「比望乘」も同様である。

(142) 周鴻翔1969：33は、背甲の対貞が"否定句在右"になると述べる。謂わば、ウラ面は左右の肯定文と否定文がオモテ面（左：否定文、右：肯定文）と正反対の位置になるという指摘である。

(143)「早」字の解釈は陳劍2007b：150-162による。

(144)「兕」字を「水牛」と解するのは、雷煥章2007による。

(145)「見」を「献納する」の意味に解するのは陳劍2007d：82-83による。また、「子」は花園荘東地甲骨文の占ト主体である。

(146) 従って、占ト主体がコントロールできる事態の |其 m| については、「～しよう」という訳を与え、また対応する否定文「勿V」にも「～すまい」という占ト主体の意志を表すものとして訳した。命辞の「勿V」が主語の意志を表しており、「まい」に類する意味であるということは、森賀2000：12で夙に指摘されている。

(147) Takashima 1996：5-6は、以下のト辞を対貞と見なしている。

>   壬子卜爭貞："我其作邑，帝弗左若。"【R】
>
>   癸丑卜爭貞："勿作邑，帝若。"【L】（丙編147 = 合集14206正）
>
> これらをどのように解釈するかはさておき、両者を比較すると、占卜実行日が異なる点、さらに拓本では「壬子」と「癸丑」の開始位置の高さが違う点から見て、典型的対貞とは言いがたい（対貞は、一般的には日付が同じか、一方の日付がもう一方を前提に省略される）。従ってここでは、上2例を対貞としては扱わない。但し、｜其 m｜はここでは一人称主語と共起していることから、話し手の「意志」を表しているものとも解釈できる。その場合、「我々は居住地を作ろう、それを帝が反対せず許す」／「(我々は)居住地を作るまい、それを帝が許す」と訳される。Takashima 1996：6もこれを殷側の"intention"を表しているものと見なしている。

(148) 検証に当たり、「対貞」は腹甲（オモテ面）のものに限ったが、「占辞」は背甲（ウラ面）に見えることも多いため、例文は表裏を区別せず挙げる。

(149)「汎（皆）」の解釈は陳劍2007eによる。

(150) Serruys 1974の言うところ"subordination marker"は2種類のものを含んでいるようである（Chow 1982：162）。1つは3.4.3.節で検証した、複文の従属節で用いられる「其」。Serruys 1974はこれを"if / when"と訳す。今1つは動詞後の「其」で、Serruys 1974はこれを名詞節を導く接続詞の"that"として解釈する。

(151) 対貞の右側が先に発話されるものであるというのは、すでに挙げたように、沈培 2005が論証している。

(152)「肅」字について、Takashima & Serruys 2010 Ⅱ：306は「詳」と読みつつ、"specific, specifically"を表す副詞と解釈する。

(153) 沈培1992：93は「癸」を「甲」の誤写と推測する。

(154) 張玉金1994：172-173は動詞「告」の後ろの「其」を"表示動作變化發生在未來，可譯為'將要'（動作変化の発生が未来にあることを示し、「まもなく…しようとする」と訳すことができる）"と見なしているが、充分首肯し得る見解である。

(155)「言」字に関して、Takashima 1996：25ではこれを「舌」と隷定するも、Takashima & Serruys 2010 vol Ⅰ：213では「言」と改めている。ここでは後者に従う。

(156)「叀」及び「隹」がcopulaであることについては、Takashima 1990にて詳論されている。

(157) このほか、「其亡」という例外的語順の例として、以下の対貞もしばしば取

り上げられる。
　其㞢（有）來齒。
　其亡來齒。（丙篇47＝合集721正）
〔災いがあるかもしれない。災いがないかもしれない〕
しかし、沈培1992：166も指摘するように、拓本において「其亡」の部分が不鮮明であるため、果たして「其亡」という刻辞があったか否かは判然としない。

終　章

　本研究では、文法化理論に基づくより一般性の高い中国語文法史記述の全面的な展開に向けて基礎を固めることを目的とし、個別の事例として「于」、「而」、「其」の3つの機能語について、多義性・多機能性に着目しつつ、その意味機能・表現機能的分析の結果を踏まえた上で、多義・多機能に至る拡張のプロセスを「広義の文法化」という枠組みで検証した。

　以下、各章における結論の概略である。

　第1章では上古中国語に見える文法化現象の中でも最も典型的な事例として「于」を取りあげた。「于」は形態論的に「往」と関係づけられることから、本来、移動を表す動詞であったというのが有力な説であるが、殷代中国語においては多様な成分――時間、場所、受領者等――を目的語として取ることできる介詞としての機能が広く観察され、中国語史の最古の段階からすでに、相当に文法化が進んだ成分と言える。本章ではとりわけ時間介詞としての「于」に着目し、この機能がどのように成立したのかについて議論を進めた。

　時間介詞「于」はこれまで、時点を表すものと解釈されることが多く、この理解を前提として動作行為の行われる地点を導く介詞「于」から拡張したものであるとの説明が従来なされてきたが、Takashima 1990は、甲骨文の時間介詞「于」は単に時点を表すのではなく、明確な"futurity（未来時指向）"を帯びているということを指摘しており、本研究もこれを是認しつつ、以下のような文法化プロセスを構築した：「于」はそもそも移動を表す動詞であったが（甲骨文の段階ではすでに動詞的用法は見られない）、甲骨文の前段階で「V1＋于（V2）＋着点」のような連動文を構成でき、それが「V＋于（介詞）＋着点」に再分析されたことによって、移動の到着点を導く介詞に文法化し、その後、メタファー

によって時間概念領域に写像されたことで、時間介詞に拡張したと考えられる。本研究はこれまで看過されていたTakashima説を「于」の文法化研究の枠組みに導入することで、時間介詞「于」の未来時指向は移動動詞「于」の移動性の反映であると解釈しつつ、「于」についての新たな文法化のメカニズムを提示した。

　第2章では、接続詞「而」の周辺的機能である、「NP而VP」及び「NP₁而NP₂VP」構造（本研究では「NP而」文と総称）の表現機能について検討を加えた。「NP而」文の表現機能については諸説あるが、「而」は前項NP/NP₁を述語化することで、その個体性を背景化しつつ、性質を前景化する構文であることを論証した。この構文はNP/NP₁に関するフレームから導かれるイメージを喚起したり、NP/NP₁に対し談話内で付与された前提を際立たせたり、或いは話し手のNP/NP₁に対する主観・価値観を際立たせつつ、引き続いて後項でそれと矛盾する事態を述べることで、前項と後項の間に鮮明な対比を呼び起こすものである。また、周辺的な用例として、NP/NP₁の百科事典的知識や共通理解を前景化させるという機能を逆手にとって、話し手のNP/NP₁に対する主観や価値観を押しつけている表現ともなっていると推測できる。

　また「NP而」文のNP/NP₁は個体を表す名詞主語/話題ではなく、後ろに「而」を加えることで名詞述語化されたものであり、それゆえ性質が前景化されるに至ったと考えられる。この点を鑑みれば、「而」はなお前後の述語成分を繋ぐ接続詞である。とは言え、「VP而VP」構造の「而」が並列・順接・因果・逆接といった種々の関係を表せるのに比せば、「NP而」文の「而」は逆接の意味しか表し得ず、従って「NP＋而」は1つの構文として固有の意味が生じていると言える。同時に「而」はこの構文の中で、「VP而VP」の「而」とは異なる機能を獲得している。さらに、「NP而」文はNP/NP₁に対する話し手の主観や価値観をも前景化できるものであることから、「VP而VP」と比べ、より主観化している構文とも見なすことができる。主観化は文法化に伴って生じる現象である。

　以上を要するに、「而」はそもそも接続詞という文法形式であったが、「NP而」文においては機能的拡張を経ていると考えられる。「而」はこれまで文法化と

いう枠組みで語られるものではなかったが、以上の考察により多機能化していることが確認でき、「広義の文法化」の一事例として取り込むことができるのである。

　第3章では、非現実モダリティマーカーの｜其m｜を取り上げ、殷代から上古中期における意味的機能的変遷を検証した。｜其m｜はかねてより「命令」、「意志」、「推量」、「仮定」、「未来」、「反語」等を表す多義語と分析されてきたが、本研究は魏培泉1999が提起した"irrealis（非現実）"マーカーであるとする説に同意しつつ、この非現実性こそが｜其m｜の各種意味の成立に由来していると考えた。加えて、｜其m｜には聞き手に対するポライトネスや、実現可能性の低い事態への実現構想といった含意が表現されていることについても論証した。

　時代を遡った西周時代の｜其m｜も、その統語的位置や意味的分布から"irrealis"モダリティマーカーであると考えられるが、上古中期のようなポライトネスや実現可能性の低い事態への実現構想という意味が見られない。従ってこれらの意味機能は西周から上古中期に至るまでに生産されたこと、またいずれも｜其m｜の非現実という側面から来る「実現の遠さ」という解釈が、語用論的強化によって、意味として定着していったと解釈され、意味拡張における文法化のメカニズムを想定することができる。

　｜其m｜はさらに時代を遡った殷代甲骨文にも見える。甲骨文の｜其m｜については、Serruys 1974で提起した"undesirable"を表すとする説が広く受容されてきた。謂わば、望ましくない選択肢に｜其m｜がつけられるという理解であるが、本研究では占卜主体がコントロールできない事態の占卜文（災いがある、豊作になる等）のときのみSerruys説が成立するとの分析結果を得た。望ましくない事態に｜其m｜が用いられるのは、それによって、占卜主体が当該事態の実現に多かれ少なかれ疑いを持っているという主観を、非断定的に帝に示そうという意図に動機づけられているものと思われる。

　このように、｜其m｜は上古中国語の古い段階から"irrealis"モダリティマーカーであったが、時代が下ると共に種々の意味的拡張を経ていると言え、もともと文法形式であったものがさらに拡張した「広義の文法化」の枠組みで捉え

ることができるものである。

　冒頭にも述べたように、上古中国語の文法化というと、これまで統語機能面での変化を中心に考察されてきたように思われる。無論、これは文法化研究の主たる目的の1つであり、その成果はなお高い価値を有するものであるが、しかし今や文法化研究は、機能語の具体的な意味機能にも光を当て、その成果を取り込み、考察の範囲に入れなければならない。本研究は個別的事例を通して、表面的統語構造のみからでは見えない「広義の文法化」を浮かび上がらせることを目的としたが、今後の取り組むべき課題は、この研究成果を、上古中国語の他の機能語に援用しつつ、より汎用性の高い文法化モデルを提示することである。

参考文献

日本語文献

秋元実治　2014　『増補　文法化とイディオム化』、東京：ひつじ書房、2014年6月

池澤優　2011　「甘肅省天水放馬灘一號墓「志怪故事」註記」、谷中信一編『出土資料と漢字文化圏』：179-211、東京：汲古書院、2011年3月

石川忠久　2000　『新釈漢文体系112　毛詩（下）』、東京：明治書院、2000年7月

伊藤道治　1987　『中国古代国家の支配構造』、東京：中央公論社、1987年10月

家井眞　2004　『『詩經』の原義的研究』、東京：研文出版、2004年3月

太田辰夫　1958/1981　『中国語歴史文法』、京都：朋友書店、1981年7月

太田辰夫　1984　『古典中国語文法（改訂版）』、東京：汲古書院、1984年9月

大西克也　1988　「上古中國語の否定詞「弗」「不」の使い分けについて」、日本中國學會編『日本中國學會報』第40集：232-246、1988年9月

大西克也　1992　「殷周時代の一人称代名詞の用法をめぐって——殷周漢語研究の問題点——」、日本中国語学会編『中国語学』239号：115-124、1992年11月

大西克也　2002a　「戦国文字随想——系統論と統一の意義をめぐって——」、中國出土資料學會編『中國出土資料研究』第6號：85-93、2002年3月

大西克也　2002b　「「國」の誕生——出土資料における「或」系字の字義の変遷——」、郭店楚簡研究会編『楚地出土資料と中國古代文化』、東京：汲古書院、2002年3月

大西克也　2006　「戦国時代の文字と言葉——秦・楚の違いを中心に」、長江流域文化研究所編『長江流域と巴蜀、楚の地域文化』：146-174、東京：雄山閣、2006年11月

大西克也　2011a　「所有から存在へ　上古中国語における「有」の拡張」、桜美林大学孔子学院編『漢語与漢語教学研究』第2号：16-31、2011年7月

大西克也　2013　「秦の文字統一について」、中国社会科学院歴史研究所・財団法人東方学会編『第四回日中学者中国古代史論壇論文集　中国新出土資料学の展開』：127-149、東京：汲古書院、2013年8月

大西克也　2014　「『人文知』刊行に寄せて2　屈原との筆談」、『UP』第43巻第9号：6-9、東京：東京大学出版会、2014年9月

大堀壽夫　2002　『認知言語学』、東京：東京大学出版社、2002年12月

大堀壽夫　2005　「日本語の文法化研究にあたって——概観と理論的課題——」、日本語学会『日本語の研究』第1巻3号：1-17、2005年7月

尾上圭介　2001　『文法と意味Ⅰ』、東京：くろしお出版、2001年6月

尾上圭介　2004　『朝倉日本語講座6　文法Ⅱ』、東京：朝倉書店、2004年6月

貝塚茂樹　1961　「西周金文末尾の吉語について」、塚本博士頌壽記念會編『塚本博士頌壽記念佛教史學論集』：955-961、1961年2月

角道亮介　2014　『西周王朝とその青銅器』、東京：六一書房、2014年3月

加藤常賢　1983　『新釈漢文体系25　尚書（上）』、東京：明治書院、1983年9月

小林茂　2008　「西周金文の「宝・用」の主体と「其」の意味について」、『人文科学』vol.13：275-332、2008年3月

島邦男　1967　『殷墟卜辭綜類』、東京：大安、1967年11月

白川静　1964-1984　『金文通釈』、神戸：白鶴美術館、1964年-1984年

鈴木直治　1991/1994　「語気詞としての「其」について」、鈴木直治『中国古代語法の研究』：229-265、東京：汲古書院、1994年9月

高嶋謙一　1989　「殷代貞卜言語の本質」、東京大学東洋文化研究所編『東洋文化研究所紀要』第110冊：1-166、1989年10月

藤堂明保　1953/1987　「上古漢語に於ける指示詞の機能」、藤堂明保『藤堂明保中国語学論集』：183-214、東京：汲古書院、1987年3月

戸内俊介　2006　「「寸」字成立の背景とその後の展開」、中國出土資料學會編『中國出土資料研究』第10號：42-56、2006年3月

戸内俊介　2007a「"寸"、"刀"、"秋"字から見た古文字簡化に関する一考察」、佐藤進教授還暦記念中国語学論集刊行会編『佐藤進教授還暦記念中国語学論集』：77-85、東京：好文出版、2007年4月

戸内俊介　2007b「殷代漢語の時間介詞"于"の文法化プロセスに関する一考察——未来時指向を手がかりに——」、日本中国語学会編『中国語学』254号：164-180、2007年10月

戸内俊介　2010　「出土資料と上古音—上博楚簡『武王践阼』を例に—」、日本中国語学会編『中国語学』257号：79-89、2010年11月

戸内俊介　2011　「上古中国語における非現実モダリティマーカーの"其"」、日本中国語学会編『中国語学』258号：134-153、2011年10月

戸内俊介　2013　「上古中国語の「NP而VP」／「NP_1而NP_2VP」構造における「而」の意味と機能」、木村英樹教授還暦記念論叢刊行会編『木村英樹教授還暦記念中国語文法論叢』：393-413、東京：白帝社、2013年4月

冨谷至　2006　『江陵張家山二四七號墓出土漢律令の研究　譯注篇』、京都：朋友書店、2006年10月

バートンワトソン　1957　「左傳の書き方——その文學的側面について——」、京都大學文學部中國語学中國文學研究室編『中國文學報』第7冊：1-13、1957年10月

馬越靖史　2014　「金文通解　逨盤」、立命館大學白川静記念東洋文字文化研究所『漢字學研究』第2號：83-126、2014年7月

益岡隆志　2007　『日本語のモダリティ探求』、東京：くろしお出版、2007年5月

松江崇　2005　「上古漢語における人称代詞の"格屈折"をめぐって」、中国人文学会編『饕餮』第13号：138-168、2005年9月

松丸道雄　1980　「西周青銅器製作の背景」、松丸道雄編『西周青銅器とその國家』：11-136、東京：東京大学出版社、1980年6月

松丸道雄・高嶋謙一編　『甲骨文字字釋綜覽』、東京：東京大学出版会、1994年12月

松本雅明　1958　『詩経諸篇の成立に関する研究』、東京：東洋文庫、1958年1月

松本雅明　1971/1988　「周公家と召公家──召誥篇の成立をめぐる諸問題──」、『松本雅明著作集7　原始尚書の成立』：79-120、東京：弘生書林、1988年5月

松本雅明　1977/1988　「多士篇の成立──歴史意識の推移について──」、松本雅明『松本雅明著作集7　原始尚書の成立』：137-153、東京：弘生書林、1988年5月

松本雅明　1979/1988　「酒誥篇の成立──洛邑建設への道程──」、松本雅明『松本雅明著作集7 原始尚書の成立』：60-78、東京：弘生書林、1988年5月

松本曜　2003　『認知意味論』、東京：大修館書店、2003年7月

森賀一恵　2000　「卜辭の法表現」、東方文化學院京都研究所編『東方學報（京都）』第72冊：613-628、2000年3月

山崎直樹　1989　「先秦漢語における"其"の機能について」、日本中国語学会編『中国語学』236号：35-41、1989年10月

吉川幸次郎　1959-1963/1978　『中国古典選5　論語』（上・中・下）、東京：朝日新聞社、1978年2月

李成市・尹龍九・金慶浩（橋本繁訳）　2010　「平讓貞柏洞三六四號墳出土竹簡『論語』について」、中國出土資料學會編『中國出土資料研究』第14號：110-149、2010年3月

中国語文献

寶鷄市考古隊・扶風縣博物館　2007　〈陝西省扶風縣新發現的一批西周青銅器〉,《考古與文物》2007年第4期：3-12, 2007年8月

常翠霞　2010　〈也谈"子产而死","富而可求"之类句子的结构〉,《河池学院学报》

第30卷第6期：46-49，2010年12月

陳初生編纂・曾憲通審校　2004　《金文常用字典》，西安：陝西人民出版社，2004年1月

陳劍　2007a　〈甲骨金文"戔"字補釋〉，陳劍《甲骨金文考釋論集》：99-106，北京：線裝書局，2007年4月

陳劍　2007b　〈釋造〉，陳劍《甲骨金文考釋論集》：127-176，北京：線裝書局，2007年4月

陳劍　2007c　〈金文"彖"字考釋〉，陳劍《甲骨金文考釋論集》：243-272，北京：線裝書局，2007年4月

陳劍　2007d　〈說花園莊東地甲骨卜辭的"丁"——附：釋"速"〉，陳劍《甲骨金文考釋論集》：81-98，北京：線裝書局，2007年4月

陳劍　2007e　〈甲骨文舊釋"䝷"和"䇂"的兩個字及金文"䩛"字新釋〉，陳劍《甲骨金文考釋論集》：177-233，北京：線裝書局，2007年4月

陈丽敏　2009　〈浅释《诗经·小雅》中的"其"字的用法〉，《延安职业技术学院学报》第23卷第6期：40-43，2009年12月

陳夢家　1956　《殷虛卜辭綜述》，北京：中華書局，1956年7月

陳夢家　1957　《尚書通論》，上海：商務印書館，1957年7月

陳年福　2010　《殷墟甲骨文摹釋全編》，北京：線裝書局，2010年12月

陳斯鵬　2011　《楚系簡帛中字形與音義關係研究》，北京：中國社會科學出版社，2011年3月

陳偉主編　2009　《楚地出土戰國簡册〔十四種〕》，北京：經濟科學出版社，2009年9月

陳英傑　2008　《西周金文作器用途銘辭研究》，北京：線裝書局，2008年10月

陳永正　1992　〈西周春秋銅器銘文中的語氣詞〉，《古文字研究》第19輯：565-579，北京：中華書局，1992年8月

陈祝琴　2009　〈"子产而死""富而可求"类句子的语义问题〉，《南京师范大学文学院学报》2009年第2期：159-165，2009年6月

崔永東　1994　《西周金文虛詞解釋》，北京：中華書局，1994年5月

大西克也　2004　〈施受同辭芻議——《史記》中的「中性動詞」和「作格動詞」〉，高島謙一・蔣紹愚編《意義與形式——古代漢語語法論文集》：375-394，München: Lincom Europe，2004年

大西克也　2009　〈上古汉语"使"字使役句的语法化过程〉，中国社会科学院语言研究所历史语言学一室编《何乐士纪念文集》：11-28，北京：语文出版社，2009年6月

大西克也　2011b　《〈上博七・君人者何必安哉〉「有白玉三回而不戔」及其他〉，《第十屆中國訓詁學國際學術研討會論文集》：81-87，2011年5月

丁邦新　2001　〈從毛詩「其雨」的用法看卜辭中命辭的性質〉，《臺大文史哲學報》第54期：37-44，2001年5月

丁福保編　1959　《說文解字詁林》，臺北：臺灣商務印書館，1959年12月

丁聲樹　1935　〈釋否定詞「弗」「不」〉，《慶祝蔡元培先生六十五歲論文集》下冊：967-996，北平：國立中央研究院，1935年1月

董连池　1990　〈假设分句主谓之间"而"字新探〉，《古汉语研究》，1990年第2期（总第7期）：25-29，1990年7月

董蓮池編　2011　《新金文編》，北京：作家出版社，2011年10月

董蓮池編　2013　《商周金文辭彙釋》，北京：作家出版社，2013年6月

董珊　2008　〈侯馬、溫縣盟書中"明殛視之"的句法分析〉，復旦大學出土文獻與古文字研究中心（http://www.gwz.fudan.edu.cn/SrcShow.asp?Src_ID=309），2008年1月15日

董作賓　1931/1962　〈大龜四版考釋〉，楊家駱主編《董作賓學術論著》：285-328，1962年2月

董作賓　1933/1962　〈甲骨文斷代研究例〉，楊家駱主編《董作賓學術論著》：371-488，1962年2月

方有国　2002　〈古汉语主谓间"而"字研究〉，《西南师范大学学报（人文社会科学版）》第28卷第4期：145-149，2002年8月

方有国　2015　《先秦汉语实词语法化研究》，成都：巴蜀书社，2015年4月

馮勝君　2006　〈談談郭店簡《五行》篇中的非楚文字因素〉，武漢大學簡帛研究

中心主辦《簡帛》第一輯：45-52，上海：上海古籍出版社，2006年10月

復旦大學出土文獻與古文字研究中心研究生讀書會　2008　《《上博七·武王踐阼》校讀》，復旦大學出土文獻與古文字研究中心（http://www.gwz.fudan.edu.cn/SrcShow.asp?Src_ID=576），2008年12月

傅书灵　2010　〈关于古汉语"名而动"的一点思考〉，《中国语文》2010年第5期（总第338期）：461-468，2010年9月

顧頡剛　1926/1992　〈論今文尚書著作時代書〉，《民國叢書》第四編65歷史·地理類《古史辨》第一冊：200-206，上海：上海書店，1992年12月

管燮初　1953　《殷墟甲骨刻辭的語法研究》，北京：科學出版社，1953年10月

郭沫若　1958　《兩周金文辭大系圖錄考釋》，北京：科学出版社，1958年1月

郭锡良　1988/2005　〈先秦语气词新探〉，郭锡良《汉语史论集（增补本）》：53-81，北京：商务印书馆，2005年10月

郭锡良　1997　〈介词"于"的起源和发展〉，《中国语文》1997年第2期：131-138，1997年3月

海老根量介　2012　〈放馬灘秦簡鈔寫年代蠡測〉，武漢大學簡帛研究中心編《簡帛》第7輯：159-170，2012年10月

韓耀隆　1973　〈甲骨卜辭中"于"字用法探究〉，《中國文字》第49冊：（頁數無記載）

何乐士　1984/2004　〈《左传》的语气词"其"〉，何乐士《左传虚词研究（修订本）》：357-370，北京：商务印书馆，2004年12月

何乐士　1999/2004　〈《左传》的连词"而"〉，何乐士《左传虚词研究（修订本）》：447-479，北京：商务印书馆，2004年12月

何琳儀　1998　《戰國古文字典 戰國文字聲系》，北京：中華書局，1998年9月

河北省文物研究所定州漢墓竹簡整理小組1997　《論語 定州漢墓竹簡》，北京：文物出版社，1997年7月

胡宪丽　2005　〈论《诗经·国风》中"其"字的用法〉，《池州师专学报》第19卷第6期：49-51，2005年12月

华东师范大学中国文字研究与应用中心2001　《金文引得 殷商西周卷》，南宁：

广西教育出版社，2001年10月

黄天树 2006 〈《殷墟花園莊東地甲骨》中所見虛詞的搭配和對舉〉，黄天樹《黄天樹古文字論集》：401-411，北京：學苑出版社，2006年8月

黄天树 2007 《殷墟王卜辞的分类与断代》，北京：科学出版社，2007年10月

黄伟嘉 1987 〈甲骨文中在、于、自、从四字介词用法的发展变化及其相互关系〉，《陕西师大学报》1987年第3期：66-75，1987年4月

季旭昇 2002 《説文新證》上冊，臺北：藝文印書館，2002年10月

冀小军 1993 〈说甲骨金文中表祈求义的䊠字——兼谈䊠字在金文车饰名称中的用法〉，《湖北大学学报（哲学社会科学版）》1991年第1期：35-44，1993年

蒋善国 1988 《尚书综述》，上海：上海古籍出版社，1988年3月

雷焕章（葛人 译） 2007 〈商代晚期黄河以北地区的犀牛和水牛——从甲骨文中的兕和兕字谈起〉，《南方文物》2007年第4期：150-160，2007年

黎路遐 2010 〈也论转折连词"然"和"然而"的形成〉，Cahiers de Linguistique—— Asie Orientale 39：213-245

李圃主编 1999-2004 《古文字詁林》，上海：上海教育出版社，1999年-2004年

李守奎编 2003 《楚文字编》，上海：華東師範大學出版社，2003年12月

李守奎·曲冰·孫偉龍编 2007 《上海博物館藏戰國楚竹書（一－五）文字編》，北京：作家出版社，2007年12月

李曦 2004 《殷墟卜辞语法》，西安：陕西师范大学出版社，2004年1月

李学勤 1990 〈放马滩简中的志怪故事〉，《文物》1990年第5期（总407期）：43-47，1990年5月

李学勤 1999 〈戎生编钟论释〉，《文物》1999年第9期：75-82，1990年9月

李学勤 2002/2005 〈释"改"〉，李学勤《中国古代文明研究》：16-20，上海：华东师范大学出版社，2005年4月

李学勤·彭裕商 1996 《殷墟甲骨分期研究》，上海：上海古籍出版社，1996年12月

李学勤·唐云明 1979 〈元氏铜器与西周的邢国〉，《考古》1979年1期：56-88，1979年1月

李宗焜　2012　《甲骨文字编》，北京：中華書局，2012年3月

林素清　2004　〈郭店、上博《緇衣》簡之比較——兼論戰國文字的國別問題〉，謝維揚・朱淵清主編《新出土文獻與古代文明研究》：83-96，上海：上海大學出版社，2004年4月

林澐　1981　〈甲骨文中的商代方国联盟〉，《古文字研究》第6辑：67-92，北京：中华书局1981年11月

刘桓　2003　〈金文偶札（四则）〉，《考古与文物》2003年5期：82-90，2003年9月

刘坚・曹广顺・吴福祥　1995　〈论诱发汉语词汇语法化的若干因素〉，《中国语文》1995年第3期（总第246期）：161－169，1995年5月

陆俭明　1959　〈现代汉语中一个新的语助词"看"〉，《中国语文》第10期：490-492，1959年10月

罗端（Redouane Djamouri）　2007　〈语法化与上古汉语介词的来源〉，沈家煊・吴福祥・李宗江主编《语法化与语法研究（三）》：126-139，北京：商务印书馆，2007年8月

罗端　2009　〈金文看"以"字语法化的过程〉，《中国语文》2009年第1期（总328期）：3-9，2009年1月

罗国强　2007　〈"于"的动词用法探讨〉，《古汉语研究》2007年第2期（总第75期）：73-75，2007年6月

羅振玉　1914/1981　《增訂殷虛書契考釋》，臺北：藝文印書館，1981年3月

骆锤炼・马贝加　2007　〈《诗经》代词"其"和话题的关系—兼论"其"的语法化〉，《语文研究》2007年第1期：11-14，2007年2月

吕叔湘　1941/1982　《中国文法要略》，北京：商务印书馆，1982年8月

吕叔湘　1955/1984　〈論毋與勿〉，《汉语语法论文集（增订本)》：73-102，北京：商务印书馆，1984年4月

马贝加　2014　《汉语动词语法化》，北京：中华书局，2014年4月

馬承源主編　1986-1999　《商周青銅器銘文選》，北京：文物出版社，1986年-1999年

馬建忠　1898/1983　《馬氏文通》，北京：商务印书馆，1983年9月

毛毓松　1994　〈论《诗经》句中的"其"〉，《广西师范大学学报（哲学社会科学版）》第30卷第1期：24-32，1994年3月

梅廣　2003　〈迎接一個考證學和語言學結合的漢語語法史研究新局面〉，何大安主編《第三屆國際漢學會議論文集 古今通塞：漢語的歷史與發展》：23-47，臺北：中央研究院語言研究所（籌備處），2003年6月

梅廣　2015　《上古漢語語法綱要》，臺北：三民書局，2015年4月

梅祖麟　1988　〈汉语方言里虚词"著"字三种用法的来源〉，《中国语言学报》第3期：193-216，北京：商务印书馆，1988年12月

梅祖麟　2004　〈介词"于"在甲骨文和汉藏语里的起源〉，《中国语文》2004年第4期：323-332，2004年7月

乃俊廷　2002　〈西周金文「其」字中的「丌」形偏旁研究〉，《第十三屆全國暨海峽兩岸中國文字學學術研討會論文集》：285-292，臺北：萬卷樓圖書，2002年4月

潘玉坤　2005　《西周金文語序研究》，上海：華東師範大學出版社，2005年5月

裘燮君　2005　〈连词"而"语法功能试析〉，《广西师范学院学报（哲学社会科学版）》第26卷第3期：96-103，2005年8月

裘錫圭　1979/2012　〈說"弜"〉，裘錫圭《裘錫圭学术文集》第一卷：15-19，上海：復旦大學出版社，2012年10月

裘錫圭　1981/2004　〈谈谈地下材料在先秦秦汉古籍整理工作中的作用〉，裘錫圭《中国出土文献十讲》：140-157，上海：复旦大学出版社，2004年12月

裘錫圭　1986/2012　〈釋"求"〉，裘錫圭《裘錫圭學術文集》第一卷：274-284，上海：復旦大學出版社，2012年10月

裘錫圭　1988　〈关于殷墟卜辞的命辞是否问句的考察〉，《中国语文》1988年第1期（总202期）：1-20，1988年1月

裘錫圭　1992/2012　〈說"旧"〉，裘錫圭《裘錫圭学术文集》第一卷：377，上海：復旦大學出版社，2012年10月

裘錫圭　1993/2012〈釋殷虛卜辭中的"𠙴""𠙽"等字〉,《裘錫圭學術文集》第一卷:391-403,上海:復旦大學出版社,2012年10月

裘錫圭　2010/2012〈談談殷墟甲骨卜辭中的"于"〉,裘錫圭《裘錫圭學術文集》第一卷:527-551,上海:復旦大學出版社,2012年10月

單周堯　1989〈讀王筠《說文釋例·同部重文篇》札記〉,《古文字研究》第17輯:362-404,北京:中華書局,1989年6月

沈培　1992《殷墟甲骨卜辭語序研究》,臺北:文津出版社,1992年11月

沈培　2005〈殷墟卜辭正反對貞的語用學考察〉,丁邦新·余靄芹主編《漢語史研究:纪念李方桂先生百年冥誕論文集》:191-233,臺北:中央研究院語言學研究所,2005年6月

沈培　2006〈关于殷墟甲骨文"今"的特殊用法〉,《古文字研究》第26輯:63-69,北京:中华书局,2006年11月

沈培　2010〈再談西周金文「叚」表示情態的用法〉,復旦大學出土文獻與古文字研究中心網站(http://www.gwz.fudan.edu.cn/SrcShow.asp?Src_ID=1186),2010年6月16日

石毓智·李讷　2001《汉语语法化的历程——形态句法发展的动因和机制》,北京:北京大学出版社,2001年11月

石毓智　2006《语法化的动因与机制》,北京:北京大学出版社,2006年12月

时兵　2003〈也论介词"于"的起源和发展〉,《中国语文》2003年第4期(总第301期):323-332,2003年7月

松江崇　《古漢語疑問實語詞序變化機制研究》,東京:好文出版,2010年2月

宋洪民　2009〈也谈"名而动"结构〉,《中国语文》2009年第2期(总第329期):184-187,2009年3月

宋亚云　2014《汉语作格动词的历史演变研究》,北京:北京大学出版社,2014年2月

孙斌来　1984〈何尊铭文补释〉,《吉林师大学报》1984年第2期:45-49,1984年7月

谭景春　1998〈名形词类转变的语义基础及相关问题〉,《中国语文》1998年第

5期（總266期）：368-377、1998年9月

滕壬生 2008 《楚系簡帛文字編（增訂本）》，武漢：湖北教育出版社，2008年10月

唐鈺明 1990 〈其、厥考辨〉，《中国语文》1990年第4期（总第217期）：293-297，1990年7月

王輝 2006 《商周金文》，北京：文物出版社，2006年1月

王錦慧 2011 〈上古漢語伴隨動詞的語法化探究〉，《國文學報》第50期：117-142，2011年12月

王力 1945/1984 《中国语法理论》，《王力文集》第1卷，济南：山东教育出版社，1984年1月

王力 1962-1964 《古代汉语》，北京：中华书局，1962年-1964年

王穎 2005 〈金文考释二则〉，《中国文字研究》第6辑：56-58，南宁：江西教育出版社，2005年10月

王宇信 1984 《西周甲骨探论》，北京：中国社会科学出版社，1984年4月

魏慈德 2006 《殷墟花園莊東地甲骨卜辭研究》，臺北：臺灣古籍出版有限公司，2006年2月

魏培泉 1999 〈論先秦漢語運符的位置〉，Linguistics Essays in Honor of Mei Tsu-lin: Studies on Chinese Historical Syntax and Morphology（Ed. by Alain Peyraube and Sun Chaofen）：259-297，Paris：École des Hautes Études en Sciences Sociales

魏培泉 2001 〈「弗」、「勿」拼合說新証〉，《中央研究院歷史語言研究所集刊》第七十二本第一分：121-215，2001年3月

魏培泉 2003 〈上古漢語到中古漢語語法的重要發展〉，何大安主編《第三屆國際漢學會議論文集 古今通塞：漢語的歷史與發展》：75-105，臺北：中央研究院語言研究所（籌備處），2003年6月

吳福祥 2003/2006 〈汉语伴随介词语法化的类型学研究——兼论SVO型语言中伴随介词的两种演化模式〉，吴福祥《语法化与汉语历史语法研究》：73-106，合肥：安徽教育出版社，2006年7月

吴福祥　2005　《汉语语法化研究》，北京：商务印书馆，2005年12月

吴福祥　2005/2006　〈语法化演变的共相与殊相〉，吴福祥《语法化与汉语历史语法研究》：107-140，合肥：安徽教育出版社，2006年7月

吴福祥　2003/2006　〈关于语法化的单向性问题〉，吴福祥《语法化与汉语历史语法研究》：24-49，合肥：安徽教育出版社，2006年7月

吴福祥　2006　《语法化与汉语历史语法研究》，合肥：安徽教育出版社，2006年7月

武振玉　2005　〈金文中的连词"而"〉，《湖南科技学院学报》第26卷第10期：255-256，2005年10月

武振玉　2010　《兩周金文虛詞研究》，北京：綫裝書局，2010年12月

巫称喜　1997　〈甲骨文"出"字的用法〉，《古汉语研究》1997年第1期：29-31、1997年3月

向明友・黄立鹤　2008　〈汉语语法化研究〉，《汉语学习》2008年第5期：78-87，2008年10月

解惠全　1987　〈谈实词的虚化〉，南开大学中文系《语言研究论丛》编委会编《语言研究论丛》：208-227，天津：南开大学出版社，1987年1月

邢志群　2003　〈汉语动词语法化的机制〉，《语言学论丛》第28辑：93-113，2003年10月

徐丹　1992　〈汉语里的"在"与"着（著）"〉，《中国语文》1992年第6期：453-461，1992年11月

徐錫臺　1987　《周原甲骨文綜述》，西安：三秦出版社，1987年9月

徐仲舒主编　1989　《甲骨文字典》，成都：四川辞书出版社，1989年5月

禤健聪　2009　〈甲骨文"于"作动词献疑〉，《古汉语研究》2009年第1期（总第82期）：33-38，2009年3月

薛凤生　1991　〈试论连词"而"字的语意与语法功能〉，《语言研究》1991年第1期（总第20期）：55-62，1991年5月

杨伯峻　1981　《古汉语虚词》，北京：中华书局，1981年2月

楊伯峻编　1990　《春秋左傳注（修訂本）》，北京：中華書局，1990年5月

杨伯峻・何乐士　2001　《古汉语语法及其发展（修订本）》，北京：语文出版社，2001年8月

杨逢彬・陈练文　2008　〈对语气副词"其"单功能性质的考察〉，《长江学术》2008年第1期（总第17期）：99-104，2008年1月

杨荣祥　2008　〈论"名而动"结构的来源及其语法性质〉，《中国语文》2008年第3期（总第324期）：239-288，2008年5月

楊榮祥　2010　〈"兩度陳述"標記：論上古漢語"而"的基本功能〉，《歷史語言學研究》第三輯：95-113，北京：商務印書館，2010年9月

楊樹達　1928/1986　《詞詮》，楊樹達《楊樹達文集之三》，上海：上海古籍出版社，1986年5月

姚孝遂主編　1989　《殷墟甲骨刻辭類纂》，北京：中華書局，1989年1月

于省吾主編　1996　《甲骨文字詁林》，北京：中華書局，1996年5月

张伯江　1994　〈词类活用的功能解释〉，《中国语文》1994年第5期（总第242期）：339-346，1994年9月

张定　2015　〈从"往"义动词到远指代词——上古汉语指示词"之"的来源〉，《古汉语研究》2015年第3期（总第108期）：2-8，2015年7月

张赪　2002　《汉语介词词组词序的历史演变》，北京：北京语言文化大学出版社，2002年5月

張光裕主編　1999　《郭店楚簡研究 第1卷 文字編》，臺北：藝文印書館，1999年1月

張光裕・鄧佩玲　2004　〈上博竹書"其"，"己"通假例辨析〉，上海大學古代文明研究中心・清華大學思想文化研究所編《上博館藏戰國楚竹書研究續編》：465-471，上海：上海書店出版社，2004年7月

张经　2002　〈曶鼎新释〉，《故宫博物院院刊》：49-57，2002年4期，2002年8月

张敏　2003　〈从类型学看上古汉语定语标记"之"语法化的来源〉，吴福祥・洪波主编《语法化与语法化研究（一）》：239-294，北京：商务印书馆，2003年11月

張守中　2012　《張家山漢簡文字編》，北京：文物出版社，2012年11月

張顯成　2010　《秦簡逐字索引（附原文及校釋）》，成都：四川大学出版社，2010年12月

張亞初編　2001　《殷周金文集成引得》，北京：中華書局，2001年7月

张旺熹　2004　〈汉语介词衍生的语义机制〉，《语言文字学》2004年第5期：48-58，2004年2月

张玉金　1994　《甲骨文虚词词典》，北京：中华书局，1994年3月

张玉金　2001　〈甲骨金文中"其"字意义的研究〉，《殷都学刊》2001年第1期：12-20，2001年3月

张玉金　2003　《20世纪甲骨语言学》，上海：学林出版社，2003年2月

张玉金　2006　《西周汉语代词研究》，北京：中华书局，2006年4月

張政烺　1980/2004　〈周厲王胡簋釋文〉，張政烺《張政烺文史論集》：531-544，北京：中華書局，2004年4月

趙誠編　1988　《甲骨文簡明詞典：卜辭分類讀本》，北京：中華書局，1988年1月

中國社會科學院考古研究所編　1965　《甲骨文編》，北京：中華書局，1965年9月

中國社會科學院考古研究所編　2007　《殷周金文集成（修訂增補本）》，北京：中華書局，2007年4月

周法高　1959/1972　《中國古代語法 稱代編》，臺北：臺聯國風出版社，1972年3月

周法高編　1974-1977　《金文詁林》，香港：香港中文大學，1974年－1977年

周法高編　1982　《金文詁林補》，臺北：國立中央研究院歷史語言研究所，1982年5月

周鳳五　2000　〈郭店竹簡的形式特徵及其分類意義〉，武漢大学中国文化研究院編《郭店楚簡國際學術研討會論文集》：56-63，武汉：湖北人民出版社，2000年5月

周鴻翔　1969　《卜辭對貞述例》，香港：萬有圖書公司，1969年2月

周守晋　2005　《出土战国文献语法研究》，北京：北京大学出版社，2005年6月

周忠兵　2009　〈甲骨新缀两例〉，中国社会科学院历史研究所先秦史研究室网站 (http://www.xianqin.org/blog/archives/1498.html)，2009年5月21日

周崇谦　1995　〈《诗经》"其"字类释〉，《张家口大学学报》1995年第2・3期：46-54，1995年8月

朱其智　2007　《西周铭文篇章指同及其相关语法研究》，保定：河北大学出版社，2007年9月

朱歧祥　1997　《周原甲骨研究》，臺北：臺灣学生書局，1997年7月

朱歧祥　2013　《甲骨文詞譜》，臺北：里仁書局，2013年12月

英語文献

Boodberg 1934/1979. Note on Chinese morpohlogy and syntax I: The Final – t of 弗. Selected *Works of Peter A. Boodberg:* 430-435. Califonia : Univercity of Califonia Press. 1979

Brinton, Laurel J. & Traugott, Elizabeth Closs. 2005 *Lexicalization and Language Change.* Cambridge: Cambridge University Press（邦訳本：日野資成訳 2009『語彙化と言語変化』、福岡：九州大学出版社、2009年12月）

Bybee, Joan L, Perkins, Revere & Pagliuca, William. 1994. *The Evolution of Grammar: Tense, Aspect, and Modality in the Language of the World.* Chicago: University of Chicago Press

Brown, P & Levinson, P. 1987. *Politeness: Some Universals in Language Usage.* New York：Cambridge University Press

Chang, Jung-Im. 2012. *Yú* 于 *and yū* 於：*Their Origins, Their Grammaticalization, and the Process of Encroachment of the Former by the Latter from a Historical Perspective.* Ph.D.dissetation. Washington: Univesity of Washington

Chow, Kwok-Ching（周國正）. 1982. *Aspects of Subordinative Composite Sentence in the Period I Oracle-Bone inscriptions.* Ph.D.dissetation. Vancouver: Univesity of British Columbia

Clark, Herbert H. 1973. Space, time, semantics and the child. Moore, *Cognitive Development and the Acquisition of Language* (ed. by Timothy, E) : 27-63. New York : Academic Press

Elliott, Jennifer R. 2000. Realis and irrealis: forms and concepts of the grammaticalisation of reality. *Linguistic Typology Volume4-1:* 55-90

Givon, T. 1994. Irrealis and the subjunctive. *Studies in Language 18-2:* 265-337

Graham 1952. A Probable Fusion-word : 勿 wuh = 毋 wu + 之 jy. *Bulletin of the School of Orient and African Studies XIV Part I:* 139-148.

Handel, Zev. 2004. The use of jin 今, yi 翌, and lai 來 as time demonstratives with ganzhi dates in the oracle-bone inscription. *Meaning and Form: Essays in Pre-modern Chinese Grammar* (《意義與形式──古代漢語語法論文集》) : 57-75. München: Lincom Europa

Harbsmeier, Christoph. 1985. Where do classical Chinese nouns come from ? *Early China 9-10 (1983-1985):* 77-163

Haspelmath, M. 2003. The geometry of grammatical meaning : Semantic maps and cross-linguistic comparison, *The New Psychology of Language: Cognitive and Functuional Approaches to Language Structure* (vol.2) (ed. by Tomasello, M) : 211-242. New York: Lawrence Erlbaum Associates Publishers

Heine, Bernd, Ulrike, Claudi, & Friederike, Hünnemeyer. 1991.Grammaticalization : A conceptual framework. Chicago: University of Chicago Press

Heine, Bernd & Kuteva, Tania 2002. *World Lexicon of Grammaticalization.* Cambridge: Cambridge University Press

Hopper, Paul J & Traugott, Elizabeth Closs. 2003. *Grammaticalization* (second edition). Cambridge: Cambridge University Press

Ito, Michiharu (伊藤道治) & Takashima, Ken-ichi (高嶋謙一). 1996. *Study in Early Chinese Civilization* (vol1+vol2). Osaka: Kansai Gaidai University Publication

Keightley, David N. 1978. *Souce of Shang History: The Oracle-bone Inscriptions of Bronze Age China.* Barkley & Los Angeles: University of California Press

Leech, N Geoffrey. 1983. *Principles of pragmatics.* London & New York: Longman（邦訳本：池上嘉彦・河上誓作訳　1987　『語用論』、東京：紀伊国屋書店、1987年2月）

Lunn , Patricia V. 1995. The evaluative function of Spanish subjunctive. *Modality and Grammar in Discourse（Typological Studies in Language 32）*（ed.by Bybee, Joan & Fleischman, Suzannne）: 419-449. Amsterdam & Philadelphia: John Benjamins

Malmqvist, Göran. 1981. On The functions and meanings of the graph 其 CHYI in the TZUOJUANN.《中央研究院國際漢學會議論文集 語言文字組》: 365-389

Mithun, Marianne. 1995. On the relativity of irreality. *Modality and Grammar in Discourse（Typological Studies in Language 32）*(ed.by Bybee, Joan & Fleischman, Suzannne) : 367-388. Amsterdam & Philadelphia: John Benjamins

Mithun, Marianne. 1999. *The Languages of Native North America.* New York: Cambridge University Press

Palmer, F R. 2001. *Mood and Modality（2nd ed）.* Cambridge: Cambridge University Press

Peyraube, Alain. 1996. Recent issues in Chinese historical syntax, *New Horizons in Chinese Linguistics:* 161-213. Dordrecht; Boston: Kluwer Academic Publishers 1996

Phua, Chie-Pheng　2009. The yu-dative construction "V+*yu*+IO" in Archaic Chinese: A cognitive typological perspective. *Language and Linguistics*《語言暨語言學》*Vol.10-4:* 765-816. Taiwan: Institute of Linguistics, Academia Sinica

Pulleyblank, E. G. 1986. The locative particles yü 于, yü 於, and hu 乎. *Jounal of the American Orientary Society* Vol.106: 1-12

Pulleyblank, Edwin G. 1995. *Outline of Classical Chinese Grammar.* Vancouver: UBC Press

Radden, Günter and René, Dirven. 2007. *Cognitive English Grammar.* Amsterdam: John Benjamins.

Schuessler, Axel. 1987. *A Dictionary of Early Zhou Chinese,* Honolulu: University of Hawaii Press

Serruys, Paul L-M. 1974. Studies in the language of the Shang oracle inscriptions. *T'oung Pao vol.60:* 12-120. Leiden: E.J. Brill

Serruys, Paul L-M. 1981. Toward a grammar of the language of the Shang bone inscriptions.《中央研究院國際漢學會議論文集 語言文字組》: 323-364

Serruys, Paul L-M. 1985. Note on the grammar of the oracular inscriptions of Shang, *Contributions to Sino-Tibetan Studies* (ed.by John McCoy and Timothe Light): 203-257. Leiden: E.J.Brill

Takashima, Ken-ichi（高嶋謙一）. 1977. Subordinate structure in oracle bone inscriptions with particular reference to the particle Ch'i 其. *Momenta Serica* Vol.33: 36-61

Takashima, Ken-ichi. 1988. Morphology of the negatives in oracle bone inscriptions. 東京外国語大学アジア・アフリカ言語文化研究所『アジア・アフリカ語の計数研究』巻30：113-130

Takashima, Ken-ichi. 1990. A study of copulas in Shang Chinese. *The Memories of the Institute of Oriental Culture* No.112: 1-135

Takashima, Ken-ichi. 1994. The modal and aspectual particle Qi in Shang Chinese. 高思曼・何樂士主編《第一屆國際先秦漢語語法研討會論文集》: 479-565, 長沙：岳麓書社

Takashima, Ken-ichi. 1996. A new pronominal hypothesis of QI in Shang Chinese. *Chinese Language Thought, and Culture: Nivison and His Critics* (ed.by Philip J. Ivanhoe): 3-38. Chicago: Open Court Publishing Company

Takashima, Ken-ichi & Serruys, Paul L-M. 2010. *Studies of Fascicle Three of In-*

scriptions from the Yin Ruin, Volume I&II. 臺北：中央研究院歷史語言研究所出版

Traugott, Elizabeth Closs. 1995 Subjectification in grammaticalization. D.Stein, & S.Wright（Eds.）*Subjectivity and Subjectivisation:* 31-54. Cambridge: Cambridge University Press

フランス語文献

Karlgren, Bernhard. 1920. Le proto-chinois, langue flexionelle. Journal Asiatique 11-15: 205-32（中訳本：馮承鈞譯　1929　〈原始中國語為變化語說〉,《東方雜誌》第5號第26卷：77-89，1929年3月）

Meillet, Antoine. 1912/1921. L'évolution des formes grammaticales. *Linguistique Historique et Linguistique Générale:* 130-148, Paris: Champion（邦訳本：アントワーヌ・メイエ著・松本明子編訳　2007　『いかにして言語は変わるか——アントワーヌ・メイエの文法化論集』、東京：ひつじ書房、2007年5月）

Xu, Dan. 1996 *Initiation à la syntaxe chinoise.* Paris: Langues & Mondes——L'Asiathèque（中訳本：徐丹著・张祖建译　2004　《汉语句法引论》，北京：北京语言大学出版社，2004年4月）

ドイツ語文献

Gabelentz, Georg von der. 1881. *Chinesische Grammatik: mit Ausschluss des niederen Stiles und der heutigen Umgangssprache.* Berlin: Deutscher Verrag der Wissenschaften（中訳本：甲柏连孜著・姚小平译《汉文经纬》，北京：外语教学与研究出版社，2015年10月）

引用版本及び簡称

殷代甲骨文

菁華：羅振玉 《殷虛書契菁華》，1914年10月

佚存：商承祚 《殷契佚存》，南京：金陵大學中國文化研究所，1933年10月

殷契：容庚・瞿潤緡 《殷契卜辭》，北平：哈彿燕京堂石印本，1933年5月

粹編：郭沫若 『殷契粹編』，東京：文求堂、1937年5月

丙編：張秉權 《小屯第二本：殷虛文字丙編》，臺北：中央研究院歷史語言研究所，1957-1972年

人文：貝塚茂樹 『京都大學人文科學研究所藏甲骨文字・本文編』、京都：京都大學人文科學研究所、1959年-1968年

合集：郭沫若主編・中国社会科学院历史研究所編 《甲骨文合集》，北京：中华书局，1977年-1982年

屯南：中國社會科學院考古研究所編 《小屯南地甲骨》，北京：中華書局，1980年-1983年

英國：李學勤・齊文心・艾蘭編・中國社會科學院歷史研究所・倫敦大學亞非學院編輯 《英國所藏甲骨集》，北京：中華書局，1985年-1992年

補編：中国社科院历史研究所 《甲骨文合集补编》，北京：语文出版社，1999年7月

花東：中國社會科學院考古研究所編 《殷墟花園莊東地甲骨》，昆明：雲南人民出版社，2003年12月

金文

集成：中國社會科學院考古研究所編 《殷周金文集成》第1冊-第18冊，北京：

中華書局，1984年-1990年

歷代：薛尚功 《歷代鐘鼎彝器款識》，虞山陸友桐亮抄本影印，沈陽：遼沈書社，1985年7月

西周甲骨文

周原：曹瑋編 《周原甲骨文》，北京：世界图书出版公司北京公司，2002年10月

楚簡

包山楚簡：湖北省荊沙铁路考古队編 《包山楚简》，北京：文物出版社，1991年10月

郭店楚簡：荊門市博物館編 《郭店楚墓竹簡》，北京：文物出版社，1998年5月

九店楚簡：湖北省文物考古研究所・北京大學中文系編 《九店楚簡》，北京：中華書局、2000年5月

上博楚簡：馬承源主編 《上海博物館藏戰國楚竹書》（一）－（九），上海：上海古籍出版社，2001-2012年

新蔡楚簡：河南省文物考古研究所編 《新蔡葛陵楚墓》，郑州：大象出版社，2003年10月

清華簡：李學勤主編・清華大學出土文獻研究與保護中心編 《清華大學藏戰國竹簡》（壹）－（陸），上海：中西書局，2010年-2016年

浙江簡：曹錦炎編 《浙江大學藏戰國楚簡》，杭州：浙江大學出版社，2011年12月

秦簡

睡虎地秦簡：睡虎地秦墓竹简整理小组編 《睡虎地秦墓竹簡》，北京：文物出版社，1990年9月

放馬灘秦簡：甘肅省文物考古研究所編 《天水放馬灘秦簡》，北京：中華書局，

2009 年 8 月

漢簡

張家山漢簡：張家山二四七號漢墓竹簡整理小組　《張家山漢墓竹簡：二四七號墓》，北京：文物出版社，2006 年 5 月

伝世文献

『韓非子』：陳奇猷校注　《韓非子集釋》，北京：中華書局，1958 年 9 月

『経伝釈詞』：高郵王氏四種・中國訓詁學研究會主編・王引之撰　《經傳釋詞》，南京：江蘇古籍出版社，1985 年 7 月

『国語』：《國語》，上海：上海古籍出版社，1978 年 3 月

『左伝』：楊伯峻編　《春秋左傳注（修訂本）》，北京：中華書局，1990 年 5 月

『史記』：《史記》，標點本二十四史，北京：中華書局，1997 年 11 月

『詩毛氏傳疏』：陳奐　《詩毛氏傳疏》影印本，北京：北京市中国书店，1984 年 4 月

『尚書』：十三經注疏整理委員會整理　《十三經注疏整理本 尚書正義》，北京：北京大学出版社，2000 年 12 月

『尚書古文注疏』：孫星衍撰・陳抗・盛冬鈴點校　《尚書古文注疏》，北京：中華書局，1986 年 12 月

『説文解字』：《說文解字》，一篆一行本影印，北京：中華書局，1963 年 12 月

『説文解字注箋』：丁福保編《說文解字詁林》，臺北：臺灣商務印書館，1959 年 12 月

『説文解字部首訂』：丁福保編《說文解字詁林》，臺北：臺灣商務印書館，1959 年 12 月

『説文通訓定声』：朱駿聲《説文通訓定聲》，中華書局影印，北京：中華書局，1984 年 6 月

『戦国策』：《戰國策》，上海：上海古籍出版社，1978 年 5 月

『荘子』：郭慶藩撰・王孝魚點校　《莊子集釋》，北京：中華書局，1961 年 7

月

『毛詩』:十三經注疏整理委員會整理 《十三經注疏整理本 毛詩正義》,北京:北京大学出版社,2000年12月

『孟子』:十三經注疏整理委員會整理 《十三經注疏整理本 孟子注疏》,北京:北京大学出版社,2000年12月

『礼記』:十三經注疏整理委員會整理 《十三經注疏整理本 論語注疏》,北京:北京大学出版社,2000年12月

『呂氏春秋』:陳奇猷校釋 《呂氏春秋校釋》,上海:學林出版社,1984年4月

『論語』:十三經注疏整理委員會整理 《十三經注疏整理本 論語注疏》,北京:北京大学出版社,2000年12月

あとがき

　本書は2016年3月に東京大学大学院人文社会系研究科において学位認定を受けた博士論文「上古中国語文法化研究序説」を改稿したものである。
　本書の主要部分は第1章〜第3章であるが、第1章、第2章、及び第3章の3.1.節〜3.3.節は、それぞれ以下の口頭発表ないしは研究論文の内容を骨子とする。第3章3.3.節は口頭発表を元に書き下ろしたものである。

第1章
　【口頭発表①】
　　「殷代漢語の時間介詞"于"に関する一考察――未来時指向とその成立――」、日本中国語学会第56回全国大会、2006年10月29日、愛知県立大学
　【口頭発表②】
　　〈殷代汉语时间介词"于"的语法化过程之考察――通过其〈未来时指向〉进行探讨――〉、The 20th Annual Conference of the IACL (International Association of Chinese Linguistics)、2012年8月30日、香港理工大学
　【研究論文】
　　「殷代漢語の時間介詞"于"の文法化プロセスに関する一考察――未来時指向を手がかりに――」、日本中国語学会編『中国語学』254号：164-180、2007年10月

第2章
　【口頭発表】
　　「上古中国語の「NP而VP」／「NP_1而NP_2VP」文における"而"の意

味機能」、中国語学会2011年度第6回関東支部例会、2012年3月17日、早稲田大学

【研究論文】

「上古中国語の「NP 而 VP」/「NP₁而NP₂VP」構造における「而」の意味と機能」、木村英樹教授還暦記念論叢刊行会編『木村英樹教授還暦記念中国語文法論叢』: 393-413、東京：白帝社、2013年4月

第3章 3.1.節

【研究論文】

「"寸"、"丌"、"秋"字から見た古文字簡化に関する一考察」、佐藤進教授還暦記念中国語学論集刊行会編『佐藤進教授還暦記念中国語学論集』: 77-85、東京：好文出版、2007年4月

第3章 3.2.節

【口頭発表①】

「上古中国語における非現実モダリティマーカーの"其"」、日本中国語学会第60回全国大会、2010年11月14日、神奈川大学

【口頭発表②】

〈上古漢語非真實（irrealis）情態成分的"其"〉、第8屆國際古漢語語法研討會（ISACG-8）、2013年8月21日、韓国成均館大学

【研究論文】

「上古中国語における非現実モダリティマーカーの"其"」、日本中国語学会編『中国語学』258号：134-153、2011年10月

第3章 3.3.節

【口頭発表】

「西周時代における非現実モダリティマーカーの「其」」、中国語学会2012年度北海道支部例会、2013年3月23日、北海道大学

この他、第3章 3.4.節は、博士論文執筆にあたり新たに書き下ろした。

あとがき　219

　本書の内容は、以下の研究費の助成を受けて行った研究に基づいている。

（一）「出土資料からみた上古中国語の通時的研究——非現実的事態に関わる表現について——」（課題番号11J09101）、日本学術振興会：科学研究費補助金特別研究員奨励費、平成23年度〜平成24年度
（二）「上古中国語の文法化・意味変化の諸相——出土文字資料を中心に——」（課題番号25884063）、日本学術振興会：研究活動スタート支援、平成25年度〜平成26年度
（三）「上古中国語における否定詞体系の通時的研究——出土文字資料を中心に——」（課題番号16K16836）、日本学術振興会：若手研究(B)、平成28年度〜平成30年度

　本書の完成に到るまで、自身の研究生活において、本当に多くの方々のお世話になった。時には、筆者の愚鈍さゆえ、お手を煩わせてしまうこともしばしばであった。いま思い返しても慚愧の念に堪えない。
　特にここでは学生時代の2人の恩師の名前を挙げて、記してお礼を申し上げたい。1人は、筆者を中国語学の世界へ導いてくださった佐藤進先生（北海道文教大学教授）、いま1人は、できの悪い筆者を辛抱強くご指導くださった大西克也先生（東京大学教授）である。
　本書では殷代の甲骨文から戦国時代の楚簡に至るまで種々の出土文献を研究対象としているが、そもそも筆者が出土資料研究へと向かったのは、卒業論文執筆に際して、佐藤進先生に、甲骨文の文法研究を勧められたところから始まる。
　修士論文でも引き続き甲骨文の文法研究に取り組み、その成果は本書第1章の「殷代中国語における「于」の文法化プロセス」につながった。
　同時に大学院では、当時から現在に到るまでなお活況を呈している楚簡にも手を出した。博士課程では、それゆえ、甲骨文から少し距離を置いた時期があり、そのときの研究成果が、本書第2章「上古中国語の「NP而VP」/「NP$_1$而NP$_2$VP」構造における「而」の意味機能とその成立」及び第3章3.2.節「上

古中国語における非現実モダリティマーカーの「其」の通時的展開」である。いずれも春秋戦国時代の伝世文献と出土文献を併用した言語研究である。このほか、古文字学にも傾倒した時期があり、いくつか論文を発表した。本書の第3章3.1.節で展開した「其」字の通時的字形変化に関する研究は、その成果の一部である。

　上記の研究はいずれも大西克也先生のご指導の賜である。古代中国語研究の第一線で長きにわたり活躍されている大西先生から学んだことは極めて多く、この経験は筆者にとって今なお、大きな財産である。

　博士論文ともなると、大きい1つのテーマのもと執筆することが要求されるが、筆者は1つのテーマを巡って長い時間をかけて研究を進めることが不得手であり、過去の研究もまた、上記のように統一感がなかった。そのため博士論文に向け系統的に自身の過去の研究をまとめることに苦慮していた。とは言え改めて見返すと、筆者の既刊論文が上古中国語の虚詞或いは機能語に偏っていたことから、博士論文では結局、「文法化」というメインテーマのもと、機能語の変化過程を検証するというところに落ち着いた。このようないきさつのため、本書に対し、章ごとにやや散漫であるとの印象を持たれる読者もいるであろうし、また、そのような批判は甘んじて受け入れる所存である。

　博士論文の論文審査は、主査の大西克也先生はじめ、副査の木村英樹先生（追手門大学教授）、楊凱栄先生（東京大学教授）、小野秀樹先生（東京大学准教授）、松江崇先生（京都大学准教授）にご担当いただき、口頭試問の場では、いくつもの重要な問題点のご指摘を賜った。本書ではその意見を反映させるべく、多くの修正を施した。筆者の力不足で、ご指摘の全てに応えることはできなかったが、多くのご意見を下さった諸先生の学恩に対して、心よりお礼申し上げたい。

　本書の出版のきっかけは、筆者が職を得たのち同僚となった家井眞先生の慇懃による。また、刊行に際しては、研文出版の山本實社長には大変お世話になった。お二方には、ここで記して衷心よりお礼申し上げたい。

最後に、私事ではあるが、いかなる時も筆者を支えてくれた妻の戸内葉月に感謝の意を述べることを、読者の皆様にお許しいただければ幸いである。

　　　　　戸 内　俊 介（2017年10月　千駄木にて）

索　引

あ行

アスペクト	8, 12, 45, 153, 184
意外性	67, 69, 70, 72〜74, 83, 86
意合法	86, 124
意志	19, 54, 88, 96, 97, 101, 115〜117, 119, 132〜136, 142, 144, 146〜150, 152, 153, 157〜159, 164, 166, 173〜175, 178, 183, 185, 186, 190
異体字	51, 52, 177
一人称主語	114〜117, 132〜134, 136, 139, 148, 164, 166, 175, 182, 186
一人称代名詞	19, 21, 28, 147, 166
一方向性の仮説	11, 13
一般化	10, 11
移動動詞	10, 39, 42, 43, 45〜47, 50, 56, 189
訛り	122, 175
イボ語	56
意味拡張	10, 16, 56, 58, 190
意味地図	12, 13, 15, 17
意味役割	15, 82
依頼	108, 111, 114, 117, 119, 138
因果	10, 65, 189
殷金文	21, 36, 53, 90, 176, 177
殷代中国語	17, 31, 50, 158, 188
韻母	28, 86, 92
陰陽対転	38
隠喩	10, 11, 50
埋め込み文	176
英語	7, 9〜12
婉曲	97, 129
恐れ	127, 157
音韻減少	11

か行

会話的含意	10
会話文	26, 66, 73, 86, 99
拡張	8〜11, 13, 16〜18, 31, 32, 48〜51, 56〜58, 84, 85, 88〜90, 149, 158, 175, 188〜190
郭店楚簡	24〜26, 30, 71, 93, 96
加形符	95, 96
加声符	93, 95, 96
仮定	58〜61, 63, 76, 77, 88, 96〜98, 100, 101, 124〜126, 129, 143, 150, 152, 153, 155, 160, 169, 174, 175, 180, 183, 190
間接性	108〜110, 112, 140, 175
感嘆詞	139, 182
願望	19, 101, 115, 129, 157〜159, 165, 168
換喩	10
希求	88, 134
規則の一般化	10
機能語	7, 12〜15, 17, 31, 49, 129, 188, 191
義務的	8, 36, 48, 98, 101, 110, 123, 125
疑問詞	120, 122, 123, 180
疑問文	51, 104, 118〜121, 123, 142, 179
共起制限	137
狭義の文法化	13, 17
共時的	12, 21, 31, 58, 131
共働	77

虚化	13, 14, 45, 46	時間介詞	17, 31, 32, 34, 36～38, 45, 48～50, 55, 56, 188, 189
虚詞	13, 14, 97, 176		
孔安国伝	134, 135, 142, 183	時間詞	33, 34, 36, 53, 65, 66
屈折	8, 28, 128	自己移動	48
孔穎達疏	73, 134, 135, 183	指示代名詞	15
訓詁	38, 58, 63, 77, 86	指示特徴	58, 77
経験者	13, 17, 28	実詞	13, 14
形態変化	128	自動詞	42, 45, 56, 129
敬避	109, 140, 175	写像	10, 48～50, 56, 189
形符	94～96	習慣化	10, 73, 137, 140, 175
験辞	19, 34, 37, 52, 164	自由形式	8
現実領域	101, 110, 127	周室製作器	145
語彙化	9, 28	修辞法	123, 143
語彙項目	7, 8, 11	従属関係マーカー	151, 152, 155, 172
広義の文法化	13, 17, 18, 50, 57, 84, 85, 88, 175, 188, 190, 191	従属節	10, 151～153, 161, 168, 186
		受益者	43, 50, 51
拘束形式	8	主格	19, 28
侯馬盟書	93	主観	12, 19, 58, 62, 67, 69, 71, 75, 76, 79, 83, 84, 115, 157, 158, 166, 174, 189, 190
構文	7, 14～16, 18, 43, 45, 75, 76, 83, 84, 86, 105, 123, 126, 132, 180, 189		
		主観化	12, 58, 83, 84, 189
呼格	138, 148, 167	主語名詞	61, 81, 83
語気助詞	11, 28, 123, 142	主述述語文	74
語気副詞	88, 97, 129～131	主節	10, 99, 124, 151, 155, 156, 159, 161
語順	14, 19, 21, 104, 131, 150, 170, 173, 179, 180, 182, 186	述語化	75, 81, 82, 84, 189
		述語動詞	39～41, 44, 46, 53, 54, 65
古典ギリシア語	127	出土資料	14, 24～27, 58, 63, 71, 74, 88, 90, 103, 141, 143
古典日本語	101, 119		
コピュラ	173	出土文献	18, 26
固有名詞	61, 77, 79, 80, 90, 178	主要な文法化	9, 50
語用論的意味	137, 140, 175	受領者	13, 17, 31, 50, 188
語用論的強化	10, 175, 190	順接	65, 83, 189
		照応	14, 153, 170, 171, 178
さ行		上古後期	27, 63, 71, 73
祭祀動詞	53	上古前期	24, 27, 58, 90, 174, 179
再分析	9, 15, 16, 45, 47, 188	上古中期	19, 21, 22, 26, 30, 63, 66, 73, 88, 89, 93, 96, 103, 104, 106, 128, 131, 133, 136～138, 140, 142, 149, 150, 158, 159, 174～176, 179, 180, 190
作器者	132, 144～149		
冊命金文	146		
三人称主語	117, 140, 142		
時間移動	48	将然	25, 183

焦点化	19, 42, 55, 67, 68, 70, 74, 78, 79, 83, 178	尊称	106, 137
上博楚簡	24～26, 30, 74, 79, 81, 93, 105, 107, 117, 122, 126, 144	た行	
省略文	41, 53, 69, 91	代示	176, 180
諸侯製作器	145	対貞	33, 36, 48, 51, 151, 154～159, 165, 166, 170, 171, 174, 184～186
叙法	101, 128	多義語	88, 89, 142, 159, 190
書面語	73	多義性	17, 88, 89, 96, 97, 100, 119, 188
浸食	11	多機能化	9, 12, 15, 50, 51, 190
随意的	8	多機能性	9, 17, 31, 188
睡虎地秦簡	25, 178	多機能性による文法化	9
随伴者	17, 28	諾否疑問文	120
推量	88, 96, 101, 117～119, 123, 124, 141, 142, 150, 157, 168, 173, 174, 178, 180, 190	脱語彙化による文法化	9
		脱範疇化	11, 18, 175
推論	10, 101, 136, 140, 175	他動詞	41
数詞	65, 66	単語家族	105
スペイン語	102, 110, 127	断定	100, 102, 103, 110, 118, 121, 127, 135, 139～141, 149, 157, 174, 175, 180, 183
スラナン語	56		
声符	93～96, 178	談話	16, 78, 79, 84, 189
声母	19, 86, 177, 178	地点	32, 40, 43～49, 56, 188
接辞	7, 8, 28, 50, 128	着点	37, 41, 42, 45～51, 55, 56, 188
接続詞	9, 11, 13, 14, 18, 25, 57～60, 63～65, 77, 81～86, 105, 126, 169, 179, 186, 189	中心語	9, 64
		張家山漢簡	27, 72, 86
接続法	102, 110, 115, 127～129, 157, 181	直説法	102
セロイスの法則	150, 151, 155, 157, 158, 164, 167, 173, 174	直接話法	99, 179
		通仮	28, 86, 92, 105, 177
占辞	19, 34, 35, 52, 155, 164, 167, 168, 173, 184, 186	通時的	7, 8, 12, 18, 88, 174
		定指示	78, 79
前辞	19, 34, 52, 154	定州漢簡	103, 179
漸次変容	12	貞人	19, 20, 51, 52, 153～155, 183
前置	19, 21, 39, 40, 42～44, 55	丁寧さ	108～110, 140, 180
前提	68, 71, 79, 84, 158, 163, 164, 166, 189	伝世文献	15, 18, 23, 24, 26, 27, 30, 63, 71, 85, 103, 131, 142, 143
セントラル・ポモ語	136		
千里路	51	道具	17, 28
相互作用	8	閉じたクラス	7, 11
総称的	77, 78, 80	な行	
属格	9, 19, 22, 28, 91, 92, 169, 171, 176		
属格代名詞	22, 91, 92, 171, 176		
族徽	178	内容語	7, 8, 12, 13, 15, 49
属性	61, 62, 68, 79, 81	二次的文法化	9, 50

索引　*225*

二重叙述	61, 62, 82	並列	14, 65, 104, 189
二人称主語	106, 108, 110, 117, 137, 139, 140, 167, 175, 182	包山楚簡	24〜26
		放馬灘秦簡	27, 71
二人称代名詞	21, 28, 110, 138, 167, 180, 182	實用文	144〜149
ヌペ語	56	ポジティブ・ポライトネス	109
ネガティブ・ポライトネス	109	保存	49, 51
		ポライトネス	107〜110, 137, 138, 140, 142, 149, 174, 175, 190

は行

反語	88, 96, 97, 122〜124, 128, 142, 143, 175, 178, 190
反事実	98, 101, 124, 125
反実仮想	125
反情理叙述	62, 82
判断文	61, 62, 80, 81, 86
範列	8
比較文	126
非現実領域	101, 110, 119, 121, 123, 124, 140, 142, 143
被使役者	54, 110
非断定	102, 103, 116, 118, 141, 157, 168, 174, 190
否定詞	19, 21, 29, 30, 53, 54, 104, 127, 150, 170, 182, 184, 185
否定文	19, 39, 166, 170, 185
被動作主	17, 62
百科事典的知識	67〜71, 74, 76, 79, 82, 83, 189
漂白	10, 11, 42, 46
平壤貞柏洞竹簡	103, 179
開いたクラス	11
閩語	46
品詞	13〜15, 18, 61, 99
不確定	97, 128, 155, 165
不特定の	77〜79
フレーム	67, 68, 70, 73〜76, 78, 82〜84, 189
文法化	7〜18, 31, 32, 38, 41〜43, 45〜47, 49〜51, 54, 56〜58, 83〜85, 88〜90, 130, 175, 176, 188〜191
文法形式	9, 11, 13, 57, 84, 189, 190
文末助詞	117, 130, 181

ま行

未然疑問	120, 123, 128
未来時指向	32〜34, 37, 38, 48, 50, 56, 188, 189
ムード	90, 100, 103, 116, 128, 140, 141, 154, 155, 168
無標	33, 110, 121
命辞	19, 34〜36, 51〜53, 155〜157, 166, 184, 185
名詞述語文	80, 81
命令	88, 96, 98, 101, 106〜108, 110, 111, 119, 129, 131, 137, 138, 142, 144, 146〜149, 152, 158, 159, 167, 174, 175, 178, 182, 183, 190
メタファー	10, 48, 56, 188
メトニミー	10, 68, 82
目的格	19, 28
モダリティ	12, 18, 76, 88, 89, 96〜101, 103, 108, 119, 121, 122, 128〜131, 134, 136, 140, 142, 149, 150, 157, 159, 163, 169, 173〜175, 178, 190

や行

有標	110, 121
用字法	24, 30
与格	13, 15〜17
弱い対立	110

ら行

ラマ語	9
類推	9, 10, 139, 170, 173
隷定	20, 22, 26, 27, 51, 177, 182, 185, 186

連体修飾語	14, 104
連動構造	15, 16, 45〜47, 56
連動文	188
連用修飾語	64, 66, 148, 179, 183

わ行

話題	61〜63, 65, 81, 82, 84, 189

戸内 俊介（とのうち　しゅんすけ）
1980年生まれ　現在、二松學舍大学准教授
東京大学大学院人文社会系研究科博士課程修了
博士（文学）
著書・論文：『改訂新版 中国学入門　中国古典を学ぶための13章』（共著、勉誠出版、2017年）、「上古中国語における非現実モダリティマーカーの"其"」（『中国語学』258号、2011年）、「殷代漢語の時間介詞"于"の文法化プロセスに関する一考察――未来時指向を手がかりに――」（『中国語学』254号、2007年）、「「寸」字成立の背景とその後の展開」（『中國出土資料研究』第10號、2006年）など。

先秦の機能語の史的発展
――上古中国語文法化研究序説――

2018年1月26日第1版第1刷印刷
2018年2月15日第1版第1刷発行

定価［本体6000円＋税］

著　者　戸内　俊介
発行者　山　本　　實
発行所　研文出版（山本書店出版部）
　　　　東京都千代田区神田神保町2－7
　　　　〒101-0051　TEL(03)3261-9337
　　　　　　　　　　FAX(03)3261-6276
印　刷　富士リプロ㈱／カバー　ライトラボ
製　本　塙　製　本

Ⓒ TONOUCHI Shunsuke　　2018 Printed in Japan
ISBN978-4-87636-430-5

『詩経』の原義的研究	家井　眞 著	12000円
『詩経』興詞研究	福本郁子 著	9000円
漢代の学術と文化	戸川芳郎 著	11000円
五経正義の研究	野間文史 著	11000円
中国中古の学術	古勝隆一 著	8500円
中国古代史研究 第八	中国古代史研究会 編	9000円
近出殷周金文考釈 第一集〜第四集	髙澤浩一 編	各6800円
柿村重松『松南雑草』	町泉寿郎 編・解題	8000円

――――――研文出版――――――

＊表示はすべて本体価格です